KB014503

이수갑 평전

이수갑 평전
삼대 머슴에서 혁명의 전사로

초판 1쇄 발행 2018년 6월 1일

기   획 이수갑 선생 정신계승사업회
지은이 이성아·안재성

표지 디자인 김선태(토가디자인)
본문 디자인 양돌규
인 쇄 디자인 단비

펴낸 곳 한내 http://hannae.org
등 록 2009년 3월 23일(제318-2009-000042호)
주 소 서울특별시 마포구 신촌로 14안길 17, 2층(노고산동 56-8, 2층)
전 화 02-2038-2100
팩 스 02-2038-2107

ISBN 979-11-85009-18-6 03990
값 18,000원

이 도서의 국립중앙도서관 출판시도서목록(CIP)은 서지정보유통지원시스템 홈페이지(http://seoji.nl.go.kr)와 국가자료공동목록시스템(http://www.nl.go.kr/kolisnet)에서 이용하실 수 있습니다. (CIP제어번호 : CIP2018013827)

이수갑 평전

삼대 머슴에서 혁명의 전사로

이성아·안재성 지음

한내

이수갑(李壽甲 1925.3.25~2013.12.24)

1967년 무렵 40대였던 이수갑 선생이 비탈진 마을에서 어딘가를 응시하고 있다.

1960년대 후반 무렵 이수갑 선생의 가족은 부산에서 서울로 이사했다. 이수갑, 손일식 부부와 자제들이 함께 용산의 한강 둔치에서 찍은 사진이다. 1969년 쯤으로 추정된다.

이수갑 선생의 아내 손일식 여사의 10대 때 모습이다.

1967년 무렵 서울 남산 공원에서 이수갑, 손일식 부부가 장모와 처가 식구들과 함께 사진을 찍었다.

1960년대 부산에서 이수갑, 손일식 부부가 양산을 쓴 '심이 엄마'와 함께 찍은 사진이다. '심이 엄마'는 장의사 일을 했던 김종기 씨의 부인으로 이수갑 일가가 거리에 내쫓기는 형편이 되었을 때 여러모로 도움을 줬던 이웃이다.

1960년대 부산에서 아내 손일식과 함께 승용차에 기대어 포즈를 취하고 있다.

1991년 5월 14일, 서울 남가좌동 흥남교 교차로 앞에서 난무하는 최루탄에도 불구하고 구호를 외치고 있는 이수갑 선생의 모습이다. 이날, '5월 투쟁' 당시 경찰의 쇠파이프에 희생된 명지대 강경대 열사 장례식이 열렸지만 서울시청 노제와 전두환, 노태우 자택이 있는 연희동 경유를 불허하는 경찰에 막혀 장례가 무산됐다. 흥남교 일대에서 3시간여에 걸쳐 격렬한 충돌이 벌어졌다.

1993년 4월 3일, 서울 종로 탑골공원에서 전국연합, 경실련 등 시민사회단체 주최 '재산공개 비리의혹 진상조사 및 금융실명제 실시 촉구 시민대회'에서 신창균(가운데) 선생과 문익환(오른쪽) 목사와 함께 서 있는 이수갑 선생.

1993년 5월 1일, 전노협, 전교조, 업종회의 등 주최로 연세대학교에서 열린 세계노동절 기념대회에 3만여 명이 참석했고 집회를 마친 후 여의도 국회의사당 앞까지 행진에 나섰다. 최동식 전노협 부위원장, 이수갑 선생, 권처흥 씨, 이규제 전일노협 의장, 단병호 전노협 의장, 권영길 업종회의 의장, 양규헌 경기남부지역노동조합연합 의장의 모습이 보인다.

6·10민주항쟁 6돌을 맞아 1993년 6월 10일 서울 명동성당 앞에서 열린 '6·10 정신 계승 국민대회'에 3천여 명이 모여 광주학살 진상 규명, 민주 대개혁을 촉구했다. 집회 현장에서 YWCA를 뒤로 하고 담소를 나누는 참석자들. 김근태 의원, 임수경 씨, 임종석 전 전대협 의장, 이수갑 선생, 백기완 선생의 모습이다.

한일강제병합 83주년을 맞아 1993년 8월 29일, 민족운동단체연합(회장 이수갑) 주최로 서울 현저동 독립공원에서 열린 '친일세력 척결과 재산 몰수를 위한 특별법 제정 촉구 시민 대회'에 참석한 이수갑 선생.

1994년 1월 22일, 서울 혜화동 대학로에서 열린 고 문익환 목사 장례식 노제를 마치고 행 진하는 대열에 함께한 이수갑 선생. 곁에는 비전향 장기수 최남규 선생의 모습도 보인다.

1995년 11월 11일, 서울 연세대학교에서 열린 민주노총 창립대의원대회. 왼쪽부터 황인성, 김상곤 교수, 이수갑 선생, 박창수 열사 아버님, 윤영규 전교조 위원장, 박종철 열사 아버님, 김말룡 의원, 김진균 교수, 이소선 어머니 등이 보인다.

1998년 8월 6일 일본 히로시마에서 열린 '푸른 하늘 집회'에서 확성기를 이용해 발언하고 있는 이수갑 선생.

2002년 12월 1일, 일본 규슈에서 열린 '미일 제국주의 아시아 침략과 지배에 반대하는 아시아 공동행동'(AWC) 주최의 국제토론회가 끝나고 집회가 열렸다. 이수갑 선생이 일본의 아시아 공동행동 활동가들과 함께 구호를 외치고 있다.

철도노조에 민주노조가 들어선 이후인 2005년 11월 5일, 용산역 앞 철도회관에서 250여 명의 조합원들이 모인 가운데 이수갑, 유병하 두 선배 노동자에게 명예 조합원증이 수여되었다. 두 사람 모두 조선노동조합전국평의회(전평) 조합원이었다. 이수갑이 1947년 해고된 후 57년 만의 귀환이었다.

2005년 11월 10일, 일본의 활동가들이 서울 전국철도노조를 방문했다.

2008년 3월 18일, 전국철도노조 부산차량지부 정기대의원대회에서 격려사를 하고 있는 이수갑 선생

전국철도노조 KTX열차승무지부 여성조합원들과 함께한 이수갑 선생. 8월 27일 서울역 안 40미터 조명 철탑에서 오미선 지부장 등 3명이 고공농성에 들어갔고 사진 속의 집회가 열렸던 2008년 9월 13일 고공농성을 해제하고 농성자들은 지상으로 내려왔다.

2011년 10월 3일, 제주 강정마을 해군 기지 반대투쟁 현장에서 일본에서 온 동지들, 송강호 박사, 양윤모 영화평론가, 고권일 해군기지 반대 대책위원장과 함께.

차 례

화 보   4
작가 서문 "혁명의 전사를 기리며"   18

1. 머슴의 아들로 태어난 전사   25
2. 해군 수송부에 징용되다   34
3. 마루보시 사택 투쟁   45
4. 철도 노동자가 되어   58
5. 부활하는 부역자들   81
6. 오르그가 되어   105
7. 피의 3·1절   119
8. 혁명가의 아내   127
9. 삼형제   137
10. 전쟁과 토지개혁   155
11. 진보당 중앙위원   162
12. 국회의원에 낙선하다   170
13. 혁명가의 가족   182
14. 통일사회당 비밀 당원   193
15. 명동성당의 두 거인   201
16. 민주노동당 창당 발기인으로   219
17. 아시아의 별   234
18. 구속된 노동자들을 위하여   261
19. 영원한 철도 노동자   269
20. 마지막 싸움   287

뒷이야기   296
이수갑 선생 약력   299

"혁명의 전사를 기리며"

한국 현대사에 명멸해 간 수많은 인물들을 별들의 지도로 그린다면, 이수갑은 저 아래 낮은 곳에서 빛나는 해맑은 별들 중 하나다. 밝고 크게 빛난다기보다, 맑고 투명하게 빛나는 아름다운 별이다. 노동자의 바다, 민중의 바다에서 솟구쳐 올라 약자를 착취하고 억압하여 권세를 누리는 이들을 향해 뜨거운 주먹을 치켜 올리던 노동자의 전사 중 한 명이다.

오늘의 당신들은 이 별의 이름을 잘 모를 것이다. 그는 견결한 조직가요 열정적인 선전가로 평생을 투쟁 일선에 있었고 수많은 단체의 지도부에서 활약했음에도 민중운동을 해 온 이들 사이에서도 잘 알려져 있지 않다. 남들이 나서기 좋아하는 단상 위에 오르지 않고, 이름이 나갈 만한 자리에 날 좀 봐달라고 얼굴 내밀지 않고, 높은 직분을 맡더라도 일반 회원과 다름없는 자세로 맨 밑바닥 투쟁의 현장에서 아낌없이 자신을 바쳤기 때문이다.

실로 이수갑은 평등과 평화를 위해 싸워온 한국 진보 운동의 거의 모든 중요한 조직에 몸을 담았던 핵심 인사 중 한 명이다.

21살의 철도 노동자로 조선공산당에 가입한 이래 남로당, 진보당을 거쳐 진보 운동의 암흑기이던 1960년대와 70년대에도 사회대중당, 통일사회당, 사회민주당 등 혁신 계열 정당마다 상급 간부로 활동했다. 1980년대 들어 민주화운동과 노동운동이 비약적으로 성장한 이후에는 전민련, 전국연합, 범민련, 전국민중연대에서 의장 급으로 활동했다. 팔순이 넘어서도 민주노동당 고문, 철도노조 고문, 구속노동자후원회 고문, 전국해고자복직투쟁위원회 자문위원, 한국정신대문제대책협의회 고문으로 수십 년 젊은 후배들과 함께했으며 특히 '미일 제국주의 아시아 침략과 지배에 반대하는 아시아 공동행동' 한국위원회 의장으로서 한국 진보 운동의 국제화에 큰 역할을 한다.

이수갑이 81세 되던 2005년 8월 15일에 방송된 KBS 특집 '8·15의 기억'은 그의 생애를 압축해 보여준다.

"선생님, 지난 삶을 돌아보면 후회되는 건 없나요? 선생님 때문에 아버님과 동생이 그렇게 돌아가시고…. 선생님이 기술자로서 편한 길 갔으면 다른 식구들은 편히 살 수도 있었을 텐데요."

피디의 질문에 이수갑은 이렇게 답한다.

"어느덧 60년이 됐지만, 후회는 전혀 없고, 내가 노동운동, 반제국주의 운동 안 했으면 돈은 좀 벌었겠지만, 그건 범죄 속에서 사는 거나 다름없으니까. 지금까지 살아온 게 대단히 고통스럽긴 하지만 선배들이 나를 이끌어 주었던 그 길이 정당했기 때문에 내가 실천할 수 있었던 거지요. 다시 생각해도 후회스러운 건 조금도 없고, 지금도 조국과 민족을 위해서 외세를 물리치고 자주통일을 이루기 위해 노력해야겠다, 내가 쓰러지는 날까지, 그 생각뿐이지요. 고생했다, 돈 못 벌었다, 이런 후회는 한시도 해 본 적이 없어요. 나이가 80이 넘어서니까 이제 조국과 민족을 위해 일할 시간이 너무 짧아서, 그게 아쉽지요. 통일되는 걸 보고 눈을 감아야겠는데, 안 그러면 젊은 후세들이 분단된 속에서 우리가 겪었던 그 고통을 또 겪어야 되는데, 그걸 보고 어떻게 눈을 감나, 요즘도 조용히 생각하면 그 생각뿐입니다."

"선생님이 청년일 때 바란 세상은 어떤 세상인가요?"

"노동자, 민중, 농민, 모든 무산대중이 자신의 권리를 찾고 민족 문제에 참여할 수 있어야 됩니다. 자본 권력이 지배하는 사회는 안 된다는 일념으로 투쟁해 왔습니다. 지금도 그렇고요. 그것 말고는 그 어떤 고통도 고통스럽다고 생각해 본 적이 없습니다. 일제 40년, 미 제국주의 60년, 식민지 백년째예요. 지금도 우리가 자주적으로 외교를 할 수가 없어요. 제 속에서 제국주의에 대한 분노가 한시도 사라진 적이 없습니다. 하루 빨리 남북이 이데올로기를 초월해서 화해하고 하나가 되어야 됩니다. 우리들은 다 살았지만 젊은 세대에게 이 고통과 비극을 물려주어서는 안 됩니다. 청년 시절부터 내가 소원하던 건 오직 이것뿐입니다."

사람들은 무산계급에 대한 그의 한없는 애정을 알기에, 철도 노동자로 노동운동을 시작했기에, 그를 '영원한 철도 노동자'로 칭했다. 노년이 되어 수많은 집회에 맨 앞줄에 앉았지만 다른 원로들과 그는 사상적 기반이나 활동의 영역이 다르다는 것을 가까운 동지들은 알았다. 그래서 그를 재야 인사나 민주화운동가가 아니라 '혁명의 전사'라 불렀다.

실제로 그는 2013년 89세로 사망하기 전날까지도 철도노조 고문으로서 당시 한창이던 철도 파업을 지켜보며 원칙을 견지하라고 요구하던 사람이었다. 철도 노동자 박현수는 팔순이 넘은 나이에도 전국을 돌아다니며 강연을 하던 그의 풍모에 대해 이렇게 증언한다.

"배낭을 메고 전국 순회를 하실 때, 항상 후배들에게 폐 끼치기 싫어서 늘 사무실에서 주무셨는데요. 지금까지 쭉 보면 제 기억에 이수갑 선배님은 어쩌면 철도 노동자가 아니라 청년 혁명가라는 호칭이 맞지 않을까 싶습니다. 선배님의 열정이 저희를 부끄럽게 만드는 것 같고 선배님께는 청년이라는 말이 가장 잘 어울리는 것 같습니다."

함께 활동했던 일본인 운동가 사코다 히데후미의 표현대로 그는 노동자 민중이 해방을 이뤄내서 모두가 잘 살 수 있는 참세상을 꿈꾸었던, 생애 한 순간도 그 꿈을 포기한 적이 없는 '진정한 혁명가'였다.

나이 63세에 '민족정기수호협의회'를 결성한 이후 그의 어록에는 '민족', '통일', '반제국주의'라는 단어들이 자주 등장한다. 이를 두고 그가 이 나라에 넘쳐나는 배타적이고 편협한 민족주의자가 되었다고 본다면 오해다. 단일 종족인 한국인이라면 누구나 가질 수 있는 민족애가 지극했던 것은 사실이지만, 그에게 민족이란 자본주의 최악의 형태인 제국주의와 투쟁하는 단위의 의미가 더 컸다. 이 점에 대해 '혁명적 노동자당 건설 현장투쟁위원회' 사무국장이던 이용덕은 이렇게 말한다.

"비록 민족주의자의 면모를 보이시기도 했지만 선생님의 근본 지향은 사회주의였습니다. 2009년엔가 사회주의 노동자계급 정당을 건설해야 한다며 후배들에게 써클주의와 분파주의를 극복해 줄 것을 강력하게 당부하셨던 기억이 새롭습니다."

국제적 사회주의자의 단체인 '국제공산주의흐름'의 활동가 남궁원도 이수갑으로부터 같은 말을 듣는다. 민족주의 성향으로 경도된 민주노동당을 비판하며 노동계급의 독자적인 정당을 주장해 온 운동권 내 좌파들은 또다시 그 내부에서 서로서로 자기만의 원칙을 내세우며 결별하기를 계속했다. 이수갑은 이들 좌파들을 지지하는 드문 원로 인사였으나 이러한 분파주의에는 냉정한 비판을 아끼지 않았다. 2009년의 대담이다.

"사노준, 해방연대, 사노련 활동 다 듣고 있습니다. 사회주의 써클 정치 조직이 4, 5개 있습니다. 이 써클들이 사회주의 정치 활동을 제대로 하지 못하면서 현장을 분열시키고 있습니다. 써클에서 탈피해야 합니다. 써클들은 자기 조직 목적만 달성하려고 합니다. 조직 이기주의이자 파벌주의입니다. 지하 조직, 이제는 안 됩니다. 지금은 사회주의 노동자계급 정당으로 집중적인 효과를 내야 할 때입니다. 어떤 분들은 시기상조라고 하는데 그렇지 않습니다. 투쟁으로 돌파해서 만들어야 합니다. 공동으로 논의하고 서로 비판하면서 고쳐 나가야 합니다."

이수갑은 자기 민족에 이익이 된다면 무슨 짓을 해도 좋다는 극우나 극좌의 민족 지상주의자들과는 달랐다. 약소국 열등감에 사로잡힌 나머지 고대에는 한민족이 세상의 지배자였다는 식의 꿈을 펼치는 몽상가들과도 달랐다. 이 나라 사회주의의 근원이던 조선공산당 당원으로, 이 나라 노동운동의 근원이던 전평 조합원으로 진보 운동을 시작한 그는 어디까지나 과학적 사회주의자였고 실천가였다. 사회주의자요 국제주의자로서, 만민 평등을 주장하는 보편적 박애주의자로서, 그는 약자들의 권익이 보장되는 평등 세상을 만들려는 계급투쟁의 선상에서 벗어난 적이 없었다. 그가 사망했을 때 일본의 진보단체 '인민의 힘' 대표 츠네오카 마사오가 보내온 추도사는 그가 어떤 인물이었는가를 압축적으로 표현해 준다.

"선생님은 제국주의를 증오하고 자본의 횡포를 규탄하고 늘 노동자 민중, 약자 입장에 서서 분골쇄신 투쟁하셨습니다. 반제국주의와 사회주의를 위한 투쟁에 한평생을 바치며 끝까지 싸워 내신 투쟁 정신을 진심으로 존경합니다. 우리 '인민의 힘'은 선생님의 유지를 이어받아 한국에서 열심히 투쟁하는 분들과 손에 손을 잡고 나라와 민족, 인종, 종교의 차이를 넘어 함께 투쟁할 것을 다시 한번 맹세합니다."

혁명의 전사! 청년 혁명가! 이보다 그의 인생을 잘 표현해 주는 말은 없을 것이다. 세계사적으로 보아도 놀랄 만한 여러 기록을 갱신하고 있는 한국 민주화운동에 명멸해 온 수많은 별들과 이수갑의 차별성을 잘 표현해 주는 단어이기도 하다.

아쉬운 것은 그의 긴 인생 역정의 기록이 제대로 남아 있지 않다는 점이다. 많은 후배들이 그의 생애사를 녹취하고자 했으나 사망 직전까지도 활동을 멈추지 않았던 그에게는 한가하게 자기 살아온 이야기나 자랑할 시간이 없었다. 본인을 앞에 내세우지 않는 성품 때문이기도 하리라.

따라서 평전 작업은 함께 활동했던 동지들이 간간이 들은 이야기들을 수집해 시간 순으로 조합해 보는 것으로 만족해야 했는데 증언자가 없는 기간은 이마저도 어려웠다. 특히 1960년대부터 1980년대 초까지의 진보정당 활동은 사상과 역량의 한계는 명확하지만 군사 독재 암흑기의 거의 유일한 진보 운동으로 보다 가치 있게 기록되어야 하는데 생존하는 증언자가 없어 퍽 아쉽게 되었다.

그럼에도 기록 문화가 일천한 우리 풍토에서 뒤늦게나마 이수갑 선생같이 훌륭한 인물을 책으로 남기게 된 것을 다행으로 생각하고, 그 일을 맡게 된 것을 영광으로 생각한다. 충분하지 못한 녹취를 토대로 한 데다 본인의 세밀한 확인을 거치지 못한 점은 퍽 아쉽지만, 최대한 사실을 재현하기 위해 애썼음을 알아주시면 좋겠다.

사실은 명백하되 구체성이 떨어지는 증언의 공백을 메우기 위해 이성아 소설가가 공동 필자로 참여해 대사체로 재현해 보기도 했다. 실제로 나누었던 대사와 추측으로 구성해 본 대사가 똑같을 수는 없지만, 최대한 증언에 어긋나지 않게 구현했음을 이해해 주시기 바란다.

이 책의 공동필자인 안재성의 기억이다. 1984년 봄, 군부 독재의 서슬 퍼런 압박을 뚫고 노동운동과 학생운동이 막 꿈틀거리기 시작할 때다.

서울 구로동 동일제강에서 노동조합을 결성했다가 해고된 노동자들을 위해 모금을 다니던 중 명동성당 뒤편에 있던 가톨릭노동문제상담소를 찾아가게 되었다. 대로변 축대 위에 옹색하게 자리 잡은 상담소에 들어가니 저명한 조합 운동가인 김말룡 소장이 맞아 주었는데 그보다 더 친절하고 적극적인 사람이 있었다. 왠지 정이 가는 똥그란 눈과 생글생글한 웃음이 인상적인 그는 다정하게 동일제강 현장 상황을 꼼꼼히 물어보며 자상한 조언을 아끼지 않았다. 야당을 비롯해 여러 종교, 사회단체에 돌아다니며 위로와 격려를 받았지만, 정말로 자기 일처럼 자세한 경과를 묻고 투쟁 방향에 대해 충고를 해 주는 이는 처음이라 해도 좋았다.

조언 중에는 판화나 손수건을 만들어 팔면 도움이 되리라는 충고도 있었다. 우리는 말 한마디 표정 한 가닥마다 노동자에 대한 애정이 넘치던, 너무나 다정하고 인상 좋은 그의 충고를 믿고 판화로 찍은 손수건 등을 제작해 적지 않은 돈을 모금할 수 있었다. 그는 우리가 손수건을 들고 상담소에 찾아가자 김말룡 소장을 재촉해 다른 단체들보다 한층 비싸게 사도록 강요해 우리를 즐겁게 했다.

겨우 두 번의 만남이지만 매우 기분 좋게 뇌리에 남은 이 인상 깊었던 어른이 바로 이수갑 선생이었다. 오랜 시간이 지나서 다시 이수갑이라는 이름을 들었을 때 귀에 설지 않았던 이유이기도 했다. 또한 기꺼이 선생의 평전을 쓰겠다고 자원한 이유이기도 했다.

　부족하나마 이 평전을 통해 이수갑 선생의 정신이 널리 알려지고 이어지기를 기대한다. 작업을 함께해 주신 전국철도노동조합과 '이수갑 선생 정신계승사업회', 그리고 '미일 제국주의 아시아 침략과 지배에 반대하는 아시아 공동행동' 관계자들께도 깊은 감사를 드린다.

2018년 6월
공동 필자 이성아 안재성

1. 머슴의 아들로 태어난 전사

전사 이수갑이 태어난 해는 1925년, 대원군의 국수주의로 근대 문명에서 도태당한 조선 왕조가 변변한 싸움 한 번 못한 채 일본의 식민지가 된 지 15년째 되던 암흑의 시대였다.

무능한 왕실과 관료들을 대신해 나선 의병 항쟁이 무위로 돌아간 후에도 민중들은 저항을 멈추지 않았다. 이수갑이 태어나기 6년 전인 1919년 3월 1일부터 시작된 만세 운동은 7천 명이 학살되며 진압되었으나 대한민국 임시정부를 수립하는 계기가 되었다.

중국 땅 상해에 설치된 망명 정부에는 자본주의를 지향하는 자유주의자들만이 아니라, 러시아 땅에 갓 탄생한 소비에트연방에 영향을 받은 사회주의자들도 다수 참여했다. 근대화된 한국인들의 첫 정부는 좌파와 우파의 합작 정부라 해도 좋았다. 얼마 못 가 동거는 깨어지고 좌우의 골은 깊어졌지만, 설마 인류사상 최악의 동족 간의 학살 전쟁으로 치닫게 될 줄은, 그때는 아무도 몰랐다.

이수갑이 태어난 곳은 의병 항쟁도, 삼일운동도, 임시정부도 남의 나라 이야기만 같던 궁벽한 농촌이었다. 해발고도 8, 9백 미터의 천성산과 원효산으로 둘러싸인 경상남도 양산군에서도 오지인 웅상면 명곡리 428번지다. 한 세기가 지난 오늘의 양산군은 제조업, 화학, 기계 공장들이 들어서서 인구 30만이 넘는 공업도시가 되었으나 당시에는 농토보다 산악이 더 많은, 가난한 민중의 마을이었다.

공식 기록만으로 과거를 접하는 후세 사람들의 눈에는 식민지 시대를 친일 부역자들 아니면 항일투사들이 주도하고 있는 것처럼 보이지만, 실제로 당대를 살았던 민중들은 자기 주변에서 독립운동가도, 악질적 친일파도 한 명 본 적 없는 이가 대다수라 해도 좋았다. 과거나 현재나 민중의 인생은 하루하루 먹고 살기 위해 일하느라 덧없이 흘러가 버리기 마련이다. 방송 은커녕 신문조차도 거의 접할 수 없던 그 시절에는 더욱 그랬다.

일본의 식민지가 되면서 자본주의가 도입되었다지만, 문화적으로는 여전히 봉건 유습이 남아 있었다. 호적에는 양반, 평민, 상민 같은 신분 계급이 표기되었고, 서자인가 적자인가까지 기록되었다. 경제적으로는 강력한 국가권력이 자본을 통제하는 국가독점자본주의요, 문화적으로는 반봉건 사회였다.

봉건 왕조 시대와 달라진 점이 있다면, 신분 계급이 양반이든 상민이든 상관없이 학교에 들어갈 수 있고 국가고시를 볼 수 있다는 점이었다. 그러나 신분제도보다 더 무서운 지배 도구인 돈이 그들을 제약했다. 총독부는 한국인 노동력을 확보하기 위해 전국에 학교를 세웠으나 가난한 사람들은 학비를 감당할 수 없었다.

이수갑과 형제들도 제대로 학교에 다닐 처지가 못 되었다. 머슴살이를 하는 아버지 밑에 태어난 죄였다. 이수갑의 집안은 대대로 머슴살이를 해 왔다. 증조할아버지와 할아버지에 이어 아버지까지 3대가 머슴이었다. 이수갑도 그대로 고향에 머물렀다면 4대째 머슴이 되었을 것이다.

나중에 사회주의자가 된 이수갑은 자신이 머슴 집안에서 태어났음을 자랑스레 여겼다. 출신 성분이 좋았다는 것이다. 본인의 능력이 아니라 부모의 직업과 재산을 기준으로 사람을 평가하고 제약하는 출신 성분 제도는 현실 사회주의 국가들의 생산력을 질곡에 빠뜨리는 한 원인이 된다. 만인 평등을 주장하면서 본인도 아닌 선대의 출신을 따지는 것도 모순이었다. 그러나 멸시 천대와 열등감 속에 살아야 했던 반봉건 시대의 하층 민중과 노동자들에게는 출신 성분의 논리가 변혁운동에 나설 유력한 동기가 될 수 있었다. 이는 문화적 경제적으로 철저히 차별받고 있던 여성도 마찬가지였다. 식민지 시대 여성 사회주의자들은 남녀평등을 넘어 여남평등을 외쳤고, 지식인 남성들 사이에는 페미니즘 때문에 못살겠다는 엄살이 돌았다.

사실 머슴살이는 자부심을 갖기 어려운 최하층 직업이었다. 소작 부칠 농토조차 얻지 못한 이들이 주인집 행랑채에 얹혀살며 농사도 짓고 소여물도 끓이고 청소며 잔심부름까지, 시키는 일이라면 가리지 않고 다 해야 겨우 굶지 않을 수 있었다. 법적으로는 봉건 시대의 노비보다 자유로워서 언제든 주인을 바꾸어 떠날 수 있다지만 실제로는 평생 한 지주 밑에서 대를 이어 뼈가 삭도록 일하는 게 보통이었다.

머슴에게 유일한 재산은 몸뚱이였다. 눈 뜨는 순간부터 잠자는 시간까지 쉬지 않고 몸을 놀려야 간신히 먹고 사는 삶이다. 몸이 망가지면 머슴살이도 끝이었다. 현대의 노동자와 마찬가지로, 아무리 열심히 일한다 해도 노동 능력을 잃는 순간 야멸차게 버림받는 게 머슴이기도 했다.

이수갑의 집안에도 머슴살이의 내력이 끝나는 날이 왔다. 이수갑이 아장아장 걸음마를 뗄 무렵, 아버지가 중풍으로 쓰러진 것이다. 나이도 한창이고 기름기 많은 음식을 먹을 일도 없던 아버지가 쓰러진 이유는 아마 과로였을 것이다. 너무 열심히 일한 결과였을 것이다. 그러나 주인은 반신 마비가 되어 버린 머슴과 올망졸망 딸린 어린 자식들이 곡식만 축낸다며 매몰차게 내쫓아 버렸다. 삼대를 머슴으로 일해 온 정 같은 건 없었다.

소작 부칠 땅은커녕 머슴살이도 할 수 없는 여건이라면 구걸이라도 할 수 있는 도시가 나았다. 온 식구가 부산으로 이사한 것은 이수갑이 네 살 되던 해였다. 걷지 못하는 아버지는 수레에 누운 채, 이수갑은 어머니 등에 업혀 양산에서 부산으로 가는 고개를 넘었다. 아이들에게는 신기한 여행길이었겠지만, 불구의 남편과 세 아이를 안고 업은 어머니에게는 슬프고도 긴 고갯길이었을 것이다.

부산 초량의 연하동 가파른 산 중턱이 이 씨네 가족의 새 거처가 되었다. 지금이야 바다가 내려다보이는 전망 좋은 고급주택지가 되었지만 당시에는 최하층민들이 모여 사는 빈민촌이었다. 나무판자를 얼기설기 엮어 놓은 판잣집이 그나마 집다운 집이었다. 산기슭의 흙을 파내고, 파낸 흙으로 벽을 둘러친 다음 나뭇가지와 가마니 따위로 지붕을 덮은 토굴 같은 토막집이 대부분이었다. 이수갑의 가족도 비가 새는 토막집에서 새 생활을 시작했다.

노동력을 가진 유일한 사람은 어머니였는데, 앳된 처녀들이나 고무신 공장에 써 줄까, 기혼 여성은 노동을 하고 싶어도 일자리가 없던 시절이었다. 어머니는 당장 아이들을 굶게 할 수 없어 구걸에 나섰다. 소쿠리를 들고 하루 종일 남의 집 대문을 두드려 얻어 온 밥으로 아이들을 먹였다. 여러 집에서 얻어 오니 소쿠리에는 누런 보리밥과 흰 쌀밥, 검은 콩밥, 노란 옥수수밥이 뒤섞여 천연색이었다고, 이수갑은 기억한다. 어쨌든 거지 가족이 된 것이다.

구걸에 도움이 되어서였을까, 어머니는 어린 이수갑을 데리고 다니는 날이 많았다. 구걸 초기에는 먹고 살 만해 보이는 집들을 찾아다녔다. 곳간에서 인심 난다는 속담을 믿었다. 그러나 부잣집들은 아예 대문턱을 넘어서지도 못하고 쫓겨나기 일쑤였다. 더럽다며 구정물이나 소금을 끼얹지 않으면 다행이었다. 밥술이라도 덜어주는 집은 검은 기와 번듯한 부잣집들이 아니었다. 걸인 모자를 불쌍히 여겨 식은 보리밥이나마 덜어주는 건 자신들도 하루 벌어 하루 살기 바쁜 가난한 사람들이었다. 이수갑은 없는 사람을 동정하는 건 없는 사람들이라는 것, 있는 사람들이 더 야박하다는 것을 일찌감치 깨닫는다.

어머니를 따라다니며 조금씩 머리가 굵어지던 어느 날이었다. 그날도 이집 저 집 문을 두드리며 돌아다니고 있는데 문득, 자신과 비슷한 또래의 아이들이 삼삼오오 짝을 지어 즐겁게 걸어가는 광경이 눈에 들어왔다. 하나같이 어깨에 가방을 메고 있었다. 산중턱의 빈민촌에서는 볼 수 없는 광경이었다.

"어머니, 저 아이들 어디를 가는 거예요?"

어머니는 차마 대답을 못하고 고개를 돌렸다. 이상했다. 궁금했다. 다음날, 이수갑은 어머니를 따라나서는 대신 아이들 뒤를 따라가 보았다. 그곳은 학교였다. 교실 창으로 아이들이 공부하는 모습을 지켜보던 이수갑은 자기도 모르게 복도로 걸어 들어갔다. 그때였다. 억센 손아귀가 이수갑의 뒷덜미를 잡아채며 어딜 들어 가냐고 했다. 학교 소사였다.

"저도 공부하고 싶어요."

주눅 들지 않고 당돌하게 말하니 소사는 빗자루를 치켜 올렸다.

"뭐라고? 이 거지 녀석이! 얼른 나가지 못해?

이수갑은 빗자루를 피하며 반항했다.

"왜 때려요? 공부하고 싶다는데, 뭐가 잘못됐어요?"

"여기는 거지가 오는 데가 아니라니까. 얼른 나가지 못해?"

이수갑이 등짝을 맞으면서도 자리를 떠나지 않고 소란을 피우자 선생 하나가 교무실에서 나왔다. 그는 소사로부터 사정을 듣고는 점잖게 말했다.

"제가 타일러서 보낼 테니, 가서 일 보세요."

선생은 이수갑을 나무 아래 벤치로 데리고 가서 물었다.

"공부가 하고 싶으냐?"

부드러운 목소리에 눈물이 쏟아질 것 같았다. 그렇다고 하니 대견하게 여긴 선생은 돈을 내지 않고 배울 수 있는 곳을 가르쳐 주었다. '진수학술강습회'라는 곳으로, 지역 유지들이 형편이 어려운 학생들을 모아서 가르치는 사설 교육기관이었다. 이수갑에게는 복음이나 다름없었다. 당장 달려가 입학했다.

이렇게 해서 고학생이 되었다. 학비는 내지 않았지만 연필이나 공책을 마련할 돈도 없었으므로 친구들이 버린 연필 도막이나 공책 자투리를 주워서 쓰고 해진 고무신은 철사로 꿰매 신고 다녔다. 돈이 필요했다. 함께 배우는 친구가 신문을 배달한다기에 자기도 돈을 벌려고 보급소에 따라가 보았다.

마침 남들이 맡기 싫어하는 구역이 비어 있었다. 하루 종일 거센 바닷바람이 불어대는 부둣가로, 사람들도 바닷바람만큼이나 거친 곳이었다. 어물

창고, 경매 사무실, 어업 협동조합, 선박 회사, 선구점 사이로 생선 썩는 비린내와 뱃사람들의 거친 욕설이 난무하는 곳이었다. 상관없었다, 돈만 벌 수 있다면. 월급이라는 걸 손에 쥘 수 있다면, 그래서 공부를 할 수만 있다면, 아무리 무서워도 상관없었다.

"신문이요! 신문 왔어요!"

복잡한 시장이든 가파른 계단이든 쉬지 않고 뛰어다니며 소리쳐 배달을 했다. 맡은 구역을 다 돌리고 한두 부 정도가 남은 건 행인들에게 팔았다. 가외 수입이었다. 월급날이면 그렇게 모은 돈과 월급을 합쳐서 3원어치 쌀을 사서 어머니에게 갖다 주었다.

신문을 배달하면서 사회에 대한 관심도 갖게 되었다. 신문 속에는 온갖 세상사가 들어 있었다. 살인 사건이나 금은방을 턴 도둑 소식에서부터 유명한 피아니스트의 공연 소식도 실려 있었다. 조선인 갑부가 일본군에게 전투용 비행기를 기증했다는 소식이 있는가 하면, 서울의 어느 경찰서에 이름 모를 괴한이 불을 질렀다는 소식과 일본 관리에게 폭탄을 던진 이의 재판 이야기도 실려 있었다. 처음에는 단순한 궁금증과 지식욕이었다. 그러나 매일 읽다 보니 점차 사회 현상에 대한 관심으로 기울었다.

1941년 12월 9일 일본이 진주만 기습으로 미국과 전쟁을 시작한 후에는 호외가 잦아졌다. 신문 배달을 마치고 집으로 돌아왔는데 호외가 나왔다고 연락이 와서 다시 나가야 하는 일이 잦았다. 하루에 두 번, 세 번씩 호외가 나오는 날도 있었고, 한밤중에 불려 나간 적도 있었다.

호외는 주로 일본군 대본영 발표를 인용한 것이었는데, 일본 황군이 태평양 제도들과 아시아 각국을 침공해 수많은 사람을 살상했다는 내용이었다. 사람들은 과연 일본이 대단하다는 식으로 반응했지만, 이수갑은 무자비하게 사람들을 죽이는 행위를 자랑하는 기사들을 볼 때마다 소름이 끼치는 기분이었다. 일본을 침략하거나 일본인에게 피해를 입힌 적이라곤 없는 중국이나 미국, 베트남 같은 나라를 공격해 수없이 많은 사람을 살상하는 것이 무슨 대단한 일이고 자랑스러운 일인가 싶었다.

신문으로 볼 것도 없었다. 이수갑 자신이 바로 일본인들의 잔인성을 체험하고 있었다. 부두에서 매일 마주치는 현실도 그렇지만, 그중에서도 뼈에 각인하듯이 잊을 수 없는 일들이 여러 번 있었다.

진주만 기습을 하기 여러 해 전인 1937년 7월부터 중국 본토를 침략해 남과 북 양면으로 전쟁을 벌이고 있던 일본은 조선인이 생산한 주요 곡물을 강제로 공출해 전선의 군인들에게 보내고 대신 만주에서 들여온 옥수수와 콩, 깻묵 따위를 배급했다. 시장이든 농민이든 개인적으로 쌀을 팔고 사는 것은 전면 금지되었다.

만주에서 오는 곡식이나 깻묵은 곰팡이 슬고 썩어 냄새나는 게 대부분이었다. 그나마 하루 두 끼니 조차도 먹기 힘들었음에도 어머니는 할아버지 제사상만큼은 쌀밥을 올리고 싶어 했다. 관혼상제를 중시하는 뿌리 깊은 봉건 의식도 있었겠지만, 본래 성정이 밝고 따뜻한 사람이라 돌아가신 시아버지에 대한 추념의 정이었을 것이다. 개인끼리 쌀을 직거래하다가 발각되면 큰 곤욕을 치른다는 걸 잘 알면서도 김해의 한 농가에서 쌀을 사기로 약속을 했다.

어머니는 쌀을 사러 가는 길에 이수갑을 동반했다. 어린 아이를 데리고 다니면 검문에 유리하리라 보았을 것이다. 나갈 때는 짐이 없으니 구포다리에 있던 검문소를 무사히 통과했다. 물어물어 찾아간 김해의 어느 농가에서 한 말가량의 쌀을 살 수 있었다.

운반이 문제였다. 자루에 담아 들고 가면 반드시 잡힐 테니 농가의 아주머니는 어머니의 속바지에 주머니를 달고 그 속에 쌀을 부어 봉해 주었다. 겉으로 봐서는 멀쩡했으나 걸음걸이가 어색할 수밖에 없었다. 양쪽 바지 주머니에 쌀이 한두 되씩 들었으니 바지가 흘러내리지 않도록 허리춤을 단단히 잡아야 했고 쌀이 출렁거리는 통에 빨리 걸을 수도 없었다. 그런 식으로 경찰의 매서운 눈초리를 피할 수 있을 거라는 생각이 차라리 순진한 것이었다.

결국 어머니는 구포 검문소에서 붙잡히고 말았다. 경찰도 이런 상황을 한두 번 겪지는 않았을 것이다. 조선인과 일본인이 짝이 되어 검문하던 경찰은 어머니의 치마를 들춰내고 속바지의 쌀을 몽땅 빼앗아 갔다. 그리고는 다른 행인들이 볼 수 있도록 무자비하게 뺨을 때리고 발길로 걷어찼다. 그 비참한 광경을 어린 이수갑은 지켜볼 수밖에 없었다. 가슴 속에는 일본인에 대한 증오가 끓어올랐지만 저항할 수가 없었다.

학교를 졸업할 무렵, 또 한 번 충격적인 장면을 목격했다. 일본인 순사들이 어린 여자들을 잡아간다는 풍문이 떠돌 때였다. 일본 본토에 있는 공장에 취직을 시켜주고 월급까지 준다는 말도 떠돌았다. 하지만 그게 사실이라면 어째서 굳이 어린 여자들만 데려가는 것인지 알 수 없는 일이었다. 그리고 그렇게 데려간 여자들로부터는 소식이 끊어진다는 것도 수수께끼였다. 그러더니 마침내 움막촌까지 순사들이 들이닥친 것이다.

어느 날이었다. 비명과 통곡 소리에 놀란 이수갑이 뛰쳐나가 보니 제복의 순사들과 사복 차림의 사내들이 마을에 몰려와 어린 처녀들을 끌어가고 있었다. 처녀의 부모들이 순사들에게 매달려 봐 달라고 울고불고 애원했지만 소용없었다. 그들은 칼을 빼어 위협하거나 따귀를 때려 밀어내면서 기어이 여러 명의 처녀들을 끌고 가버렸다.

'공장에 취직도 시켜주고 월급도 준다는 게 사실이라면, 서로 가려고 하지 않겠는가? 일본인들의 말은 새빨간 거짓말이 틀림없어!'

어린 이수갑도 이런 정도는 생각할 수 있는데, 어른들이 눈치 채지 못했을 리 없었다. 굳이 처녀들만 골라서 끌고 가는 게 어떤 의미인지를. 순사들이 한바탕 난리를 치고 간 다음 마을은 공포와 불안에 휩싸였다. 처녀가 있는 집은 너 나 할 것 없이 아무 데라도 좋으니 빨리 시집을 보내려고 안달을 했다. 이제 겨우 초경을 시작한 어린 여자아이도 혼처를 찾았다. 늙다리 노총각이나 불구도 마다하지 않았다.

하나뿐인 누나가 동생들도 모르는 사이 혼인을 치른 것도 그 즈음이었다. 누나는 친척의 소개로 진주의 어느 집에서 식모살이를 하고 있었다. 그런데 어느 날 어머니가 진주에 다녀오더니 누나가 혼인을 했다고 알려 주었다. 아버지야 병석에 누웠으니 못 간다 해도 동생들이며 양산의 친척들 아무도 가지 못했고 알지도 못한 가운데 치러진 혼인이었다. 어머니는 말했다.

"누나가 있는 집 주인이 아는 총각이 있다고 해서 봤다. 좋더라. 나이가 조금 많기는 하지만 사지 멀쩡하더라. 그라믄 됐지 뭐를 더 바라겠노. 누나도 좋다 캤다."

어머니는 마치 치맛말기로 콧물을 훔치는 척하며 눈물을 훔쳤다.

"잘 된 기라. 이제 일본 순사한테 끌려갈 걱정 안 해도 되고, 잘 된 기라. 암, 잘 되고말고."

어머니는 수도 없이 잘 됐다고 중얼거렸다. 그건 마치 자기 자신에게 주문을 거는 것처럼 보였다. 이수갑은 일없이 집을 나와 밤길을 헤매며 걸었다. 어린 나이에 식모살이를 떠난 누나와는 살가운 남매의 정을 나눈 기억도 가물가물했다. 아무런 준비도 없이 가족도 모른 채 치른 혼례가 얼마나 초라했을지는 보지 않아도 뻔했다. 찬 냉수 사발 하나 사이에 두고 절하는 것으로 간신히 부부의 예를 치렀을 것이었다. 누나가 너무나 보고 싶은 밤이었다.

2. 해군 수송부에 징용되다

진수학술강습회의 학생은 55명이었다. 그중에서 이수갑은 단연 모범생이었다. 제대로 공부할 여건도 안 되는 토막집에서 신문 배달까지 하면서도 성적은 늘 앞자리를 다투었다. 2등으로 졸업할 수 있었다.

졸업할 때 5등 안에 드는 학생들에게는 공립학교인 봉래보통학교에서 치르는 검정고시에 응모할 자격을 주었다. 검정고시에 합격하면 보통학교 6년을 졸업한 것과 동등한 자격을 부여했다. 당연히 검정고시에 붙었다.

학교에서는 1등부터 3등까지 졸업생에게 직장도 알선해 주었다. 1등은 신문사 급사로, 3등을 한 여학생은 부산소방서에 교환수로 취직이 되었다. 2등을 한 이수갑은 보통학교 졸업 자격증을 들고 경산자동차주식회사 부산지점에 급사로 취직이 되었다.

경산자동차주식회사는 부산에서 알아주는 큰 회사였다. 급사 월급이라야 보잘 것 없지만 푼돈이라도 고정적으로 들어오니 날품팔이 다니는 형의 들쭉날쭉 불안정한 수입에 비할 바가 아니었다. 집안의 경사요, 동네 사람들의 부러움을 살 만했다.

나이 어린 급사가 하는 일이란 온갖 잡다한 심부름이었다. 온종일 구석구석 사무실을 청소하고 직원들 먹을 우동이며 담배를 사오느라 바빴다. 그래도 싫은 표정 한 번 짓지 않고 웃는 얼굴로 대답하고 재빨리 일을 처리하는 꼬마를 사람들은 무척 좋아했다. 본래 눈도 얼굴도 동글동글하니 귀엽게 생긴 데다 늘 생글생글한 웃음이 좋은 인상을 주었을 것이다.

바쁜 중에도 시간만 나면 사무실에 있는 신문이나 책을 들여다보는 모습도 직원들의 호감을 샀다. 그중에는 이수갑처럼 급사로 시작해서 정식 직원까지 된 선배가 있었다. 이수갑의 영민함과 성실함을 높이 사던 그가 어느 날 충고를 했다.

"수갑이, 고등학교에 진학할 생각 없어? 보통학교 자격증만으로는 평생 심부름꾼을 면할 수 없어."

"저도 공부를 더 하고 싶지만 집안 사정이 어려우니 한가하게 학교 다닐 처지가 못 됩니다."

이수갑의 말에 선배는 자기 경험을 말해 주었다.

"직장일 끝나고 야간에 다니면 되지. 나도 거기 다녔거든."

선배가 소개한 곳은 주로 일본인 학생들이 다니는 야간 상업학교였다. 4년이나 5년을 다녀야 하는 다른 고등보통학교와 달리 2년제라서 부담도 적었다. 보통학교 졸업 증명이 있으니 시험 칠 자격도 되었다. 일본 학생들이 많이 지원하니 쉽지 않으리라 생각했는데 당당히 합격할 수 있었다. 낮에는 급사로, 밤에는 고등학교를 다니는 바쁜 나날이 시작되었다.

두뇌가 뛰어났던 그에게 상업 부기는 그리 어렵지 않았다. 하지만 그 정도로는 성에 차지 않았다. 자동차 운전과 수리가 최고의 대우를 받던 시절이었다. 상업학교에 다니는 한편으로, 자동차 기술도 배워 두는 게 좋겠다 싶었다.

경산자동차주식회사에는 수리 공장이 따로 있었는데, 야간에도 일을 했다. 이수갑은 수업이 없는 주말이나 방학에는 공장에 가서 무급 조수를 자청했다. 공구도 닦아 주고 뒷정리나 허드렛일을 도와주면서 어깨너머로 기술자들이 일하는 걸 유심히 지켜보았다. 기계가 움직이는 게 처음에는 마술 같기만 했는데, 자꾸 들여다보니 기본 원리는 단순했다. 무엇보다도 흥미로웠다. 수많은 자동차 부품들이 하나로 맞물려 자동차를 움직이는 작동 원리를 알아가는 재미가 보통이 아니었다. 아무래도 책상에 앉아 돈 계산하는 것보다는 손에 기름을 묻혀가면서 뭔가를 고치고 만드는 게 자신의 적성에 맞는 것 같았다.

수리 공장 작업반장도 성실하고 똘똘한 꼬마를 눈여겨보았다. 어느 날은 이수갑을 불러 고장 난 부품을 가리키며 물었다.

"너, 이거 한번 해 볼 수 있겠냐?"

자기 능력을 인정해 주는 것 같아서 기뻤다. 이수갑은 얼른 대답했다.

"예! 할 수 있습니다."

꽤 손이 가는 일이었지만 이수갑은 금방 해냈다. 작업반장은 이리저리 살펴보며 흡족한 웃음을 지었다.

"손이 빠르구나. 뒤처리도 깔끔하고."

작업반장은 이때부터 이것도 해봐라, 저것도 해 보라면서 일을 맡겨 주었다. 얼마 후에는 아예 자기 밑에 두고 싶어 했다.

"너는 급사로 있기에는 아까운 재주다. 그래서 내가 이쪽으로 발령을 내 달라고 했다."

"정말입니까? 감사합니다!"

자동차도 귀하고 운전사도 귀한 시절이었다. 수리 기술자는 더욱 귀했다. 간단한 고장은 운전사가 조치하지만 큰 고장을 고칠 진짜 기술자는 귀했다. 차만 고칠 줄 알면 먹고 사는 데 지장이 없었다. 그렇지만 보통 사람들은 수리 기술을 배울 기회가 없었다. 운 좋게 이수갑이 그 기회를 잡은 것이다.

이수갑도 두뇌 회전이 빠르고 눈썰미가 좋았다. 기계에 대한 이해력도 보통 사람들에 비해 월등했다. 아무리 낯선 기계도 찬찬히 들여다보면 금방 그 원리를 이해했다. 선배 기술자들도 그를 보고, 타고난 기술자라고 칭찬할 정도였다. 이수갑은 선배들에 둘러싸여 새로운 것을 배우는 즐거움에 한동안 푹 빠져 있었다.

즐거운 나날은 그러나 1년 만에 끝나고 말았다. 1943년, 열아홉 살이 되던 해였다. 경상남도 전역에서 차량 운전이 가능한 운전사와 수리 기술자들을 강제로 차출해 진해에 있는 일본 해군 시설부에 배치한 것이다. 징용이었다.

식구들 걱정이 앞섰다. 군대로 징용을 가니 제대로 월급을 받을 수 없었다. 얼마 안 되는 자기 월급에 의지해 근근이 살아가고 있던 식구들을 어떻게 하나 한숨이 나왔다. 늘 그를 도와주던 급사 출신 선배가 위로했다.

"가깝고도 안전한 진해로 징용된 걸 다행으로 알어. 다른 청년들은 학도병으로 끌려가 남양반도 전쟁터에서 죽어가고 있어. 나이 먹은 사람들은 일본의 탄광으로 징용 가서 천길만길 굴속에서 죽어나고. 수갑이 니가 기술도 좋고 성실해서 내가 추천을 한 거니 고맙게 생각하고 가서 열심히 일해."

맞는 말이었다. 일본 황군의 연전연승 소식이 실린 신문을 보면서 가만히 있는 남의 나라에 쳐들어가 죄 없는 사람들을 죽이는 게 무슨 자랑이냐고 생각해 왔던 그였다. 전쟁터에 끌려가 남의 나라 백성들에게 총질을 하는 것도, 위험한 탄광에 목숨을 바치고 싶지도 않았다. 해군 전함을 수리하는 일 역시 일본군에 부역하는 행위이기는 하지만 달리 방법이 없다면 최선의 선택이었다.

전시 체제가 극에 이르러 여행의 자유마저 통제될 때였다. 한반도 조그만 땅덩어리가 20만에 이르는 경찰과 헌병에 의해 철두철미 감시되고 있었다. 기차 한번 타려 해도 지서에 가서 사정을 말하고 여행증을 끊어야 했고, 독립군에 들어갈 만한 나이의 청년이 특별한 용무 없이 국경을 넘어 중국으로 가는 것은 거의 불가능했다.

하준수 등 극소수 용감한 젊은이들이 일본군에 끌려가지 않으려고 지리산, 덕유산, 월악산 같은 험산에 들어가 야생 생활을 하기도 했으나 보통 사람들은 도망칠 엄두도 내지 못하고 힘없이 끌려가고 있었다. 설사 삼엄한 경계를 속이고 압록강, 두만강을 넘는다 해도 중국 대륙도 대부분 일본군이 점령하고 있으니 악마의 소굴이기는 마찬가지였다. 허형식, 김일성 등이 이끄는 만주의 항일 무장 투쟁도 1941년에는 사실상 궤멸되고, 김무정이 이끄는 조선의용군만이 유일하게 중국 내륙 깊숙한 태항산맥에서 활약하고 있었다. 그나마 국내에서는 그 사실을 아는 이조차 거의 없었다. 설사 태항산 유격대에 합류하고 싶다 해도 수천 킬로 일본군 진영을 뚫고 그곳까지 간다는 것은 거의 불가능했다.

이수갑은 태항산의 전투 소식이나 지리산에 들어간 청년들에 대한 소문조차 들어본 적이 없었다. 총독부의 엄중한 검열 속에서 항일 운동가의 체포 소식이나 재판정 취재기를 통해 간접적으로나마 저항의 소식을 전하던 조선일보와 동아일보마저 폐간되면서 현실을 알 길은 멀어져 버렸다. 도망칠 생각도 못한 채, 곰팡이 슬은 콩깻묵조차 제대로 먹지 못하는 식구들 걱정에 무거운 발길을 진해로 향할 수밖에 없었다.

이수갑이 배속된 곳은 해군 시설부 가와무라 부대였다. 진해는 부산과 직선거리로 수십 킬로미터밖에 떨어지지 않은 해양 군사도시였다. 느려 터진 증기 기차를 갈아타며 김해와 마산을 지나 남해안을 끼고 내려가도 한나절이었다. 가 보니 혼자가 아니었다. 경상남도에서 운전 좀 한다는 사람들은 다 모인 것 같았다. 모두 163명이나 되었는데 이수갑 같은 십대 후반은 거의 없고 대부분 이십대 중후반이었다. 서른을 넘긴 사람들도 적지 않았다.

일본인 소위 히라다가 담당이었다. 히라다는 강제 징병되어 속속 도착하는 사람들을 하나씩 면접하고 서류를 검토하더니 한자리에 도열시켜 놓고 구령대로 올라가서 큰 소리로 호명했다.

"리죠 주코우(李城樹甲)"

아무도 나서는 사람이 없었다. 이수갑은 그게 자기 이름인지도 모르고 멍하니 서 있었다. 조선어 사용은 일체 금지되고 이름까지 일본식으로 고치는 창씨개명이 한창일 때였다. 창씨개명을 하지 않으면 썩은 콩깻묵조차 배급받지 못하니 다들 어쩔 수 없이 이름을 고쳤는데 본래 성과 이름을 그대로 둔 채 한두 개 한자를 삽입하는 경우가 많았다. 이수갑의 집에서도 성과 이름 사이에 성곽의 성(城)을 삽입한 것이다. 억지로 개명은 했어도 실제 생활에서는 쓸 일이 없으니 기억도 않고 있던 그는 뒤늦게 리죠 주코우가 자신의 이름임을 깨달았다.

"하이!"

이수갑이 팔을 번쩍 치켜들며 대답하자, 히라다는 바보 같은 놈이라는 표정으로 쳐다보며 고함 쳤다.

"자기 이름도 모르나! 앞으로 나왓!"

잘못 걸렸다 싶어 달려 나가니 히라다는 그를 아래위로 훑어보고는 다른 사람들에게 말했다.

"여기 서 있는 이 자가 너희들 책임자다. 알겠나?"

아무리 둘러보아도 제일 나이 어린 자신이 책임자라니 얼떨떨했다. 이수갑이 일본어를 잘하는 데다 경산자동차에서 일한 것이 히라다의 눈에 든 것 같았다. 다른 징용자들은 주로 운전기사니 고급 수리 기술까지 갖춘 이수갑을 책임자로 뽑은 것은 나름대로 합리적이었다.

부대 안에 따로 정비공장이 있지는 않았다. 자동차가 고장 나면 마산까지 나가서 고치든가 부속품을 사와야 하는 일이 자주 생겼다. 수리 책임자인 이수갑이 마산에 다녀오는 일이 늘어났다.

어느 날, 출장허가서와 수리비를 받아 문제가 생긴 차를 끌고 마산으로 가며 생각해 보니, 부속품을 사는 거야 어쩔 수 없지만 수리나 정비는 공구만 있으면 혼자 힘으로 할 수 있을 것 같았다. 부대에 있는 자동차들은 애초에 상태가 양호한 것들을 징발한 것들이어서 심각한 고장이 아니었다. 마산에 도착하자 정비 공장에 맡기지 않고 부속품과 수리용 공구만 사 가지고 돌아오는 길에 길가에 차를 세웠다. 혼자 고치는데도 얼마 시간이 걸리지 않았다. 수리비가 고스란히 이수갑의 수중에 떨어졌다.

사고로 크게 부서진 차가 아니면 그런 식으로 혼자 고치기 시작했다. 돈을 빼돌리는 게 불안하기는 했지만 일본 놈들을 속여 먹는 일이라 생각하니 죄책감은 없었다. 어차피 수리비로 나갈 돈을 자신이 대신 받는 거라고 합리화했다. 마산의 정비 공장에 맡기는 것보다 더 완벽하고 빠르게 고치니 사실 문제 될 것도 없었다. 다만 사람들 눈에 띄는 게 신경 쓰였다. 자동차가 귀한 시절이라 시골 마을을 지나게 되면 아이들이 몰려나와 구경을 하니 인가도 인적도 드문 곳을 찾아야 했다.

빼돌린 돈은 몰래 잠자리 밑에 감추어 두고 모았다. 돈이 생기니 든든했지만 자신을 위해서 쓰지는 않았다. 굶주리고 있을 가족 생각이 머리에 떠나지 않았다. 정신대에 끌려가는 걸 피하려고 식모살이 하다가 급하게 혼인한 누나가 살림을 차린 곳이 바로 진해였다. 누나에게 맡기면 부산의 어머니에게 전달할 수 있을 것이었다.

부대 배치 3개월 만에 처음으로 외출할 기회가 왔다. 빼돌린 돈을 세어 보니 7만 원이 조금 못 되었다. 전쟁으로 돈 가치가 급락하고 있었지만 그래도 적지 않은 돈이었다. 손수건에 잘 싸서 양말 속에 숨겼다. 침상 옆에 모셔둔 술 단지도 수건으로 잘 싸서 안았다. 일주일에 한 번 배급 나오는 일본식 청주인 정종을 모아둔 것이었다. 아직 얼굴도 한 번 못 본 자형에게 줄 선물이었다.

집 떠나올 때 어머니에게 받은 주소를 들고 물어물어 누나의 집을 찾아갔다. 단칸 셋방들이 나란히 줄지어 있는 빈민촌이었다.

"계십니까?"

반쯤 열린 부엌문으로 고개를 들이미는데, 방문이 열렸다. 누나였다. 누나는 허깨비라도 본 사람처럼 문턱에 털썩 주저앉았다. 눈물의 상봉이었다. 벌써 아이까지 낳은 누나는 행복해 보였다. 공사장에서 노동하는 자형은 저녁 어스름 무렵이 되자 돌아왔다. 이수갑이 벌떡 일어나 절을 하자 그도 맞절로 처남을 맞아 주었다. 뒤늦은 상견례였다. 건실한 인상의 자형 역시 행복에 겨워 보였다.

모든 이를 피폐하게 만드는 전쟁도 서로 사랑하는 신혼부부는 피해가는 것 같았다. 밤을 새워 가며 즐겁게 밀린 이야기를 나눈 다음날, 누나는 몸보신을 하라며 이수갑이 가져간 단지에 푹 삶은 닭을 담아 주었다.

멀지 않은 곳에 누나 집이 있다는 것이 한없이 마음을 푸근하게 해 주었다. 외출 기회가 있을 때마다 한 모금도 마시지 않고 모아둔 배급 술을 매형에게 갖다 주고, 돈도 요령껏 모았다가 누나를 통해 집으로 보냈다. 가족들에게 조금이라도 힘이 된다고 생각하자 징용 생활도 그럭저럭 견딜 만했다.

하지만 일본이 시키는 일이란 어느 하나 인간이 해도 될 일이 없었다. 하나같이 인간이 해서는 안 될 일이었다. 군대든 탄광이든 징용을 가서 하는 일이란 불의의 침략 전쟁을 돕는 일들이었다. 징용을 면한 노약자와 여성들도 깊은 산중의 소나무 껍질까지 벗겨 송진을 채취해 일본군에 보내야 하니 사람 죽이는 일에 동원되기는 마찬가지였다.

가와무라 부대의 주요 임무도 근로정신대 여학생들을 트럭에 태워 군수품 공장에 실어 나르는 일이었다. 진해 경화동 산 밑에는 일본군이 방공호를 파고 비행기 부속 공장을 만들어 놓았는데, 근로정신대 여학생들이 동원되어 일했다. 운전수들은 진해시에서 공장까지 약 8킬로미터 정도 되는 거리를 아침저녁으로 여학생들을 실어 날랐다. 17~18대가량의 트럭이 동원되었다. 도요다 트럭은 적재함이 커서 한 대당 50~60명가량을 태울 수 있으니 천 명 가까이 일한다는 뜻이었다.

이수갑은 전체 차량의 운행을 지휘하면서 제일 앞차를 몰았는데 학생들을 공장에 실어 나른다는 것에 별다른 문제점을 느끼지 않고 있었다. 일본으로 끌려가지 않고 집 근처 공장에서 일하는 것만도 다행이라 여겼다. 그러나 오해였다.

그날도 여느 때처럼 여학생들이 트럭에 탄 것을 확인하고 출발 명령을 내리려는데 아주머니 하나가 이수갑을 붙잡고 하소연하는 것이었다.

"보소, 총각! 내 딸자식 좀 내려 주소."

왜 그러냐고 물으니 아주머니는 울상으로 말했다.

"일하러 간다고 굴에 들어간 아이들이 자꾸만 없어지는데 몰랐소? 누군가 어떤 놈들이 우리 아이들을 납치해 사창가에 팔아넘기는 게 분명하다오."

순간, 부산에서 툭하면 순사들이 몰려와 처녀들을 끌고 가던 일이 떠올랐다. 근로정신대라는 명목으로 울며 끌려간 처녀들 중에는 진짜 일본의 공장에 취직한 경우도 있었지만 종적이 사라진 이가 한둘이 아니었다. 일하러 갔다면서 돈도 편지도 오지를 않으니 뻔한 노릇이었다. 서로 쉬쉬하고 말은 안 해도 사라진 처녀들이 일본군을 위한 성노예가 되었으리라는 의심이 널리 퍼져 있었다. 방공호에서 여학생들이 사라지고 있다면 이 역시 일본군에게 바쳐지고 있으리라는 확신이 들었다.

순간의 결정이었다. 불쌍한 아주머니의 애원을 들어 줘야겠다고 결심했다. 차량 중간중간에 순사들이 배치되어 출발을 재촉하고 있어 누굴 내려 줄 수 있는 상황은 아니었다. 급히 속삭여 말했다.

"아주머니, 여기서는 맘대로 내릴 수가 없습니다. 얼른 따님한테 가서 내가 도중에 차가 고장 났다고 잠깐 세울 테니 그때 몰래 뛰어 내려 달아나라고 하세요."

출발 신호를 하고 선두 트럭을 출발시킨 이수갑은 경화동 마을 앞을 지날 때 급제동을 걸어 차를 세웠다. 뒤따라오던 트럭들도 급제동을 걸면서 멈췄다. 이수갑은 자동차가 고장 난 척, 얼른 운전석에서 뛰어내려 자동차 밑으로 기어 들어갔다. 망치로 괜히 여기저기 두드려 소리를 내며 시간을 끌었다. 그 사이 아주머니의 딸이 도망을 갔는지 못 갔는지는 알 수 없었다.

아주머니의 딸이 달아났음을 확인한 것은 그날 밤이었다. 내무반에 들이닥친 일본군들이 그를 호출하더니 징용자들이 사용하는 공동목욕탕으로 끌고 갔다. 그들은 다짜고짜 이수갑의 따귀를 갈기고 정강이를 걷어차며 물었다.

"오늘 아침에 차 고장 났다고 거짓말해서 여학생을 빼돌렸지?"

"예? 무슨 말인지 모르겠습니다."

실토했다가는 영창 아니면 총살이라 생각하니 마음이 다급했다. 그가 완강히 부인하자 군인들은 그의 머리칼을 부여잡아 목욕탕 물속에 처박았다가 숨통이 끊어지기 직전에 들어 올렸다.

"이 새끼가 우리를 뭘로 보고 거짓말을 해?"

"거짓말 아닙니다. 자동차가 갑자기 울컥거리면서 김이 뿜어져서…."

말이 끝나기도 전에 등허리에 몽둥이찜질이 이어졌다. 이수갑은 목욕탕 바닥에 그대로 엎어졌다. 장교 하나가 이수갑의 머리통을 발로 누른 채 거듭 물었다.

"여학생 어디로 빼돌렸어?"

"모릅니다."

입안으로 비릿한 핏물이 퍼졌다. 순사들이 양쪽 겨드랑이를 끼고 이수갑을 일으키더니 욕조에 머리를 처박았다. 욕조의 물과 핏물이 기도와 목을 타고 넘어가다가 다시 콧구멍으로 흘러 나왔다. 구타와 고문은 몇 시간이고 계속되었지만 끝까지 버텼다. 버티는 것만이 살길이었다.

"이 새끼, 진짜 끈질기구나."

군인들은 고개를 내저으며 그를 돌려보냈다. 얼마나 맞았는지 걸음도 제대로 못 걸으며 내무반에 돌아온 이수갑은 사흘 밤낮을 꼼짝 못하고 누워 있어야 했다. 첫날은 거의 기절 상태였다. 주위 동료들이 미음을 먹여 주면서 챙겨 준 덕분에 둘째 날부터는 의식이 조금씩 돌아왔다. 끈질긴 게 사람 목숨이구나 싶었다.

난생처음 당해 본 고문이었다. 사람이 사람을 그토록 끔찍하게 고문할 수 있다는 것에 몸서리가 쳐졌다. 어떻게 같은 인간으로서 한 인간을 그렇게 모질게 때리고 학대할 수 있단 말인가? 어찌 그런 악행을 태연자약하게 저지를 수가 있는 것일까? 이전에는 민족적 감정에 의해 막연히 일본이 나쁘다고 생각했는데, 이 사건으로 일본과 일본인에 대한 증오심은 뇌리에 박혀 버렸다.

조선 전역에서 끌려간 처녀들이 일본군 막사에 배치되어 처절히 강간당하고 있다고 다들 의심하기는 했으나 구체적인 증거를 댈 수는 없었다. 진실이 밝혀진 것은 해방이 되고도 한참이나 지나서였다. 납치된 처녀들이 태평양 전선의 일본군 진지에 강제로 배치되어 처참한 위안부로 살다가 일본군이 패전하면서 대부분 학살되어 버렸음이 밝혀진 것이다.

진해의 방공호에서 일하던 여학생들이 어떤 경로로 끌려갔는가도 나중에 짐작할 수 있었다. 가와무라 부대는 웅촌이란 곳에 주둔했는데 그 앞바다 멀리 큰 군함이 정박하곤 했다. 경화동에서는 약 8킬로미터쯤 떨어진 곳이었다. 트럭으로 여학생들을 실어 나른 동네 그 산 너머가 바다였다. 그

바다 쪽으로 빠져나가 정신대로 끌려갔을 거라는 추측이 가능했다.

이를 입증할 문서는 찾지 못했다. 그러나 이수갑이 가와무라 부대에 근무하던 당시 여학생들이 수십 명이나 사라진 것은 분명한 사실이었고 진해에 있는 시설부에서 그런 짓을 주도했다는 소문도 떠돌았다. 공장에서 작업하다가 죽었다는 보고 같은 건 없었다. 이런 조각들을 꿰어 맞추면, 사라진 여학생들이 태평양 전선의 일본군 위안부로 강제로 끌려갔음이 명확했다.

이수갑은 훗날 이런 사실을 일본의 NHK나 다른 여러 방송과 강연에서 공개적으로 증언했다. 무엇보다 물고문을 당한 자신이 그 증거였다.

3. 마루보시 사택 투쟁

　일본 왕이 패전을 선언한 1945년 8월 15일, 한국은 독립을 찾았다. 외교권을 뺏기면서 사실상 일본의 식민지가 된 1905년부터 치면 41년 만이었다. 이수갑은 21살이 되던 해였다.

　일본의 패전은 대다수 일본인과 한국인들에게 갑작스런 소식이었다. 어용 신문인 매일신보와 경성방송이 패전하는 그날까지도 일본군의 승승장구만 알리는 허위보도를 했기 때문이었다. 조선총독부의 고위 관리들이나 실제 전황을 알았을까. 일본인들조차도 소위 대일본제국의 황군이 이렇게 빨리 무너질 줄은 모르고 있었다. 당연히 그 밑에서 충성을 바치던 친일 한국인들이 임박한 파국을 알 리가 없었다. 서울에 주재한 소련 영사관과 소통하고 있던 조선공산당 지도자 박헌영, 조선총독으로부터 정권 이양을 의뢰 받은 중도파 사회주의자 여운형 같은 극소수만이 일본의 패전을 예견하고 있었다 해도 좋았다.

　이날 정오, 일본 왕 히로히토가 울먹이며 패전을 알리는 방송을 했다지만 이수갑은 듣지 못했다. 설사 들었다 해도 음질이 형편없는데다 교활하게도 무조건 항복이란 단어는 피했기 때문에 무슨 연설인지 잘 몰랐을 것이다.

　일본의 패전을 확실히 알려준 이는 수송대 담당관 히라다 소위였다. 이 부분에서 이수갑이 날짜를 정확히 지정하지는 않았으나, 아마도 8월 15일 당일은 지나고 다음날쯤 공식적인 지시가 내려온 후였을 것이다. 히라다는 마치 실성한 사람처럼 부대 안을 돌아다니며 소리쳐 댔다.

"다 돌아간다! 다 돌아가도 좋다! 전쟁은 끝났다! 다들 집에 가라! 전부 해산한다. 징병 온 사람들은 전부 돌아가라!"

집에 간다는 말 속에는 한국인들이 자기 집으로 돌아갈 수 있다는 뜻만 포함된 게 아니었다. 강제로 군대에 끌려왔던 일본인 청년들도 본토로 돌아갈 수 있다는 뜻이었다. 히라다의 고함은 한국인을 위한 것이라기보다 자기 자신을 위한 것이었다. 마침내 자기 집으로 돌아갈 수 있게 된 기쁨을 표현한 것이었다.

"우리는 배편으로 돌아간다. 배가 오는 대로 돌아간단 말이다. 뭐하고 있나? 전부 집으로 돌아가라는데. 우리도 돌아갈 거란 말이다. 집으로 간다, 집으로."

처음에는 믿어지지가 않았다. 사람들은 날이 너무 더워 히라다의 머리가 어떻게 된 모양이라며 멍하니 바라보았다. 이수갑도 처음에는 얼떨떨했다. 뒤따라 나타난 다른 일본군 장교들도 히라다와 똑같은 소리를 하는 걸 듣고서야 사실임을 깨달았다.

"만세! 일본이 망했다! 집에 간다!"

"집에 갈 수 있다! 집에 가자!"

한국인 운전수들은 두 손 치켜 올려 만세를 외쳐 부르며 서로를 끌어안고 눈물을 흘렸다. 얼마나 기다렸던 일인가, 누군가는 입고 있던 누런 일본 군복을 벗어서 좍좍 찢었고, 누군가는 그대로 부대 밖으로 달려 나가기도 했다. 이수갑도 동료들의 손을 잡아 흔들고 끌어안고 펄쩍 펄쩍 뛰며 기뻐했다.

"대한독립 만세!"

부대 밖에서 들려오는 만세 소리가 세상이 바뀌었음을 확인시켜 주었다. 태어날 때부터 식민지의 자식이었던 이수갑 세대는 일본어와 일본 문자를 모국어로 배웠고 일본 왕을 신의 아들로 모시며 성장했다. 한국인은 면서기나 순사 보조원 같은 하급직조차 얻기 힘든 반면, 일본인들은 자기 능력에 비해 턱없이 우대를 받았다. 한국까지 와서 기생 일을 하는 일본 여자들도 있고 막노동을 하는 일본 남자들도 있었지만, 일본에서는 소작이나 부쳐 먹던 농부가 반도에 건너와서는 넓은 농토를 차지하고 동네 유지 행세를 하는 경우도 숱했다. 한국인 중에도 부자도 있고 관리도 있었으나 실권을 쥔 권력의 자리는 거의 다 일본인 차지였다. 식민지 치하에서 태어난 한국 청년들은 억압과 속박을 운명으로 알고 살았다. 그랬던 것이 하루아침에 뒤바뀐 것이다. 그야말로 창창하게 푸른 하늘에서 해방이라는 과일이 뚝 떨어진 것이다.

집에 간다고 생각하니, 그리운 부모형제를 볼 수 있다고 생각하니 너무나 행복했다. 일본인들이 그토록 지독하게 온갖 패악을 저지르더니 결국은 망하는구나, 이것이 바로 순리로구나 싶었다. 그런데 서둘러 가방을 챙길 때였다. 히라다 소위가 오더니 조용히 말했다.

"리죠 주코우! 너는 나를 따라 와라."

가 보니 물품 창고였다. 쌀과 옥수수 같은 군납용 식품과 비누, 치약, 자전거 같은 온갖 생활용품이 쌓여 있었다. 히라다는 말했다.

"그동안 책임자로서 수고가 매우 많았다. 마음껏 집에 가져가라. 어서 가서 트럭 한 대를 끌고 와서 실어가라."

마다할 이유가 없었다. 창고에 쌓인 물자는 모두 한국인들로부터 약탈한 것이니 이수갑이 가져간다고 해서 일본인으로부터 혜택을 받는 건 아니었다.

패전국 국민이 된 일본인들은 한국인들에게 맞아 죽지 않고 무사히 귀국하기만 해도 다행이니 이런 물품을 들고 갈 수도 없었다. 여운형, 이강국 등이 이끄는 건국준비위원회는 해방과 동시에 치안대를 결성해 질서 유지 활동을 벌였다. 자기 나라로 돌아가기 위해 부산항으로 몰려오는 일본인들을 관리하는 것도 치안대의 일이었다. 치안대는 일본인들이 가져온 살림살이를 모두 빼앗아 부산항 근처 갈대밭에 쌓았다가 몇날 며칠에 걸쳐 태워버렸다. 일본인들은 미군이 이를 잡기 위해 뿌린 소독약 디디티를 밀가루처럼 하얗게 뒤집어 쓴 채 맨몸으로 배를 타고 떠나야 했다.

신이 난 이수갑은 트럭을 끌어와 짐을 싣기 시작했다. 자전거가 3대, 쌀이 13가마니, 옥수수가 7가마니, 비누며 식기 도구들까지 가득 실어 올렸다. 자전거가 오늘의 승용차만큼의 가치를 가졌던 시절이었다. 오늘날의 쌀 한 가마니는 보잘 것 없지만 쌀이 귀했던 당시에는 한 달 월급으로 쌀 한 두 말을 받는 사람도 드물었다. 징용 2년 만에 살아서 돌아가는 것만도 행운인데, 몇 년을 벌어도 살 수 없는 엄청난 물품에 트럭까지 한 대 얻어 돌아가는 이수갑의 기분은 어땠을까?

이수갑은 감상적인 증언을 남기는 사람이 아니라서 정확히 알 수는 없지만, 아마도 차창을 스치는 바람이 한없이 상쾌했을 것이다. 남도의 8월, 그 뜨겁고 후텁지근한 공기조차도 상쾌했을 것이다. 식민지에서 태어나 청년기를 보낸 많은 이들은 그 시대를 희망이라곤 없던 회색 시대였다고 증언한다. 식민지 청년들의 지나다니며 보던 거리는 아무리 태양이 눈부셔도 회색빛으로 보였고 거리의 사람들에게서는 한 줌의 희망도 느껴지지 않았다고 증언한다. 굶주림과 억압에 시달리던 마지막 수년 동안은 걸음걸이조차 힘이 하나도 없었고 눈동자는 초점을 잃고 흔들렸다고 증언한다. 이수갑의 눈에도 온 세상이 전쟁에 골몰하고 있는 것 같았고, 조선인들은 전쟁 부속품처럼 느껴졌을 것이다.

이제 세상이 달라진 것이다. 가장 놀라운 것은 태극기의 물결이었다. 부대를 벗어나 인가가 많고 번화한 거리 쪽으로 나오자 태극기가 물결치고 있었다. 이수갑은 태극기를 한 번도 본 적이 없었다. 그러나 거리에 물결치는 태극기를 보는 순간, 가슴이 먹먹해졌다.

'저것이 우리나라 국기로구나!'

누가 가르쳐 주지 않아도 곧바로 알 수 있었다.

'저 많은 태극기가 어디에 숨겨져 있었던 것일까?'

나중에 태어난 이수갑은 몰랐지만, 26년 전 3·1 만세운동에 참여했던 수많은 한국인들이 경찰의 수색을 피해 뒤란의 땅 밑이나 천정 속에 태극기를 숨겨 두고 있었다. 또 해방이 되자마자 흰 종이며 흰 천을 모조리 꺼내 태극기를 그려 서로서로 나누고 있었다.

태극기를 들고 몰려나온 이들은 서로 모르는 사람끼리도 부둥켜안고 펄쩍펄쩍 뛰며 기뻐하고 만세를 부르며 눈물을 흘렸다. 웃다가 울다가 고함치다가 어깨동무를 하고 거리를 누볐다. 이 시기만큼은 모든 조선인이 한 형제 같았다. 신문, 잡지 어디에도 다가오는 암울한 미래를 예견하는 글은 없었다. 이수갑도 운전대를 잡은 채 만세를 부르고 활짝 웃다가 눈물을 흘렸다.

진해를 빠져나와 부산 범일동 입구에 다다랐을 때였다. 차량들이 줄줄이 늘어선 채 멈춰 있었다. 사고라도 났나 싶어 차창으로 몸을 내고 쳐다보니 완장을 찬 청년들이 차도를 막고 검문하고 있었다. 건국준비위원회 치안대였다.

해방된 조국의 질서를 잡기 위해 나선 자치 경찰을 만나니 든든했다. 그러나 트럭 적재함을 둘러본 청년들의 표정은 호의적이지 않았다. 잔뜩 의심을 품고 심문하던 그들은 이수갑이 해군 부대에서 징용을 살다가 돌아오는 길에 받은 물품이라고 말하자 적의까지 띄었다.

"왜놈들한테 부역하고 그 대가로 얻었단 말이야? 친일의 대가라 이거지? 그렇다면 전부 압수다!"

이수갑은 깜짝 놀라 항의했다.

"부역이라니요? 강제로 끌려가서 죽도록 고생하고 오는 사람한테 친일이라니요? 이 물건들은 2년 간 월급도 없이 고생한 대가로 가져가는 것뿐입니다."

"친일이 따로 있나? 일본군 밑에서 일하면 친일이지! 차에서 내리지 못해? 다 놓고 가란 말이다!"

"못 내립니다!"

실랑이가 계속되자 책임자인 중년 남자가 왔다. 해방을 맞아 갑자기 애국자로 돌변해 기세등등해진 완장 찬 청년들과 달리, 해방 전부터 독립운동을 하며 감방을 드나들었으리라 짐작되는 그는 한결 부드러웠다. 이수갑으로부터 자초지종을 유심히 듣고는 잠시 고민하다가 판정했다.

"간악한 왜놈들 때문에 고생이 많았소. 어서 집에 가서 부모님 잘 모시도록 하시오. 다만, 애국 운동에 동참하는 의미로 우리 치안대에 자전거 두 대만 희사하고 가시오."

고마운 사람이었다. 이수갑은 얼른 자전거 두 대를 내려 주고 검문소를 빠져나왔다. 부산 범촌동까지 가는 동안 또 다시 잡힐까 봐 내내 긴장하며 차를 몰았다.

가족이 살고 있는 곳은 범촌1동에 지어진 800세대의 거대한 판자촌이었다. 본래 마루보시(丸星)라는 일본 회사의 사택으로 지어졌는데 전쟁이 터지자 사택 일부에 부두 노동자로 징용된 한국인들을 입주시켰다. 이수갑의 가족이 그곳에 살게 된 것도 형이 부두 노동자로 징용되었기 때문이었다. 이수갑은 가 본 적이 없었는데 누나를 통해 위치는 알아 두었기에 바로 찾아가는 길이었다.

가난한 판자촌에 식량과 생필품을 가득 실은 트럭이 나타나자 마을 사람들이 잔뜩 모여들었다. 이수갑의 부모와 형들도 그들 사이에 끼어 있었다. 마침내 트럭 문이 열리고 거기에서 내리는 사람이 다름 아닌 이수갑이란 걸 알고는 그의 부모는 눈물부터 흘렸다.

"네가 수갑이냐? 네가 수갑이 맞지?"

"어머니, 아버지! 절 받으세요."

이수갑은 흙바닥에 그대로 엎어져 부모님에게 큰절부터 올렸다. 물건을 부려 놓으니 비좁은 집안에 다 들어가지도 않았다. 자전거 두 대를 줬다고 해도, 나머지만으로도 동네에서 제일가는 부자가 된 것이다.

한동안 놀고먹어도 될 부자가 되었지만 천성이 부지런해 하루라도 놀면 안달이 나는 이수갑이었다. 귀가 며칠 만에 직장을 구하러 밖으로 나갔다. 그런데 일자리보다 먼저 눈에 들어온 것은 부두에 가득한 노숙자들이었다. 한 벌뿐인 흰 바지저고리로 길바닥에서 뒹굴며 먹고 자는 그들의 몰골은 영락없는 걸인이었다. 일본의 탄광과 공장에서 고생하다 구사일생으로 살아 돌아온 귀환민들이었다.

항구 한쪽에는 일본으로 돌아가는 일본인 귀환민들이, 다른 쪽에는 일본에서 돌아오는 한국인 귀환민이 몰려들어 서로 엇갈리고 있었는데 패전해 도망치는 일본인들보다 독립을 맞아 환향하는 한국인들이 더 초라하고 지저분했다. 게을러서가 아니라, 그동안 그들의 삶이 그러했기 때문이었다. 일본인이나 서양인들은 외출복 따로 있고 노동복이니 운동복이 따로 있었으나 가난한 한국인들은 하루만 입어도 더러워지는 흰 옷 한 벌로 먹고 자고 일하는 모든 걸 해결하니 걸인 행색이 될 수밖에 없었다.

귀국을 해도 반겨 줄 이가 없는 이들도 많았다. 고향에 가도 자기 땅 한 평 없는 사람들이었다. 그들은 고향에 가지 못한 채 부산이나 대구 같은 도시를 떠돌고 있었다. 건국준비위원회에서 여러 개의 큰 가마솥을 걸어놓고 국과 밥을 해 먹이고 있지만 잠자리는 해결하지 못했다. 당장 몸 눕힐 곳도 없는 그들은 더러운 부둣가의 창고 옆이나 차가운 길바닥에서 노숙을 하고 있었다.

가련한 동포들의 모습을 본 이수갑은 차마 그들을 외면할 수가 없었다. 뼈저린 가난을 겪어본 사람의 동병상련이었다. 가난한 사람이 가난한 사람의 마음을 더 잘 헤아린다는 것은, 어머니가 구걸해 온 천연색 밥 소쿠리를 보면서 깨우친 것이었다.

이수갑의 집에 먹을 양식이 풍부하니 매일 동네 사람들이 놀러와 밥을 먹고 갔다. 그중에는 이수갑을 찾아오는 청년들도 많았다. 청년들과 이야기를 나누다보니 마루보시 사택에 사람이 든 집보다 빈집이 훨씬 많다는 것을 알았다. 일본에서 거꾸로 징용을 온 일본인 보급대가 서둘러 돌아가는 바람에 비게 된 집들이었다.

"일본인들이 갔으니 우리 집은 이제 누구의 소유가 되는 거지?"

"현재 살고 있는 사람이 소유주가 되는 것 아니겠어?"

"빈집은?"

"누구라도 먼저 차지하면 그 사람 소유가 되는 거지."

대화를 나누다 보니 부두의 귀환 동포들이 떠올랐다. 빈집을 그들에게 나눠 주자는 생각이 들었다. 이수갑이 제안했다.

"여러분들도 부산항에서 노숙하는 귀환 동포들을 보았지요? 오늘도 그곳에 다녀왔는데 영 마음이 무겁습니다. 우리가 가진 것은 없지만, 조국과 동포를 위해 뭔가를 해야 하지 않을까 하는 생각입니다. 일본으로, 사할린으로, 만주로 끌려갔다가 천신만고 끝에 돌아온 사람들인데, 저렇게 거지처럼 방치해서야 되겠습니까?"

청년들의 답변은 부정적이었다.

"옛말에도 가난 구제는 나라도 못한다고 했소. 그런데 우리가 무슨 힘이 있어서 그 사람들을 거둔단 말이오?"

"우리 식구는 하루 한 끼니 챙겨 먹기 어려운 판인데, 귀환 동포들은 건국준비위원회에서 아침저녁으로 밥을 해 먹이니 우리보다 더 나은 걸? 정식으로 정부가 세워지면 정부에서 알아서 하겠지."

이수갑은 강력히 설득했다.

"당연히 나라에서 해야 할 일이지요. 하지만 우리의 정부를 세우고 기반을 다져서 저 사람들을 구제하기를 기다릴 수는 없지요. 벌써 9월인데 다가올 추위에 길바닥에서 노숙하다가 무슨 일을 당할지도 모르지요. 옷을 빨아 입지도, 몸을 씻지도 못하니 어디 가서 일을 하려 해도 받아 주지를 않으니 사정은 더 나빠질 겁니다."

"그래서 무슨 좋은 생각이 있습니까?"

"우리 사택의 빈집들을 귀환 동포들에게 나눠 주면 좋지 않겠습니까?"

이수갑의 말에 여럿이 동조했다.

"그것 참 좋은 생각이네요!"

"우리는 미처 그 생각을 못했소."

청년들은 의기투합했다. 이수갑은 여기에 한 가지 꾀를 더 냈다.

"그런데 개인적으로 집을 나눠 주면 시비의 소지가 있으니 먼저 단체를 만들어 단체 이름으로 그들을 데려오는 게 어떻겠습니까?"

다들 좋아했다. 의견을 모은 끝에 '청년계몽대'라는 이름의 단체가 만들어졌다. 계몽대장은 이수갑이 맡았다.

다음날부터 청년계몽대의 활약이 시작되었다. 먼저 빈 사택의 숫자부터 파악해 보았다. 모두 670세대나 되었다. 부두의 노숙자들을 거의 다 수용할 수 있을 것 같았다. 택지 한가운데에는 공중목욕탕도 있었다.

청년계몽대는 부두에 나가 노숙자들에게 안락한 거처를 소개해 주겠노라고 말하고 다녔다. 부두는 술렁였다. 그러나 호의적이지만은 않았다. 사회복지니 공공복지라는 개념 자체가 없던 시대였다. 국가나 사회로부터 어떠한 도움도 받아 보지 못한 채, 오히려 착취와 수탈만 당해 온 이들이었다. 무상으로 집을 주겠다는 말을 믿으려 들지 않았다. 거꾸로 따졌다.

"당신들 누구요? 무슨 꿍꿍이로 우리들에게 집을 준다는 거요?"

"공짜일 리가 있어? 이 세상에 주인 없는 집, 주인 없는 땅이 어디 있단 말인가?"

"무작정 들어가 살다가 주인한테 쫓겨나는 거 아니야?"

세상에 집이 널려 있어도 평생 자기 집 한 번 가져 보지 못한 이들이었다. 난데없이 나타난 청년들이 집을 무료로 나눠 준다니 곧이듣지 않았다.

이수갑은 노숙자들을 한군데로 모았다. 마루보시 주택에 대한 설명과 그곳에 비어 있는 집들에 대해서, 그리고 이 일을 하고 있는 청년계몽대에 대해 설명했다. 사람들은 그제야 의심을 버리고 청년계몽대를 따르게 되었다.

마루보시 사택을 포함해 한반도 전역에 널린 일본인 소유의 집과 토지, 공장들은 한국인에게 반납이 되어야 했는데 아직 방침이 세워져 있지 않았을 때였다. 해방과 함께 한반도에 진주하여 조선총독부로부터 행정권을 인계 받은 미군정은 2년 후인 1947년이 되어서야 적산 불하를 시작한다. 청년계몽대가 사택을 나눠 주는 행위에는 어떤 법적 근거도 없었다. 하지만 누군가 다른 이들도 소유권을 주장할 수 없던, 행정 공백의 시기였다. 먼저 차지하고 사는 사람이 유리할 수밖에 없었다.

청년계몽대는 노숙자들을 이끌고 마루보시 사택의 빈집들을 채워나갔다. 이수갑의 가족들이 살고 있던 19수용소부터 시작해 매축지에 있는 21수용소, 그 다음으로는 영도 1수용소, 2수용소 등을 차례로 돌았다.

한 가족의 입장에서는 손바닥만 한 판잣집 한 채지만, 전부를 계산하면 큰 재산이었다. 돈이 걸린 일에 문제가 없을 리 없었다. 사람들이 입주하기 시작하자 사택의 소유권을 주장하고 나서는 이들이 있었다. 마루보시 회사에 관리직으로 다니던 한국인들이었다. 장차 사택 부지를 차지하리라 기대하고 있던 그들은 깡패들까지 동원해 주민들을 몰아내려 했다.

"누가 여기 들어와 살라고 했어? 당장 나가! 안 나가면 가만두지 않겠어!"

깡패들이 설치니 주민들은 겁에 떨었다. 이수갑은 귀환 동포 중에도 새로운 가입자가 생겨 규모가 커진 청년계몽대를 이끌고 그들과 맞섰다.

"당신들이 뭔데 나가라 마라 해? 당신들이 이 땅 주인이라는 문서라도 있어?"

그들에게도 문서가 있을 리 없었다. 힘으로 밀어붙이려 들었다.

"여기는 우리가 다니던 회사 사택이라고. 모르는 사람이 없어. 근데 어디서 굴러먹던 놈이 갑자기 나타나서 큰소리를 치는 거냐? 오호라, 노숙자들을 여기에 끌어들인 게 네놈들이냐?"

청년계몽대도 만만치 않았다. 쫓겨나면 당장 오갈 데 없이 겨울을 맞아야 하는 주민들도 필사적이었다.

"왜놈들 밑에서 부역하며 호의호식하던 것들이 무슨 면목으로 이 땅을 차지하려는 거야? 여기서 쫓겨나면 우리는 갈 곳도 없어. 이판사판이니 누가 죽나 싸워 보자고!"

온 동네 사람들이 사생결단의 자세로 달려드니 용돈이나 벌려고 왔던 깡패들은 머뭇댈 수밖에 없었다. 관리인들은 다음번엔 더 많은 인력들을 데리고 와서 주민들을 몰아내려 했으나 청년계몽대와 주민의 완강한 저항에 밀려 퇴치되었다. 청년계몽대는 당번을 정해 사택 주변을 경계하고 연락망을 만들어 이후의 수차례 충돌도 승리로 이끌었다.

마루보시 사택 투쟁은 해방 직후 벌어진 민권운동의 중요한 사례라 할 만했다. 이 싸움이 언제까지 지속되었는가는 알 수 없으나, 이때 만들어진 청년조직인 청년계몽대는 장차 이수갑의 활동에 중요한 인적 토대가 된다. 비슷한 시기에 이수갑이 조선공산당 산하의 전국단체인 '청년동맹'에 가입하게 된 것도 청년계몽대 활동의 결과라 할 수 있었다.

청년계몽대가 마루보시 사택을 사수하기 위해 깡패들과 몸싸움을 하고 있을 때 힘을 보태준 청년들이 있었다. 그들의 지도자 격인 인물이 이수갑을 주목해 이런저런 대화를 나누게 되었는데, 말도 잘 통하고 의기투합하는 면이 많아 서로에게 호감을 갖게 되었다. 그는 나이 어린 이수갑을 꼭 동지라 부르고 존대를 했다.

"이수갑 동지, 동지는 이 일에 왜 이렇게 열심이시오?"

이수갑의 답은 단순 명료했다.

"마침내 독립은 했지만, 일정 시대나 다름없이 누구는 잘 살고 누구는 못 산다면 독립이 무슨 소용이 있겠습니까? 새 나라는 모두가 평등하고 행복하게 사는 나라이기를 바라는 마음으로 나선 것뿐입니다."

호감 어린 눈으로 바라보던 그는 이수갑의 집안 내력과 살아온 이야기를 까다로울 만치 꼬치꼬치 물었다. 이수갑은 솔직하게 답변했다. 아버지부터 증조할아버지까지 3대가 머슴이었다는 것, 중풍에 걸려 반신이 마비된 아버지를 모시고 어머니와 함께 구걸을 하여 연명했다는 것, 자동차 회사에서 기술을 배우던 중 징용되어 일본 해군에서 운전을 했다는 등의 이야기였다. 진지하게 경청하던 그 사람은 말했다.

"평등하게 사는 나라가 되어야 한다는 동지의 말에 감명을 받았소. 우리 청년동맹도 바로 그것을 목표로 활동하고 있으니 더욱 그렇소."

"청년동맹이요? 어떤 단체인가요?"

"우리나라의 모든 인민이 평등하게 살아가는 사회를 만들려는 목표로 결성된 전국적인 단체요. 이수갑 동지가 생각하는 이상과 똑같은 목표를 가지고 만들어진 혁명가 단체라고 할 수 있소."

이수갑은 부쩍 흥미를 느꼈다. 무엇보다도 혁명가라는 말이 매력적이었다. 혁명이라는 단어는 식민지 시대에도 멋스러워 보이려는 이들이 아무

데나 막 붙이던 수사에 불과했으나 이 사람이 말하는 혁명은 확실히 다르게 느껴졌다.

"저도 거기 가입할 수 있습니까?"

"실은 우리도 이수갑 동지 같은 사람을 찾고 있었소."

"저같이 하찮은 사람이라도 힘이 된다면 꼭 가입하고 싶습니다."

"좋소! 방금 이야기한 내용을 글로 써서 제출하시오."

이수갑은 단체에 대해 자세히 알아보지도 않고 흔쾌히 이력서를 냈다. 청년동맹이란 단체가 실은 조선공산당 산하 공산청년동맹이란 것은 가입을 하고도 열흘이 지나서야 알게 되었다.

공산청년동맹의 본래 명칭은 '고려공산청년회'였다. 1925년 4월 17일 조선공산당 창당과 함께 건설된 청년조직으로, 30세 이하의 사회주의 청년들을 교육하고 훈련하는 일종의 예비학교 같은 성격을 가졌다. 조선공산당 결성 당시 청년동맹이라는 명칭을 다른 단체에서 사용하고 있었기 때문에 청년회라고 지칭했으나, 실제로는 청년동맹으로 더 많이 불린다.

이수갑이 공산청년동맹에 가입할 당시 조선공산당은 3만여 정예 당원을 가진 합법정당으로, 해방 직후 결성된 수십 개 정당 중 가장 강력한 결속력과 지도력, 그리고 대중적 영향력을 가지고 있었다고 평가된다. 따라서 당원에 가입하기도 어려웠다. 항일 투쟁의 경력과 출신 성분이 확실한 사람들 외에는 소정의 후보 당원 기간을 거쳐야 했는데 노동자 출신은 3개월, 지식인 출신은 6개월을 두는 게 보통이었다. 이수갑도 공산청년동맹에 가입함으로써 조선공산당 예비 당원의 자격을 얻게 된 것으로 보인다.

이수갑이 조선공산당 산하 공산청년동맹원으로 활동하면서 마루보시 주택 주민들의 신뢰는 더욱 높아졌다. 그들은 이수갑이 하는 청년운동, 노동운동, 당 활동을 전폭 지지했으며, 젊은 사람들은 청년동맹에 가입하고 여성들은 여성동맹에 가입했다. 그리고 이후 닥쳐오는 탄압과 고난의 시기 내내 이수갑을 보호해 주게 된다.

얼마 후 공산청년동맹은 민주청년동맹으로 이름을 바꾼다. 공산주의에 대한 대중의 거부감을 의식한 조치였다. 그러나 미군정은 민주청년동맹도 공산당 조직이라고 탄압을 했다. 그래서 또 이름을 바꾼 것이 민주애국청년동맹, 약칭 민애청이었다. 민애청은 한국전쟁까지 이어지며 좌파 계열 청년운동의 전위대로서 우익 청년단의 폭력 테러에 맞서게 된다.

4. 철도 노동자가 되어

귀환 동포 정착 사업이 어느 정도 마무리 될 무렵, 이수갑은 구직에 나섰다. 1945년 10월이었다.

가진 것 없고 배운 것 없는 이들이 내세울 것은 자신의 몸뚱이밖에 없지만, 그에게는 기술이 있었다. 운전수와는 결혼해도 대학생은 퇴짜 놓는다는 말이 있을 정도로 자동차 운전사가 대우를 받던 시절이었다. 고급 수리 기술까지 가졌으니 오히려 자신이 회사를 고르는 입장이었다.

마땅한 회사를 찾던 어느 날이었다. 집에서 멀지 않은 부산 철도국 용품 사무소 앞을 지나는데 고장 나서 방치된 고급 승용차가 눈에 들어왔다. 폐차장으로 보내도 이상하지 않을 정도로 지저분했으나 치명적인 결함은 없어서 손만 잘 보면 되살릴 수 있을 것 같았다. 그렇지 않아도 망가진 기계만 보면 손이 근질거리는 그였다. 철도국 사무실 문을 두드렸다.

"저기 말씀 좀 묻겠습니다. 저 승용차는 왜 버려졌습니까?"

"시동이 안 걸려서 버려둔 거요. 왜요?"

귀찮은 기색이 역력한 답변에 이수갑은 얼른 제안을 했다.

"제가 차를 고쳐 보면 안 되겠습니까? 고칠 자신이 있습니다."

"당신이 뭔데 저 차를 고치겠다는 거요? 개인 차도 아니라 우린 돈 못 줘요."

"무슨 대가를 바라는 게 아닙니다. 제가 차를 잘 고치니 돕고 싶은 것뿐입니다. 저 차도 우리나라의 귀한 재산이잖습니까?"

"뭐요? 우리가 지금 나라 재산을 방치했다는 말이오?"

"그게 아니라 ….."

"아니긴 뭐가 아니오? 나가요, 나가! 어딜 함부로 들어오고 그래?"

철도국 직원들은 화까지 내며 그를 내쫓아 버렸다. 그대로 물러날 이수갑이 아니었다. 다음날 또 찾아가니 직원들은 상대도 해 주지 않았다. 몇 시간을 사무실 입구에 버티고 앉아 책임자가 나오기를 기다려 보았으나 소용이 없었다. 그래도 다음날 또 갔다. 사흘째 사무실 앞에 죽치고 있으려니 마침내 철도국 계장이 나왔다.

"듣자 하니 당신이 저 승용차를 고칠 수 있다고? 저렇게 엉망으로 방치된 차를 어떻게 고치려 하오?"

"맡겨만 주십시오. 새 차로 만들어 드릴 자신이 있습니다."

힘찬 대답에 계장은 미심쩍은 표정을 버리지 않으면서도 말했다.

"좋아요. 필요한 부품은 사다 줄 테니 고쳐 보시오. 그렇지만 시간이 없어요. 며칠 후 부산 철도국 국장님이 새로 부임해 오시는데 짐을 실어 나를 차가 필요해서 그러는 거요."

나중에 알았지만, 당시 마산역장이던 김석간이 부산 철도국장으로 승진해 오게 되어 있었다. 김석간은 3년 후 대한민국 정부가 수립되어 첫 내각을 꾸릴 때 교통부장관으로 입각하는 이였다.

"예! 감사합니다. 반드시 고쳐놓겠습니다!"

이수갑이 기쁘게 외치자 계장은 덧붙여 말했다.

"사흘 안에 고쳐 놓으시오. 가뜩이나 자동차가 귀한데 성한 차들은 전부 김해비행장이나 진해비행장으로 징발당해 버려서 말이지, 국장님 짐을 실어오지 못하면 골치요. 사흘이요, 사흘!"

"예! 걱정 마십시오!"

허락을 맡은 이수갑은 즉시 작업복을 얻어 입고 차 밑으로 기어 들어갔다. 자동차 밑의 판을 떼어내고 차근차근 하나씩 점검해 나갔다. 흔들리는 피스톤을 조이고 배터리를 충전하고 콘덴서 코일을 하나씩 점검해서 끼우고 삭아 버린 플러그는 교체했다. 자동차를 거의 해체시켜 놓은 상태에서 꼼꼼하게 점검하면서 닦고 조이고 수리하여 폐차 직전의 차에 숨길을 불어 넣었다.

치명적인 결함은 없었지만 워낙 손볼 데가 많은 데다 부품 구하기가 어렵다 보니 약속한 사흘보다는 하루 늦은 나흘 하고도 반나절 만에 고칠 수 있었다. 철도국 사람들을 감동시키기에는 충분했다. 온몸이 기름투성이가 되어 시동을 걸고 벙글벙글 웃는 그에게 다들 박수를 쳐 주었다.

"야, 대단하구만! 이런 기술을 어디서 배웠소?"

"자동차가 무척 복잡한 것 같아도 기본 원리는 단순하거든요. 전기 통하고 기름 있으면 굴러가지요."

계장은 직접 눈으로 보고도 미심쩍은 듯 물었다.

"장거리도 갈 수 있소? 가다가 고장 나는 거 아니야?"

"제가 시운전을 해 보겠습니다."

이수갑은 그 길로 철도국 계장을 조수석에 태우고 김해까지 시운전을 했다. 차가 멀쩡히 굴러가는 것을 본 계장은 김해를 지나 그대로 마산까지 달리도록 했다.

마산에서 신임 철도국장 김석간을 태우고 부산으로 돌아오는 동안 화제는 단연코 이수갑의 놀라운 기술에 대한 것이었다. 계장은 그의 기술뿐만 아니라 자신감과 동시에 집중력을 높이 샀다. 김석간은 부산에 도착하자마자 이수갑을 철도국 운전사로 고용하라고 지시했다.

이수갑은 자신의 긴 인생을 이야기할 때면 늘, 운이 좋았다고 말한다. 그의 머리가 좋고 의지가 있으며 부지런한 것이 사실이지만, 행운이 따라준 것도 사실이었다. 때문에 그는 운이 따르지 않으면 아무리 훌륭한 성품과 기질도 빛을 발하기 어렵다고 말하곤 했다. 하지만 아무리 달콤한 행운들이 밀려와도 본인의 노력이 받쳐 주지 않으면 그냥 흘러가 버렸을 것이다. 이수갑은 본인의 능력과 노력으로 행운을 자기 것으로 만든 사람이었다.

행운은 그가 철도국에 채용된 후에도 잇달았다. 미군은 수많은 승용차와 트럭을 부산항으로 들여와 부산역에서 무개차에 실어 전국으로 운송했다.

이때 배에서 역까지 차를 운전해 기차에 싣는 일을 맡은 곳이 바로 이수갑이 취업한 부산용품 사무소였다. 김해비행장과 진해비행장 등지에서 일제가 사용하던 중요 시설물을 철거해 기차역까지 운반해 오는 일도 역시 이수갑의 부서가 담당했다. 그런데 자동차에 대해서 아는 사람이라고는 이수갑 하나뿐이니 다들 그에게 의존할 수밖에 없었다.

철도국 업무로 경남도청에 드나들며 알게 된 사람 중에 보안과에 근무하던 미국인 고문이 있었다. 하루는 그가 특별히 이수갑을 불러들여 통역을 통해 말했다.

"이수갑 씨? 당신이 운전도 잘하고 정비도 잘 한다고 들었습니다."

"운전과 정비에 자신은 있습니다만 …."

"지금 미국에서 자동차들이 엄청나게 많이 들어오고 있습니다. 자동차를 필요로 하는 일이 많기 때문입니다. 하지만 운전수나 정비사가 무척 부족합니다. 그래서 당신처럼 기술이 뛰어난 사람들은 장교로 채용하고 있습니다."

"장교로요?"

"네. 운전수들을 훈련하는 조교가 되는 겁니다."

"그러면 어떻게 해야 됩니까?"

"곧 시험 공고가 나갈 겁니다. 그 시험에 응시하시기 바랍니다."

시험은 학과 시험과 운전코스 주행 실전 두 가지였다. 경상도 전역에서 시험을 치기 위해서 사람들이 몰려들었으나 이수갑과 경쟁이 되지 않았다. 이수갑은 우수한 성적으로 시험을 통과하고, 경남도청으로부터 제1호 면허장을 받았다.

철도국은 70여 명의 운전사를 신입으로 채용하면서 수리공장도 만들었다. 이수갑은 불과 21살 나이로 수송자동차부의 계장이 되는 동시에 수리공장의 공장장까지 겸하게 되었다. 부산에 있는 공업대 교수의 부탁으로 대학에서 자동차 기술을 가르치기도 했다. 기술자가 귀한 시절이기도 했지만 본인의 능력이 탁월했기 때문에 가능한 일이었다. 굳이 행운이 작용했다면, 중간 간부 이상을 차지하고 있던 일본인들이 철수하는 바람에 공석이 많아진 덕분이었다.

이수갑에게는 행운인 미군정의 특별 채용 정책은 부작용도 컸다. 식민지 시절 행정관청, 경찰, 군대에서 근무하던 한국인들은 일본인들이 떠난 빈자리를 차지하면서 초고속 승진을 거듭했다. 일본군 소위였던 자가 국방군의 사단장이 되고, 일본인 밑에서 고문을 전담하던 하급 경찰이 경찰청 고위직을 차지하는 식이었다. 일본인들에게 고용되어 대우 받으면서 골수 친일파가 된 그들은 미군정이 보장해 준 자신들의 행운을 지키기 위해 정치 성향이 비슷한 보수 우익들을 끌어들여 주변을 채워나갔고, 이는 친일 반역자들과 보수 우익이 남한 행정권을 장악하는 결과로 이어졌다.

이수갑은 신설 부서의 책임자로 임명된 경우이긴 하지만, 초고속 승진인 것은 마찬가지였다. 남들은 취업할 곳이 없어 끼니를 거르는 혼란기에 이보다 더 큰 행운은 없었다. 다들 부러워하는 직장인이자 최고의 신랑감으로, 앞날이 환해 보였다. 그러나 이수갑을 기다리고 있는 미래는 아내와 아이의 배웅을 받으며 출퇴근하는 행복한 가장의 모습은 아니었다.

부푼 가슴으로 출퇴근을 하던 1945년 10월 하순 어느 날이었다. 철도국 안에 종이쪽지들이 이리저리 날리는 게 눈에 띄었다. 무심결에 한 장을 주워본 그는 감전된 것처럼 종이에서 눈을 떼지 못했다.

"노동자의 일반적 생활을 보장할 최저 임금권을 확립하라."
"8시간 노동제를 실시하라."
"7일 1휴제와 년 1개월간의 유급 휴가제를 실시하라."
"부인노동자의 산전산후 2개월간의 유급 휴가제를 실시하라."
"유해 위험작업은 7시간제를 실시하라."
"14세 미만 유년 노동을 금지하라."
"노동자를 위한 주택, 탁아소, 오락실, 도서관, 의료기관을 설치하라."
"노동자의 이익을 위한 '단체 계약권'을 확립하라."

"조선의 자유 독립 만세!"
"세계노동계급 단결 만세!"

많은 사람이 같은 전단을 보았지만 어떤 이들은 일하기 싫어하고 싸우기 좋아하는 빨갱이들의 선동이라며 던져 버렸을 것이다. 이수갑은 달랐다. 청년봉사단과 공산청년동맹이 조국과 민족의 부흥이라는 추상적인 구호를 가졌다면, 이 구호들은 너무나 현실적이고 구체적이었다. 봉사가 눈을 뜬 기분이 이럴까, 어두웠던 눈앞이 갑자기 환히 밝혀지는 기분이었다. 종이쪽지에 적힌 글귀 어느 하나 가슴을 치지 않는 것이 없었다.

'이런 세상이 정말 이루어질 수 있을까? 그럴 수만 있다면, 이야말로 모든 사람이 평등하게 잘 사는 세상이 아닌가? 기나긴 식민지에서 해방되었으니 이제는 우리 민족끼리 정말 좋은 세상을 일구어야 하는 것 아닌가?'

늘 가난한 사람들에 대한 애정이 머리와 가슴에 꽉 차 있던 그였다. 그나마 자기는 남들이 부러워하는 번듯한 직장에 취업을 했으니 먹고사는 데 걱정이 없어졌지만, 부산 거리에 흘러넘치는 빈민들을 볼 때마다 이 문제를 어떻게 해결해야 하나 고민했었다. 그런데 전단은 그의 고민에 해답을 주었다. 어떤 세상이 되어야 하느냐에 대한 해답이 되어 주었다.

공산청년동맹에 가입은 했으나 아직까지 조선공산당과 긴밀한 소통이 이뤄질 시간조차 없었을 때였다. 이수갑은 전단을 뿌린 주체가 누구인지를 모르고 있었다.

'누가 이런 걸 뿌린 것일까? 어떤 사람들이 이렇게 좋은 일을 하는 것일까?'

전단지 아래에는 '조선노동조합전국평의회 준비위원회'라고 쓰여 있었다. 약칭 '전평'이라 부르게 될 이 노동단체는 지난 9월 금속, 화학, 교통, 섬유, 토건, 출판 등 9개 부분의 대표 51명이 서울에서 준비회의를 가진 후 각 도에 조직 책임자인 오르그를 파견해 기업별, 산업별로 노조를 결성하는 중이었다.

이미 공산청년동맹원이던 이수갑이 전평에 가입한 것은 필수적인 일이기도 했다. 전단을 통해 전평의 존재를 알게 되고 흥분해 있던 그에게 오르그가 내려온 것은 바로 다음날이었다. 사회든 개인이든 급격히 변화하고 비약적으로 발전하는 시기가 있다면 해방 직후 수개월이 그랬다. 이수갑도 그 돌풍을 맞은 한명이었다. 이수갑은 이날의 교육을 통해, 조선공산당이 결성된 1925년 이후 항일 운동은 온전히 사회주의자들에 의해 주도되었다는 사실을 알게 되었다. 또한 노동운동이야말로 세상을 바꿀 혁명의 밑바탕이라는 것을 알게 되었다.

그리하여 그 누구보다도 열정적인 당원이 된 이수갑은 훗날의 강의에서 말한다.

강도 일본의 침략 행위에 우리 민족은 강력한 항일 독립운동을 전개했고 이때부터 노동자 계급은 항일 투쟁의 선봉에 나서게 되었다. 일제의 억압으로 혹독한 노예 생활을 면하는 길도, 더욱이 노동자의 권익 보장도 조국의 독립 없이는 불가능하였기에 당시의 노동운동 선배들은 지하에서 노동조합 활동을 하면서 최우선 과제로서 조국의 독립투쟁을 설정하였다. 항일 독립 투쟁에서 수많은 애국자들과 함께 조선의 노동자 계급은 가장 선봉적인 투쟁으로. 크고 작은 현장에서 수많은 파업 투쟁을 하면서 조직을 강화했다. 대중적 항일 운동의 선봉적 투쟁을 한 조선의 노동운동 활동가는 모두가 항일 독립투사였다.

실로 식민지 시대 한국 노동자들의 투쟁사는 어느 나라, 어느 사회의 노동운동보다 처절한 역사로 기록될 만하다. 노동운동이 고조되었던 1920년대 중반부터 1930년대 말까지, 해마다 수천 명의 사회주의자들이 치안유지법 위반으로 구속되어 혹독한 고문과 구타를 당하고 차가운 감방에서 병들어 죽어 갔다. 전국 28개 형무소는 사회주의자들로 넘쳐나서, 해방 직후 조선공산당에 입당한 3만여 당원들의 감옥살이 햇수를 합치면 6만 년이라고 했다.

조선공산당은 창립 후 수년 간 네 차례나 대대적인 검거로 붕괴된 끝에 1928년 12월 국제공산당 코민테른으로부터 해산 명령을 받고 만다. 그 이유는 대중 기반이 없는 지식인 위주의 조직이라 탄압에 약하고 파당적이라는 것이었다. 끊임없는 쟁투와 분열로 얼룩진 러시아공산당의 역사를 본다면 상당히 억울한, 다분히 교조주의적인 판정이었다.

드넓은 국토와 수많은 사회주의자들과 7백만이나 되는 노동자를 가진 러시아조차도 국내에서 활동하기가 어려워 레닌을 포함한 지도부는 대부분의 시간을 해외에 망명한 상태에서 당을 이끌었다. 러시아에 비교도 안 되는 작은 땅에다가 대중 기반인 노동자도 수십만 명에 불과한 반면, 경찰과 헌병은 무려 20만이나 전국 모든 구석구석에 배치되어 감시하는 한반도에서 공산당 활동을 하는 것은 거의 불가능했다. 분파투쟁 때문에 파산되었다는 건 억울한 판정이었다.

오히려 이 어려운 조건 속에서도 국내를 벗어나지 않고 네 차례나 집행부를 건설한 조선공산당의 대단한 집념을 찬양해야 옳았다. 네 명의 집행부 책임자 중 김재봉, 차금봉, 강달영 등 세 명이 고문으로 죽거나 정신 이상으로 일찍 사망한 것만 보아도 그랬다. 간부급 당원 중 고문으로 사망한 인물은 수십 명이 넘는다. 박헌영, 이현상, 김삼룡 등 공산당 핵심 지도부는 10년 이상 옥살이를 했으며 5년 이하 감옥살이를 한 사람은 중앙당 근처에도 못 간다는 말도 있었다.

이수갑은 2008년 구속노동자후원회 회원들을 대상으로 한 강의를 통해 말한다.

1945년 8월 15일 2차 세계대전에서 일본이 패배하여 꿈에도 그리던 해방을 맞이하면서 노동운동 활동가들과 독립투사들은 그 참혹한 일제의 쇠사슬에서 풀려 나오게 되었다. 옥문을 열고 나오자마자, 오랫동안 영어 생활에 지친 몸인데도, 그렇게도 소원이었던 조국의 자주독립과, 노동자가 주인이 되는 국가 건설을 위하여 선봉적인 활동을 전개하면서 조선노동조합전국평의회를 조직하기 시작하였다. 선배들의 노동운동을 자본가 계급과 노동자 계급 간, 지배계급과 피압박 계급 간의 계급투쟁을 대원칙으로 규정하고, 노동자 계급전선의 강화로 자본주의 독재를 깨부수는 투쟁에서 승리하는 것을 통해서만 노동해방이 가능하다는 확신으로 투쟁을 해 왔다. 오늘날 우리들은 선배들의 피 맺힌 고난의 투쟁사에서 수많은 경륜과 지도 역량을 새기고 계승해야 할 역사적 사명감이 있다고 생각한다.

아는 것이 힘이었다. 노동계급이 어떻게 살아야 나라다운 나라가 될 수 있는가를 알게 된 이수갑은 혼신을 다해 조직 작업을 시작했다. 아침에 일어나서부터 잠잘 때까지 모든 신경을 조직에 집중했다. 일반 대중들 사이에도 새로운 국가를 세우는데 일조해야 한다는 의무감이 자연스런 시대였다. 노동자들은 자신에게 필요한 것이 무엇인가를 너무 쉽게 이해했다.

성과는 놀라웠다. 오늘날에는 보다 단순화 되었지만 당시 부산 철도국에는 각 역의 기관구 사무소, 보선 사무소, 전기 사무소, 용품 사무소 등 여러 사무소가 있었는데, 이수갑이 계장으로 있던 용품 사무소의 노동자 270명이 전원 조합에 가입한 것이다. 정식 명칭은 철도노조 부산지부 용품 사무소 분회였다.

이수갑이 워낙 열심히 뛰니까 조합원들은 나이도 어린 그를 분회장으로 선출했다. 공산청년동맹 활동을 통해 이수갑의 열의에 주목하고 있던 데다 조직에도 발군의 능력을 보이자 조선공산당 부산시당은 이수갑의 정식 입당을 승인했다. 노동자 출신은 3개월이라는 예비 기간조차 생략한 채, 몇 번씩 감방에 드나들며 항일 운동을 하다가도 막바지 전시 체제의 압박을 견디지 못하고 전향했던 이들의 가입을 불허하던 공산당이 속성으로 그를 받아들인 것이다.

자신의 입당에 대해, 이수갑은 3대 머슴의 후손이라는 출신 성분 덕분일 거라고 생각한다. 하지만 출신 성분만으로 그를 입당시킬 리는 없었다. 항일 투쟁에 참가한 사회주의자의 80퍼센트가 중등학교 이상의 고학력을 가진 양반 계급이라고 했다. 그중에도 다수가 중농 이상의 지주 집안이었다. 박헌영이나 김일성도 예외가 아니었다. 그러나 출신 성분이 한 사람 일생을 좌지우지하게 되는 것은 나중에 세워지는 북한 정권의 이야기지, 항일 과정에서는 상관이 없었다. 오히려 사회주의혁명은 지식인을 필요로 했다. 사회주의 이론을 이해하기 위해서는 인류의 역사와 미래에 대한 지식과 상상력이 필요하고 경제, 정치의 원리를 이해할 지능이 필요했다. 이수갑을 입당시킬 때 출신 성분도 참고가 되었겠지만, 기본적으로는 지난 수개월의 활동을 통해 보여준 그의 지적 능력을 높이 샀을 것이다. 혹은 그에게서 죽는 날까지 변치 않을 미래의 혁명가를 발견했을 지도 모른다.

조선공산당과 전평에 가입하니 하루가 멀다 하고 양쪽에서 연락이 왔다. 갖가지 회의며 집회에 참석하라는 전갈이었다. 전화가 없으니 조직원이 달려와서 말을 전해 주면 만사 제쳐 두고 참석했다.

모임은 활기차고 유쾌했다. 인간은 생각하는 동물이기에, 생계와 생존에 얽힌 개인적 고민에서 벗어나 이상 사회를 건설하고자 토론하는 일은 그 자체만으로도 즐겁기 마련이었다. 만일 그 자리가 불편하고 꺼려진다면, 만일 혁명가가 될 것인가 식구들을 먹여 살려야 할 것인가를 심각하게 고민한다면, 이미 그 사람은 대열에서 벗어날 준비가 된 셈이었다. 이수갑은 달랐다. 모임에 가서 치열하게 토론하고 웃고 떠드는 게 너무나 재미가 있었다.

조선공산당 직계인 전평은 조직 형태와 방식도 공산당을 따랐다. 직장 단위로 러시아어로 야체이카라 부르는 세포를 조직하고, 몇 개의 세포를 모아서 하나의 분회를 만들었다. 물론 철저한 비밀 조직이었다. 이수갑은 대외적으로 공개된 노조 분회장 겸 지하 조직에서도 분회장을 맡았다.

자신의 권리와 새로 세울 나라에 대한 관심은 이수갑만의 것은 아니었다. 노동자들의 열렬한 지지 속에 전평의 결성은 빠르고 순조롭게 진행되었다. 1945년 11월 2일 전국철도노조가 만들어지는 등, 조선광산노조를 비롯하여 금속 철도 교통 토건 어업 전기 통신 섬유 광업 등의 분야에서 16개 산업별 노동조합이 결성되었다. 지부 숫자는 총 1,194개, 조합원 수는 50만 명에 이르렀다. 2차 산업이 극히 미약하던 당시 상황으로 보아 조직 가능한 노동자의 대다수가 결집된 셈이었다.

준비 두 달 만인 1945년 11월 5일, 서울 중앙극장에서 각 산별노조와 조합원을 대표하는 대의원 515명이 참석한 가운데 전평 창립대회가 열렸다. 초대위원장에는 저명한 독립투사이자 모스크바에 유학해 동방노력자공산대학을 다닌 허성택이, 부위원장은 같은 공산대학에 다닌 박세영이 선출되었다.

이수갑은 철도노조 부산지부 용품 사무소 분회장 자격으로 전평 결성식에 참가할 수 있었다. 평생 잊지 못할 영광의 날이었다. 난생처음 가 본 서울 거리의 서구식 풍경 따위는 눈에 들어오지도 않았다. 단상에 오른 선배 애국 투사들의 형형한 눈빛이며 일말의 흔들림 없는 당당함에 압도당했다. 그들이 사자후로 토해내는 말 한마디 한마디는 뼛속에 각인되었다. 특히 부위원장 박세영이 발표한 조직 원칙은 이수갑의 평생을 관통하는 노동운동의 지침이 된다. 훗날 이수갑이 잘 인용하곤 하던 박세영 연설의 주요 부분이다.

우리 노동조합은 대중적 조직이 되어야 합니다. 과거 지하 운동 시절에는 분산적이고 수공업적인 방식으로 지하에서 비밀리에 활동해 왔으나 오늘날에는 수백만 노동자 전체를 포용해야 합니다. 객관적으로 유리한 조건을 주관적 역량과 잘 결부시켜 노동자의 계급적 조직을 대표할 수 있도록 대중적이어야 하는 것입니다.

우리 노동조합은 노동자의 이익을 옹호하기 위해 적합한 조직이 되어야 합니다. 대중의 이익과 유리되는 관료화와 대중의 신뢰를 저버리는 부패를 조직적으로 방지하고 대중의 일상적 요구가 충실히 반영되도록 조직되어야 합니다.

우리 노동조합은 민주주의적 중앙집권제로 조직되어야 합니다. 민주적으로 노동자의 요구를 가장 넓게 흡수하여 그 결의를 합리적으로 실현하기 위해 집중적 형태로 질서정연하게 실제 투쟁에 옮겨야 합니다.

노동조합은 노동자계급의 학교라는 원칙으로 조직되어야 합니다. 즉 노동조합의 지도가 대중과 잘 결합되어야 합니다. 편협한 종파적 요구가 일어나지 않도록 노동계급의 연대성을 깊이 인식하도록 의식을 함양시키고 역량을 발전시켜야 합니다.

이수갑에게는 하나하나가 금쪽같은 지침들이었다. 박세영의 마지막 말은 마치 자신의 생각을 대신 말해 준 듯 공감되었다. 특히 고상한 이론과 적절한 지도라는 말이 잊어지지 않았다.

만사는 오직 실천에 있습니다. 우리 노동자는 실천을 좋아합니다. 그러나 고상한 이론과 적절한 지도가 없는 실행은 승리를 가져오지 못합니다. 그러므로 우리는 투쟁을 통하여 스스로의 교양을 확고히 하면서 위대한 승리를 향해 나갈 것을 주장하는 바올시다.

전평의 일반 행동강령 중에 이수갑을 제일 후련하게 한 조항은 매국적 민족 반역자와 친일파를 철저히 배제하겠다는 선언이었다. 이수갑은 일제 치하에서 자신의 이익을 위해 동포들을 희생시키며 매국노 짓을 하는 자들을 많이 보았다. 노동조합에 이러한 세력이 끼어드는 것을 철저하게 막지 못한다면, 노동조합의 정신이 변질되는 것은 시간문제라고 생각했다. 행동강령은 그의 우려를 반영하듯 이렇게 끝났다.

일본제국주의 잔존 세력 구축과 친일파 민족 반역자의 세력을 완전히 청소하지 않고서는 조선의 완전독립은 불가능합니다. 진보적 민주주의사회 국가 건설도 수포로 돌아가고 말 것입니다. 다함께 외칩시다. 조선의 완전 독립을 요구한다! 일본제국주의 잔존세력의 완전 구축과 친일파 민족 반역자의 세력을 근멸일소하자!

전평을 지도하고 있는 조선공산당의 최고지도자인 박헌영도 이 문제를 집중 거론한다. 그는 대독시킨 축사를 통해 전평에 커다란 기대를 갖는다고 전제한 후, 친일파 민족 반역자를 근절하자고 역설했다. 내용은 전평의 행동 강령과 거의 똑같았다.

금일 완전 해방을 앞에 둔 우리 사회는 허다한 중대한 문제가 제기되고 또한 토론되고 있습니다. 그러나 이 모든 복잡한 문제는 결국 한 가지 중심 문제로 귀결되고 마는 것입니다. 이것은 일본 제국주의의 잔존 세력 구축과 친일파 민족 반역자의 세력을 완전히 근멸 청소하기 위한 투쟁을 더욱 강화한다는 투쟁이 그것입니다. 이 투쟁 과업을 실행하지 않고는 조선의 완전 독립은 불가능한 것입니다. 따라서 진보적 민주주의 사회 국가의 건설도 수포에 돌아가고 말 것입니다.

40년 후 이수갑이 친일 청산을 위해 민족정기수호협의회를 조직한 이념적 바탕이야말로 박헌영의 연설이라 해도 좋았다. 아니, 전평의 이념을 그대로 가져왔다고 해도 좋았다.

노동자의 권리부터 친일파 청산까지, 일본인 치하에서 부와 권력을 누리던 자들에게는 입에 담기도 싫은 이야기겠지만, 이수갑 같은 밑바닥 서민 계급에게는 한마디, 한마디가 모두 복음이었다. 열심히 뛸 수밖에 없었다.

조선공산당 부산시당은 이수갑이 용품 사무소 분회 조직을 성공적으로 마치자 그가 거주하고 있는 범촌동 일대 난민촌에 공산청년동맹을 확대하고 여성들을 조직해 조선민주여성동맹에 가입시키라는 지시를 내렸다. 부산시당 조직책의 일원이 된 것이다.

집 없이 떠도는 귀환 동포들에게 무료로 집을 제공해 준 이수갑이었다. 웬만한 집의 집안 사정은 훤히 알고 있었고, 입주민들도 그를 은인으로 생각하며 그의 말이라면 잘 따랐다. 나중에 민애청이 되는 공산청년동맹과 여맹으로 불리는 조선민주여성동맹의 맹원들을 확보하는 데 집중했다. 혼자서 모든 사람을 만나서 설득하는 게 아니라, 먼저 핵심 야체이카를 구성하고 이들로 하여금 하부 야체이카를 만들게 하는 세포분열 방식이었다.

철도노동자들의 반응은 좋았다. 식민지 압제에서 벗어났다는 기쁨과 새로운 조국을 건설하려는 희망에 부풀어 있었음에도, 일제의 앞잡이들이 버젓이 활보하고 미군정의 탄압까지 더해져 민중들의 분노가 들끓고 있을 때였다. 진위를 확인하기 어려운 온갖 가짜 뉴스며 허황된 음모론이 난무하니, 전평 중앙에서 내려오는 정세 보고와 정세 분석에 대한 신뢰감은 매우 높았다.

반면, 철도국 간부들은 계장급만 되어도 노동조합을 백안시했다. 일본과 단교가 되어 수출길이 막힌 데다 한반도가 남북으로 분단되어 북한의 원자재 유입도 어려워 공장들이 가동조차 어려워진 판에 무슨 노동자의 권익이냐는 시각이었다. 그들의 영향을 받은 일반 노동자들 중에도 그런 생각을 하는 이들이 적지 않았다.

우파의 대표적인 지도자로 널리 지지를 받고 있던 이승만이 이끄는 한민당이나 김구가 이끄는 한독당은 노동자의 생존권에는 관심조차 없다고 해도 지나친 비판이 아니었다. 이승만과 김구는 식민지 시대 어떤 연설에서도 노동자의 권리니 투쟁이란 단어를 사용하지 않았다. 좌우에 치우치지 않은 중도파로 구분되던 안재홍조차도 새 나라가 건설되고 부강해질 때까지 노동자들이 지금보다 몇 배는 더 열심히 일해야 한다고 호소하고 다닐 정도였다.

위기에 처한 조국을 살리기 위해, 혹은 후손을 위해 오늘의 노동자가 희생해야 한다는 논리는 좌우를 막론하고 모든 권력자, 지배자들이 애용하는 자기중심적이고 편의적인 주장이었다. 평등권과 생존권은 그 자체가 국가가 만들어진 목적이자 언제나 가장 시급한 당면 과제여야 했다. 미래를 위해 오늘의 노동자를 굶주리게 하거나 자유를 억압하는 국가는 그 미래가 왔을 때도 여전히 노동자의 희생을 요구하고 있을 것이었다. 언제나 지금 당장의 노동자 생존을 보장하라고 요구한 것은 식민지 시대부터 노동자와 서민 대중, 농민의 권익을 위해 투쟁해 온 사회주의자들이었고, 조직으로는 조선공산당과 전평이었다. 이수갑은 자신이 그런 조직의 활동가임을 자랑스럽게 생각했다. 그 자부심은 죽는 그날까지 조금도 훼손되지 않고, 오히려 세월과 함께 더 커질 것이었다.

조선공산당 부산지구 오르그의 한 명으로, 전평 분회장으로 부지런히 활동하고 있던 12월의 어느 날이었다. 상부에서 비밀리에 연락이 왔다. 아지트로 오라는 것이었다. 조심스레 주위의 시선을 따돌리며 가 보니 한복 두루마기를 차려 입은 40대 후반의 사내가 방안에 기다리고 있었다.

"반갑소, 이수갑 동무. 요즘 조직 사업으로 바쁘지요? 사방에서 이수갑 동무에 대한 칭찬이 들려옵니다."

자기보다 훨씬 나이 많은 이가 살갑게 동무라 부르며 내미는 손을 이수갑은 힘차게 잡았다.

"감사합니다. 당의 인도에 따른 것뿐입니다."

"겸손하기도 하우. 상부에서는 이수갑 동무가 핵심 지도부의 일원으로 활동할 만한 역량이 충분하다고 평가하고 있소."

간부는 곧바로 본론에 들어갔다. 부산 철도국 노동자 1,700명 전체를 전평으로 끌어들이라는 지시였다.

"이수갑 동무가 분회장으로 있는 용품 사무소는 대단히 모범적으로 조직이 완료되었소만, 부산 철도국 전체 노동자 중 상당수가 아직 전평에 가입되지 않은 상태요. 이들을 가입시키는 총책임이 이수갑 동무에게 떨어졌소."

"조직 사업을 해 본 지 몇 달 되지도 않은 제가 어찌 그런 막중한 임무를 감당할 수 있겠습니까? 쟁쟁하신 선배님들도 많은데요."

겸손이 아니라 진심으로 하는 말이었다. 간부는 말했다.

"엄혹한 식민지 시대에 노동운동을 한 누군들 이런 대규모 조직을 해 본적이 있겠소? 지하에서 소규모 학습 모임을 하는 게 고작이었지요. 그분들보다는, 본인이 기본계급 출신이라 노동자들의 심정을 잘 이해하고, 현장에서 널리 신뢰를 받고 있는 이수갑 동무야말로 적임자요. 동무에 대한 상부의 기대가 크다오. 겁먹지 말고 부딪혀 보시오."

격려를 받아도 난감했다. 용품 사무소는 자기 자신이 계장으로 관리 책임자이기도 하니 쉽게 조직되었다지만 다른 사무소 노동자들을 결집시키려면 어떻게 해야 할지 알 수 없었다. 이런 마음을 토로하니 당 간부는 말했다.

"너무 어렵게 생각하지 마시오. 노동자를 단결시키는 가장 큰 계기는 투쟁이오. 철도 노동자들을 전평에 가입시키는 가장 좋은 방법도 투쟁을 통해 단결하도록 만드는 거요. 투쟁을 통해 조직하라는 말이오."

"어떤 명분을 내걸고 투쟁을 해야 할까요?"

"노동자들의 불만이 얼마나 많은가는 현장에 있는 동무가 더 잘 알고 있을 거요. 스스로 상상력을 발휘해 보시오. 그렇다고 주관적으로 판단하지는 말고 보다 구체적으로 부산의 철도 노동자들이 무엇을 생각하고 있는지, 회사 간부들에 대한 불만은 무엇인지를 조사해 보시오. 철도 노동자들이 당장 시급하게 개선되기를 바라는 것이 무엇인지를 알아내어 보고하는 게 동무의 첫 과제요. 현장 노동자들이 계급적으로 뭉칠 수 있는 효과적인 방법을 연구하라는 뜻이오. 알겠소?"

"예, 잘 알겠습니다. 최선을 다하겠습니다."

대답하고 돌아오는 이수갑의 머리는 복잡했다. 부산 철도국 노동자들이 가장 바라는 것이 무엇일까? 어떻게 여론 조사를 할 것인가? 설문지를 만들까도 생각해 보았지만 그렇게까지 크게 일을 벌이지 않아도 노동자들의 마음은 알 것 같았다. 작업 틈틈이 공장 외의 노동자들에게 직접 질문을 했다.

"지금 무엇이 제일 불만스러운가?"

"만약 우리 직장을 개선한다면 뭘 바꾸고 싶은가?"

노동자들의 대답은 신기하게도 거의 똑같았다.

"임금이나 올려 주면 좋겠네."

"말해 뭐합니까? 월급 많이 주는 게 최고지요."

이틀 후, 이수갑은 다시 간부를 만난 자리에서 말했다.

"노동자들이 가장 바라는 건 임금 인상입니다."

이수갑은 자신만만하게 말했으나 당 간부는 의외로 실망스런 표정을 감추지 않았다.

"동무는 임금 인상 투쟁이 지금 당장 가시적인 성과를 끌어낼 수 있다고 생각하오?"

"철도국의 임금을 인상하려면 절차가 길고 복잡하니 당장은 어렵다고 생각됩니다."

당 간부는 고개를 끄덕였다.

"맞소. 노동자 숫자로만 보아도 국내 최대 기업이자 국가 기간산업인 철도의 임금 문제를 부산 철도국에서 해결할 수는 없어요. 그리고 이 세상에 임금 더 받는 걸 원치 않는 노동자가 어디 있겠소? 물어보나 마나 뻔한 답을 얻어 왔을 뿐, 다른 불만을 찾아내지 못한 건 동무가 너무 형식적으로 조사했기 때문이오."

이수갑은 부끄러워서 얼굴이 벌게져 버렸다.

"그럼 어떻게 해야 되는지요?"

"개선이 가능한 작은 싸움부터 찾아보시오. 노동자들이 부담 없이 동조할 수 있는 쉬운 싸움으로, 회사에서도 어렵지 않게 들어 줄 수 있는 요구 사항을 찾아보시오. 제일 중요한 건, 노동자 절대 다수가 공감할 만한 사안이라야 한다는 거요."

정확한 경력과 본명은 비밀이라 알 수 없었으나 중년의 당 간부는 식민지 시대부터 지하에서 공산당 활동을 해 온 조직 전문가였다. 이수갑에게 조직 활동의 방법을 지도하려고 내려온 것이었다. 그날도 그랬지만 이후의 만남에서도 이수갑이 겉모습만으로 대충 판단하거나 형식적인 보고를 하면 그 자리에서 눈물이 핑 돌도록 가혹하게 비판했다. 그가 원하는 것은 과학적인 조사와 연구를 통해서 얻어진 해결 방법이었다.

바짝 긴장된 이수갑은 새로운 마음가짐으로 현장 노동자들을 꼼꼼히 관찰하기 시작했다. 출근하는 모습, 작업하는 모습, 작업 환경 같은 것을 하나도 놓치지 않고 살폈다. 그렇게 해서 찾아낸 첫 번째 싸움거리가 나무젓가락이었다.

부산 철도국 식당에서는 점심으로 우동을 주었는데, 그날 사용한 나무젓가락을 구정물에 대충 씻어서 그 이튿날 다시 썼다. 물기도 제대로 마르지 않은 젓가락을 받을 때마다 찜찜하기는 했으나 개선해 보려는 생각은 못했는데 싸움거리를 찾다보니 비로소 눈에 들어왔다. 쇠젓가락도 아니고 나무젓가락을 다시 쓴다는 건 비위생적일 뿐 아니라 노동자들을 인격적으로 모독하는 처사였다. 간부에게 젓가락 개선 투쟁을 해 보겠다고 하니 좋은 생각이라며 승인했다.

고무된 이수갑은 자기와 친한 노동자 댓 명을 대표로 뽑아 사무실에 올려 보내 나무젓가락을 바꿔달라고 요구했다. 그러자 철도청 책임자는 매일 새 젓가락을 살 재정이 없으니 이해해 달라고 거꾸로 이들을 설득하는 것이었다. 정중하고도 진지한 설득 앞에 함께 올라간 이들은 할 말을 잃어 버렸다. 이수갑 혼자 요구를 내세우다가 아무 결론도 내리지 못한 채, 흐지부지 나올 수밖에 없었다.

이 과정을 보고하자 당 간부는 날카로운 비판을 가했다.

"동무! 대중투쟁이 그렇게 단순한 것이라고 생각하오? 그렇게 안이한 방법으로 조직 사업이 될 거라고 생각하시오? 몇 명을 대표로 뽑아서 전체 노동자를 대변하고 나머지는 구경만 하라니, 그러면 노동조합이 무슨 필요가 있소? 대표는 물론 필요하지만, 전체 노동자들이 싸우고 있을 때 의미가 있는 거요. 젓가락 싸움은 계속하되 전체 노동자들이 직접 투쟁에 참여하도록, 노동자들의 공감을 얻는 방식으로 선전, 선동하는 방안을 연구해 보시오."

호되게 비판을 당하고 사흘 간 궁리를 한 끝에 선동 방법을 고안했다. 다음날 점심시간이었다. 식당에서 우동을 받아든 이수갑이 식탁을 탁 치면서 소리쳤다.

"에이, 더러워서 못 먹겠네! 나무젓가락을 다시 쓰는 게 어딨어? 뼈 빠지게 일하는데 고작 이런 대접을 받아야 하나?"

즉각적인 투쟁을 선동하지는 않았다. 일단 주위 노동자들의 반응을 살펴보았다. 옳다고 동조하는 이도 있고, 못 들은 척 우동을 먹는 이도 있었다. 추상적인 공감대가 아니라 누가 어떤 식으로 관심과 반응을 보이는지, 항의하러 갈 때 같이 갈 수 있는지를 구체적으로 조사했다.

다음날에도 또 다음날에도 점심시간마다 젓가락으로 식탁을 두드리며 불평을 토로하며 동조자를 찾았다. 그가 소리치면 따라서 탁자를 두드리며 항의하는 노동자의 숫자는 점점 늘어났다. 며칠 만에 수십 명의 노동자를 규합할 수 있었다. 이들과 함께 공장장을 항의 방문 하니 전과는 분위기가 달랐다. 수십 명의 위력에 눌린 공장장은 전과 달리 바로 해결하겠다고 대답하는 것이었다. 젓가락 문제는 의외로 쉽게 해결되어 버렸다.

매일 새 나무젓가락을 받게 된 노동자들은 여간 좋아하지 않았다. 사소한 문제지만 처음으로 얻은 성취감은 매우 큰 것이었다. 자신감을 얻은 이수갑은 이번에는 우동만 먹고 중노동을 할 수는 없으니 우동과 함께 밥을 한 공기씩 달라는 투쟁을 주도했다. 이번에는 훨씬 많은 노동자들이 동조하고 나섰다. 비싼 쌀밥까지는 쟁취하지 못했지만 보리밥을 배식 받을 수 있었다.

이렇게 하나씩 이루어나가는 과정을 통해 노동자들은 단결하고 뭉치는 것이 어떤 힘을 발휘하는지 직접 깨닫게 되었고, 자신감을 갖게 되었다. 다음 단계는 이들을 노동조합에 가입시키는 것이었다.

같은 철도국이라지만 얼굴도 모르고 작업장도 떨어져 있어 만나기 힘든 노동자들을 조직해야 하니 이수갑이 혼자서 감당할 수는 없었다. 우선 각 사무소를 책임질 만한 노동자들을 조직했다. 30여 명을 조직하는데 3주일이 걸렸다. 이 30여 명의 노동자들을 선반, 용접 등 부문별로 나누어 조직을 책임지게 하니 성과가 좋았다. 새해가 올 무렵, 부산 철도노조는 전국의 전평 소속 노조 중에도 막강한 조직이 되었고 이듬해 9월에 터지는 총파업의 선봉이 된다.

다들 놀랄 만큼 빠르게 성과를 올리자 당에서는 이수갑에게 삼화고무와 조선방직의 조직 사업까지 맡겼다. 두 공장 노동자는 대부분 여성으로 2천 명 정도의 규모였다. 그는 철도에서 닦은 경험을 바탕으로 여성들을 조직화해서 노동조합을 만들고, 조선공산당 내 여성동맹을 조직해 나갔다.

조선공산당 오르그는 노동자를 조직하는 노책, 여성 담당인 여책, 청년 담당인 청책, 농민 담당인 농책으로 나뉘어졌다. 이들 대중단체 조직을 책임진 구성원들이 당의 핵심 골간으로 자리 잡아가고 있었다. 이수갑은 철도와 공장을 대상으로는 노책을, 여성들을 대상으로는 여책을 맡은 셈이었다.

철도 일을 다니면서 이 많은 일들을 해야 하니 하루를 사흘처럼 사용해야 했다. 정신이 쏙 빠지도록 바빴다. 그래도 독립된 조국을 새롭게 건설한다는 사명감으로 신발이 닳도록 뛰어다녔다. 당에서 자신을 믿고 큰 책임들을 맡겨주는 데 대한 자부심도 대단했다. 당의 결정이라면 목숨이라도 바칠 각오였다. 맹목적인 충성은 아니었다. 해방이 되었는데 식민지 시대에 일본인들 밑에서 충성하던 자들이 그대로 등용되고, 노동자 농민에 대한 억압은 여전하고, 반공청년단에 의한 애국자 학살까지 자행되는 현실이 그를 독하게 만들었다.

이수갑만이 아니라 정상적인 사고방식을 가진 사람이라면 누구나 분노를 느낄 수밖에 없는 게 미군정 치하의 정치 현실이었다.

미군정이 식민지 시대의 친일관료와 경찰, 군인들을 그대로 등용했을 뿐 아니라 오히려 초고속으로 승진을 시킨 이유는 행정력의 공백을 메우기 위함만이 아니라, 일본인 밑에 복무했던 조선인들이 가진 특성들이 미국의 이해와 맞아 떨어졌기 때문이었다.

일본인 밑에서 일해 잘 먹고 잘 살았다고 해서 심정까지 친일파라고 할 수는 없었다. 초창기 항일 의병을 일으킨 이들은 대부분 양반, 지주들이었다. 자신들이 지배하는 땅을 빼앗으러 온 일본인에 대항해 싸운 것이다. 식민지 정책에 협조해 재산을 불리거나 권력을 누린 왕조 말기의 고위관료들, 대지주, 언론사 사주 같은 기업가들조차도 심정적으로는 반일 감정을 가질 수 있었다. 이들 역시 일본이 없으면 더 강력한 한국의 지배계급이 될 수 있기 때문이었다. 더구나 생계 때문에 관공서에 취직해 총독부 정책을 실현했던 하급 공무원들이나 하급 군인들을 무조건 친일파라 매도하는 것은 무리일 수 있다. 일본인들 밑에서 무슨 짓을 하고 살았든, 마음으로는 반일 감정을 가진 사람이 절대다수였다고 보아도 좋을 것이다.

하지만, 어쨌든 이들은 부역자였다. 민중들은 어떤 이유로든 침략자 밑에서 부역한 이들에게 속죄를 요구했다. 이를 가장 앞장서 요구한 것은 사회주의자들이었다. 친일파, 부역자들은 당시 소련에서 벌어지고 있던 현실 사회주의의 폐해를 잘 알아서라기보다는, 사회주의자들이 득세할수록 자신들의 재산과 생명이 위험해지기 때문에 반공 전선에 설 수밖에 없는 운명이었다.

실제로 북한 전역에서는 친일 부역자나 대지주들이 인민재판으로 살해당하거나 재산을 빼앗기고 있었다. 그 숫자는 마을에 한두 가구나 될 정도로 극소수였으나 공포를 부르기에는 충분했고, 수많은 사람들이 월남을 시작했다. 전쟁 시기까지 합치면 최소 3백만 명 이상의 월남민에는 재산이 많거나 고학력자도 있었으나 공산주의 체제가 싫어서 내려오는 이들이 더 많았다. 대지주나 고등지식인의 가족이 3백만에 이를 만큼 부자 나라는 아니었다.

미국은 제2차 세계대전에 연합국으로 참전한 것을 기회로 지구의 절반을 차지해 버린 소련의 남진을 막기 위해 이들 부역자들을 적극적으로 지원하고 나섰다. 남한의 여러 정치세력 중 미국의 냉전 정책에 철저히 호응한 이는 본래 미국통이던 이승만이었다. 돈과 기득권을 쥔 친일 부역자들은 자연히 이승만 밑으로 모여들었고, 미국의 지원까지 받은 이승만은 여타 정치세력을 압도하게 되었다.

결과적으로 식민지 종주국이 일본에서 미국으로 바뀐 것일 뿐, 동족을 억압하고 착취하던 관리들과 경찰, 군대가 그대로 온존하는 현실은 광범위한 반발을 일으킬 수밖에 없었다. 현실에 비판적이라 해서 모두 사회주의자일 수는 없지만, 미군정 정책에 가장 앞장서서 항의하고 싸우는 것이 조선공산당을 위시한 사회주의자들이었기에 자연스럽게 이들이 저항 운동을 주도하게 된다.

후세의 학자들이나 북한 입장을 가진 운동가들은 해방 당시 남한의 조선공산당과 남로당, 전평이 미국에 대해 해방군으로 인식했다거나 우유부단했다고 평가함으로써 분단 고착화의 책임을 떠미는 경향이 있다. 이에 대해 이수갑은 단호히 아니라고 말한다. 2009년, 국제적 사회주의 단체인 '국제공산주의전망'의 활동가 남궁원과의 대담이다.

"일부 진보적 학자들이 조선공산당, 남로당, 전평이 미군정에 대해 우유부단한 태도를 보였다고 주장하는데, 전혀 그렇지 않습니다. 왜곡되고 있습니다. 왜 그러냐 하면, 제가 당시 조선공산당, 남로당, 전평 조직에 있었는데 조직에서는 미군정을 적대적으로 인식했습니다. 미국이 조선을 도와준다는 착각은 전혀 하지 않았습니다. 저는 조직의 핵심에서 일했기 때문에 원칙 문제를 잘 알고 있습니다. 박헌영 씨는 미군에게 유화적인 태도를 갖지 않았습니다. 루즈벨트의 조선 30년 신탁통치 전략이다, 우리는 이런 교육, 교양 지시를 받고 있었습니다. 저는 북에서 박헌영 씨를 정치적으로 이용했다고 봅니다. 당시 남로당은 단독정부 수립을 반대하면서 5개 지역에서 무장 투쟁을 전개합니다."

민족주의 성향의 진보학자들은 박헌영이 해방 직후 들어오는 미군을 환영한 사실을 근거라고 제시하면서, 반대로 박헌영이 미국은 해방군일 수 없다며 누누이 경계하는 발언을 한 것은 애써 감춘다. 이수갑은 박헌영이 이끌던 세 조직의 직접 당사자였기에 그런 사실을 잘 알고 있었다.

남한의 사회주의자들이 분단을 막지 못한 것은 그들의 역량이 부족했거나 전술이 잘못되어서가 아니라, 미국의 강력한 저지와 남한 국민 다수의 지지를 받지 못했기 때문이었다. 돌이켜보면 일본을 상대로도 이기지 못한 독립전쟁이었다. 독일, 베트남 같은 나라도 즉각적인 통일을 이루지는 못했다. 북한의 보수 세력이 소련을 이기지 못하고 밀려 내려왔듯이, 남한의 진보 세력이 미국을 상대로 이길 수는 없었다. 그나마 일본 치하에서는 저항세력이 일본 타도라는 하나의 목표를 지향하고 있었으나 이제는 친미와 친소로 크게 양분되어 버렸으니 더욱 힘든 싸움이었다. 힘들 뿐 아니라, 장차 내란으로 치달아 동족상잔의 참혹한 대규모 학살극으로 이어질 것이었다.

이수갑은 미국과 이승만이 역사의 시계를 거꾸로 돌리려 한다고 본 한 명이었다. 스스로 분노하는 군중의 한 명이자, 저항 운동을 이끄는 청년 지도자의 한 명이었다. 이는 곧 패배할 수밖에 없는 편에 서 있다는 의미였다. 그 최초의 타격은 해방되고 불과 4개월밖에 안 된 1946년 1월부터 시작된 신탁통치 사건이었다.

5. 부활하는 부역자들

해방되고 4개월 후인 1945년 12월 27일, 모스크바에 모인 미국, 영국, 소련의 세 나라 외무상들은 '우선 조선인들에 의한 임시정부를 구성한 다음 이 임시정부와 협의하여 최고 5년을 기한으로 하는 신탁통치를 할 수도 있다'는 방안에 합의했다. 이른바 모스크바 삼상 결정이었다.

연합국의 주축이던 세 나라 외무상들의 결정은 신탁통치부터 하겠다는 것이 아니었다. 우선 북위 38선으로 갈라진 남북을 통일해 임시정부를 구성한 후, 신탁통치는 이 임시정부와 협의하여 할 수도 있고 안 할 수도 있다는 내용이었다.

이렇게 되면 일단 38선이 해소되어 단일한 임시정부가 구성됨으로써 갈라졌던 한반도를 합칠 수 있었다. 설사 임시정부에서 신탁통치를 결정하더라도, 이는 격렬한 좌우대립을 완화시키기 위한 5년 제한의 기간으로 완전한 통일정부 수립에 오히려 도움이 될 수도 있었다.

이런 내용은 그러나 민중들에게 알기 쉽고 분명하게 전달되지 못했다. 사람들은 의심에 가득 찬 눈초리로 술렁거렸다.

"또 식민지 하겠다는 거냐?"

"공산당이 소련에 나라를 팔아먹는 거 아냐?"

삼상협상이 공산주의의 본거지인 모스크바에서 이뤄졌다는 것도 엉뚱한 불안을 조성했다. 이 분위기에 편승한 우익 언론은 거짓 선전까지 동원해 사람들을 자극했다. 왜곡은 1945년 12월 27일자 동아일보 1면에 '소련은 신탁통치 주장, 미국은 즉시 독립 주장'이라는 제목의 기사가 실리면서 시작되었다.

번즈 미 국무장관은 출발 당시 소련의 신탁통치 안에 반대해 즉시 독립을 주장하도록 훈령을 받았다고 하는데 3국간에 어떤 결정이 있었는지 없었는지는 불명하나, 미국의 태도는 카이로 선언에 의해 조선은 국민투표로써 그 정부의 형태를 결정할 것을 약속한 점에 있는데, 소련은 남북 양 지역을 일관한 일국 신탁통치를 주장해 38선에 의한 분할이 계속되는 한 국민투표는 불가능하다고 하고 있다.

신탁통치는 명백히 미국이 먼저 제안한 것으로, 그 기한도 20년이었는데 소련의 반대로 5년으로 축소된 것이 역사적 사실이었다. 그런데 동아일보는 소련이 먼저 신탁통치를 제안했으며, 소련 단독으로 남북한을 신탁통치하려 한다고 아무런 근거도 없는 허위 보도를 한 것이다.

해방 직후 미군정이 실시한 여론조사에서 서울 시민들이 가장 선호하는 경제체제는 사회주의로 70%를 차지했고 다음이 자본주의 14%, 공산주의가 10%로 나타났다. 식민지 시대 후반기 20여 년간 진정성 있게 항일 투쟁에 헌신한 것이 좌파였음을, 신문이라도 볼 수 있는 지식층이 다수였던 해방 직후의 서울 시민들은 잘 알고 있었다.

1919년 3·1 만세운동의 결과 중국 땅 상해에 대한민국 임시정부가 수립되고 몇 해 동안은 김좌진, 홍범도 등 독립군 투쟁이 활발했다. 그러나 1920년대 들어 국내 민족주의자의 다수가 일본의 유화정책에 호응해 교육, 문화 등 체제 순응적인 운동으로 돌아서자 국내 지원을 못 받게 된 임시정부는 신발 한 켤레 사기도 어려울 정도로 어려워져 상징적 위치를 유지하는 데만도 힘겨워 했다. 경비과장 격이던 김구가 살아남아 이봉창, 윤봉길 등의 개인적 의거를 후원하는 정도였을 뿐, 사실상 전투력을 상실해 버렸다

여기에 민족주의를 비판적으로 보는 사회주의자들이 대거 등장해 국내

는 물론 해외운동까지 주도권을 장악해 가면서 좌파 대 우파, 민족주의 대 사회주의의 대립이 심화되었다. 결과는 사회주의자들, 곧 좌파의 승리였다. 소련공산당의 자금과 중국공산당의 무력 지원까지 받는 한국인 사회주의자들은 국내외에서 활발한 항일 투쟁을 전개할 수 있었다. 만주와 중국 내륙에서의 항일 무장 투쟁의 주력은 사회주의자였고 국내의 형무소들은 절대다수가 사회주의자들로 채워졌다.

해방 당시 여론은 이러한 흐름을 반영하고 있었다. 그런데 동아일보의 왜곡 보도로 시작된 우파들의 선동은 이런 여론을 역전시키는 서막이 되었다.

집회나 행사를 열어도 사람이 오지를 않고, 전단을 인쇄하려 해도 종이를 팔아 주는 곳도 없고 인쇄해 주는 곳도 없을 정도로 열세에 놓여 있던 민족주의 세력과 친일파, 부역자들은 부흥의 기회를 놓치지 않았다. 그들은 신탁통치를 찬성하는 것은 소련의 식민지가 되자는 것이며 반탁은 애국이라고 몰아갔다.

진보 진영도 처음에는 당황했다. 어째서 즉시 권한을 이양하지 않고 5년 간이나 신탁통치를 한다는 것인가, 신탁통치를 반대해야 한다는 목소리가 시민들 사이에서 높아가고 우익들은 즉시 반탁 시위에 나서는 혼란 속에 김삼룡, 이주하 같은 조선공산당 지도자들도 반탁 시위에 참가해 연설하는 등 우왕좌왕하고 있었다.

이수갑은 부산시당으로 달려가 선배들에게 물었다.

"신탁통치를 하겠다는 게 정확히 어떤 의미입니까? 이러다가 정말 또다시 식민지가 되는 것 아닙니까?"

"우리도 혼란스럽네. 전혀 예상하지 못한 결과야."

"중앙당도 반탁 시위에 나선 것 같던데요."

"동아일보의 보도를 그대로 믿을 수가 없다는 말이 돌고 있소."

"신문이 설마 거짓 보도를 할까요?"

"동아일보를 한민당 기관지라고 조롱하고 있지 않소? 중앙당의 공식 지시를 기다려봅시다. 진위를 확인하기 위해 중앙에서 모종의 움직임이 있는 것 같소."

이수갑은 부산 지역 여론의 추이를 주시하며 당의 지시가 내려오기만 기다렸다. 당에서 구체적인 지시가 내려온 것은 며칠이 지난 1946년 1월 1일이었다. 박헌영이 38선을 넘어가 소련군정 장관을 만나고 온 직후였다.

박헌영은 모스크바 삼상회담의 결정 사항은 신탁통치가 아니라, 주권을 즉시 조선인민에게 넘겨준다는 것이며 정치, 경제, 문화적으로 부족한 것은 후견으로 돌봐준다는 것이라고 설명했다.

조선공산당은 이에 따라 삼상회담이 신탁통치를 결정했다는 것은 오해이며 우익들의 고의적인 모함이라고 주장하기 시작했다. 전평 중앙도 모스크바 삼상회의 결정을 지지한다는 조선공산당의 노선을 절대적으로 신뢰한다고 선언했다.

문제는 분명했다. 이수갑이 보기에 본질은 신탁통치의 찬성이냐 반대냐가 아니라 모든 주권을 조선 인민에게 전권 이양하느냐 아니냐였다. 그는 '모스크바 삼상협정을 절대 지지하고, 즉시 미소공동위원회를 개최하여 조선의 임시정부 수립을 단행하라'는 공산당과 전평의 방침에 따라 삼상협정 지지 운동을 시작했다.

이수갑뿐 아니었다. 공산당을 믿고 그 설명을 이해한 사람들은 삼상협정 지지 대열에 섰다. 전국적으로 대규모 시위가 열리기 시작했다. 주요 도시에 현수막이 내걸리고 시위대가 몰려나왔다.

"삼상협정 실현하여 조선의 자주독립 관철하자"

서울에서는 우익의 신탁통치 반대 운동이 벌어지기도 했지만, 부산에서는 삼상 결정을 지지하고 즉시 모든 주권을 조선인민에게 넘기라는 시위가 대세였다. 물론 이수갑은 맨 앞에서 시위를 조직하고 지휘했다.

절정은 삼상협상 지지대회였다. 집회가 열린 동강국민학교는 운동장이 넓은 편인데도 미처 안으로 들어가지 못한 사람들이 교문 밖에도 가득했고, 연단 바로 앞까지 사람들이 빼곡하게 들어찼다. 연사들은 목청을 높여 삼상회담 결과의 정확한 의미를 전달하는데 주력했다. 연설 내용을 요약하면 이랬다.

    삼상협정은 신탁통치에 대한 찬성이 아니라, 임시정부에 대한 지지이며, 모든 주권을 인민에게 즉시 이양한다는 소련의 입장에 대한 찬성이다. 친일 부역자들과 보수 언론이 모스크바 삼상협정을 지지하는 측을 찬탁이라고 모함하고 모스크바 삼상협정을 파괴한 세력을 반탁이라 기만하는 것이다. 또한 좌익은 찬탁, 우익은 반탁이라고 날조하고 모함하는 것이다. 삼상협정은 신탁통치와 전혀 관계없는데 미국과 우익이 날조해 대중을 속이는 것이다. 협정 어디에도 찬탁이니 반탁이니 하는 내용이 없는데 신탁통치 문제로 몰아가는 것은 본질을 호도하고 선동하는 것이다. 삼상회담의 결과는 조선인민의 주권을 존중한 정당한 결의다. 우리는 삼상회담의 결과를 지지해야 주권이 우리에게 넘어오게 되고 우리의 힘으로 정부를 세울 수도 있게 되는 것이다.

연설이 계속되는 동안, 우파 청년 20여 명이 들이닥쳐 집회를 방해하려는 시도가 있었다.

"신탁통치가 웬 말이냐! 즉시 임시정부에게 정권을 넘겨야 한다."

"소련에 나라를 팔아먹는 공산당 놈들아, 즉시 해산해라!"

대지주 등 유산계급의 정당인 한민당, 우파 민족주의 정당인 한독당, 극우청년단인 독립촉성회 회원들이었다. 워낙 인파가 많아 교문 안에 들어올 수도 없자 그들은 입구에서 소리를 질러댔다. 이에 시민들이 야단을 쳤다.

"야 이노마들아, 연설 안 들린다. 조용히 해라!"

"너희들도 연설 좀 들어 보고 쳐들어오든지 말든지 해라."

연사도 우파 청년들을 향해 말했다.

"밖에서 소란을 피우는 분들은 연설 듣는 분들에게 방해가 되니, 조용히 연설을 듣던가 아니면 그만 돌아가 주십시오."

우파 청년들은 자기들이 조롱당하고 있다는 걸 알고는 고성을 지르며 안으로 밀고 들어오려고 했다. 그러자 군중들이 맞고함을 지르며 그들을 밀어냈다. 방해 공작은 미수에 그쳤다.

연사의 설명을 경청한 시민들은 삼상회담의 결과야말로 진정한 해방을 위한 것이라는 주장을 받아들였다. 누군가 '대한독립 만세'를 외치자 운동장에 모인 시민들이 한 목소리로 '대한독립 만세'를 외쳤다. 또 연단에서 선창하는 구호를 따라 외쳤다.

"우리는 미소공동위원회의 삼상회의 결정을 절대 지지한다!"

"우리는 이 결정을 충실히 이행할 것이다!"

"미·소 양군은 즉각 주권을 넘기고 물러가라!"

운동장에 모인 사람들은 그 기세를 몰아 광복동 거리를 지나 부산역까지 시위를 하며 더 많은 시민들이 동참하도록 독려했다.

이수갑의 주장에 따르면 다른 도시는 몰라도 부산의 여론은 확실히 조선 공산당 편이었다. 지지자가 워낙 다수여서 반대 세력들은 자신들의 의견을 표출할 기회조차 얻지 못했다는 게 그의 기억이다. 오늘날의 중학교와 고등학교 과정을 합친 학교인 중학교에 다니던 동생 이수건이 전해 준 학교 분위기도 다르지 않았다.

"형님, 우리 금성중학교에도 우익 활동하는 친구들이 있는데, 한 4, 5명 쯤 되나?"

"4, 5명?"

"존재감도 없죠, 뭐."

"하긴 거리로 쏟아져 나온 부산 시민들을 보면, 딱 그 정도 비중이네."

"그 자식들 비겁하게 숨어 다니면서 몰래 청년 단체 같은 사무실을 습격하고 도망 다니더라고요."

이수건은 형제들 중 처음으로 정규 학교를 다니고 있었는데, 금성중학교에서 학생위원장을 맡을 정도로 여러 면에서 뛰어났다. 정치의식은 수갑보다 훨씬 급진적이었다. 든든하고 자랑스러운 동생을 볼 때면 이수갑은 자신도 조금만 더 제대로 교육을 받았더라면 더 일찍 깨어서 독립운동도 했을 텐데 하는 아쉬움을 느끼곤 했다.

삼상협정을 지지하는 후속 성명도 쏟아져 나왔다. 전평과 공산당은 삼상회의에서 결의된 내용을 자세하게 설명하는 성명서를 대량 배포했다. 그러나 언론과 군정의 지원을 받는 우파들의 설득은 갈수록 세를 넓혀갔다. 회담의 구체적인 내용을 이해하지 못한 민중들은 또다시 식민지가 된다는 선동에 휩쓸려 점점 반탁 진영으로 쏠려갔다.

자신감을 회복한 우파 진영은 서울 시민 5만여 명을 동원하여 신탁통치 반대 집회와 시위를 하고 청년단체를 앞세워 좌파 계열의 사무실과 언론사들을 무차별 공격하기 시작했다. 미군정 경찰과 법원의 비호 아래, 서울과 지방 전역에서 좌파 활동가들이 공개적으로 테러를 당하거나 살해되어 암매장되는 일이 속출했다. 식민지 시절 종로통 깡패 두목이던 김두한 같은 자까지 테러의 선봉이 되면서 영웅처럼 받들어졌다. 살인죄로 체포된 김두한은 자기가 수십 명의 철도 노동자를 죽였노라고 오히려 큰소리를 치고도 석방될 수 있었다. 임시정부 시절부터 철저한 반공주의자로 사회주의자들을 암살하는 데 앞장서온 백범 김구가 그 든든한 배경이 되어주었다.

신탁통치 문제는 해방 정국에서 숨죽이고 있던 친일파와 부역자들, 그리고 일본의 문화정책에 협력해 비굴한 세월을 보내온 대다수의 민족주의자들에게는 대세를 역전시킬 수 있는 절호의 기회였고 미국은 이를 잘 활용했다. 미국이 먼저 신탁통치를 않겠다고 선언함으로써 남한 사람들의 신망을 차지해 버린 것이다. 선전의 목적만이 아니라, 소련과 함께 한반도를 공동 관리하게 됨으로써 남한에 자유로운 공산주의 활동이 보장되는 위험을 감수하고 싶지 않았을 것이다.

미국의 교활한 선회로 신탁통치 문제는 잦아들었으나 조선공산당은 상당한 타격을 입을 수밖에 없었다. 그래도 당에 대한 지지는 여전히 높았다. 5월 1일 부산 광복초등학교에서 열린 메이데이 행사에는 1만여 노동자가 참가해 성황을 이뤘다. 해방 후 최초의 메이데이 행사인 이 대회는 민주주의민족전선이 주최했는데 철도, 부두, 건설, 철공소 등의 노동자들 외에도 일반 시민들까지 모였다. 집회를 마친 군중은 중앙동 부산시청 앞까지 행진을 하며 구호를 외쳤다.

"만국의 노동자여 단결하라!"

서울에서는 동대문운동장에서 행사를 열었는데 이수갑이 듣기로 무려 20만 명이 모였다고 했다. 이때만 해도 좌파는 집회 인원을 동원하기 위한 별도의 노력이 필요 없을 정도였다. 메이데이 행사였지만 노동자만을 위한 구호가 아니라 조선 민중 전체의 요구를 대변했기에 더 넓은 지지를 받기도 했다.

공산당의 위신을 꺾기 위한 미군정과 우익의 음모도 계속되었다. 이번에는 조선공산당이 소유한 인쇄소인 정판사에서 위조지폐를 발행했다는 '정판사 위폐 사건'이 터졌다. 메이데이 행사가 끝난 직후인 1946년 5월 초였다.

위폐 사건은 조금만 냉철히 분석해 보아도 엉터리 수사에 의한 모략임을 알 수 있었다. 미군 정보부의 직접 지시를 받았거나, 아니면 미군정 경찰 내의 한국인 경찰들에 의한 조작극임이 명백했다. 그러나 우파 언론과 재판소는 공산당을 붕괴시키는 데 이를 적극적으로 활용한다. 미군정은 허위 보도를 한다는 이유로 좌파 계열 3대 일간지를 폐쇄시켜 좌파가 대중에게 다가갈 길을 봉쇄해 버린 가운데 공산당을 파렴치한 집단으로 몰아가 여론을 역전시켜 나갔다.

또한 8월에는 조선공산당 지도부가 무장 폭동을 기획했다는 이유로 박헌영, 이주하, 이강국, 이현상 등 주요 인물들을 체포하고 수배했다. 이 사건이야말로 전혀 근거조차 없는 누명이요 조작임이 명백했으나 경찰에 쫓긴 박헌영 등 지도부 다수가 월북할 수밖에 없었다. 조선공산당은 사실상 불법화되고 말았다.

미국의 음모와 탄압으로 인해 좌우가 극한대립으로 치닫고 있을 때, 이수갑도 죽음을 당할 뻔했다. 현장에서 나와 집으로 가는데 극우청년단이 덮쳐 부산 영성고개에 있는 방공호에 끌려간 것이다.

어두침침한 방공호에 들어서자마자 각목과 주먹질, 발길질이 날아왔다. 한 시간이 넘게 두드려 맞으며 정신이 혼미해진 중에도 자신이 무의식중에 동료들을 팔아 버리고 기억하지 못하는 게 아닐까 두려웠다. 죽는 것보다 그게 더 두려웠다.

얼마나 시간이 흘렀을까. 조금 정신이 돌아와서 주위를 살펴보니 감시가 느슨해져 있었다. 때를 놓치지 않고 방공호에서 탈출했다. 한 치 앞도 보이지 않는 어둠을 뚫고 달리는데 갑자기 발아래 흙이 푹 꺼지면서 땅 밑으로 굴러 떨어졌다. 토관을 묻으려고 파 놓은 구덩이였다. 그것이 그를 살렸다. 청년단들은 그가 어둠 속으로 사라지자 추적을 포기하고 돌아가 버렸다.

죽을 뻔한 사건을 겪은 후에도 이수갑은 흔들림 없이 전평 조직 활동에 몰두했다. 마침내 총파업 명령이 내려온 것은 조선공산당 지도부에 대한 체포령이 내린 직후인 9월 중순이었다. 미군정과 우익들의 노골적인 탄압에 맞서 전평에 소속된 전국의 노동자가 일시에 파업에 들어가자는 결의였다.

총파업이 좌파에 의한 조직적 투쟁이었다면, 이를 밑받침할 대중의 분노도 성숙하고 있었다. 미군정의 오류는 정치적 탄압만이 아니었다. 미군정은 경제적으로도 실정과 파행을 거듭하고 있었다. 대중의 분노는 직접 겪는 경제난에서 비롯되었다.

북한 지역에서 파낸 지하자원을 가공해 일본으로 수출하거나 일본이 점령했던 열대 지방에서 원료를 반입해 고무신 등을 만들던 공장들은 한반도가 38선으로 끊기고 일본과 국교가 단절되면서 기업의 절반 이상이 문을 닫아야 했다. 그러나 미군정은 이를 복구할 능력도 의지도 없었다.

게다가 미군정은 국내 농산물의 생산과 유통을 식민지 말기의 전시체제 그대로 운영했다. 생산된 곡식을 모조리 강제 매입한 후 제한적으로 판매하는 이 제도로 농민들은 농사를 짓고도 배를 곯고, 도시인들은 돈이 있어도 쌀을 살 수 없는 고통에 시달려야 했다.

훗날 이수갑은 미군정의 한반도 정책에 이렇게 강연한다.

"노동자계급의 조직을 말살하려는 것이 미군정의 목표였습니다. 해방 후 왜놈들이 모두 돌아간 후 우리 노동자들이 노동위원회를 구성해서 직접 경영에 참여하고 생산을 하고 있었는데, 미군정은 그런 공장을 모조리 폐쇄합니다. 왜 그랬을까요? 미국은 우리 힘으로 새로운 나라를 만들어가는 것이 마뜩치 않았던 것입니다. 오로지 자기들 식의 자본주의를 이식시키려던 겁니다. 생산 공장들이 폐쇄된 뒤에는 무슨 일이 일어났을까요? 미국의 잉여 생산물이 들어왔어요. 남아도는 미국의 생산물을 우리에게 쓰레기처럼 팔아먹은 것입니다. 그나마 잉여 생산물조차, 식량 배급조차 권력을 재탈취한 친일파 놈들이 중간에서 빼돌립니다. 오백만 명이 넘는 실업자들은 굶주릴 수밖에 없었습니다."

미군정이 노동자들이 자치하는 공장을 고의로 폐쇄했다는 이수갑의 주장을 맞다고 단언하기는 어렵다. 원자재를 수급할 수도 없고 공장을 가동할 자본도 없어 스스로 문을 닫는 곳이 대다수였기 때문이다. 미국의 경제 공황으로 남아도는 잉여 생산물을 소비시키기 위해 한국의 산업을 마비시켰다는 주장도 합리적이지 않다. 미국으로서는 한국의 경제를 되살려 더욱 공고한 지배자가 되고 싶었으나 그럴 여건도 안 되고 능력도 없었다고 보는 게 옳을 것이다.

그러나 미군정이 노동계급의 조직화를 막고 좌파운동을 파괴하는 데 열을 올린 것만은 확실했다. 공산주의 박멸이라는 목표밖에 없던 미군은 점령군의 본성을 그대로 보여주었다. 1946년 8월 15일에 일어난 전라남도 광주에서 벌어진 화순 탄광 노동자 학살이 그것이었다.

많은 전평 소속 노조들이 일본인 사장들이 귀국해 버려 주인 없는 공장들을 접수해 자치적으로 운영하고 있었다. 화순 탄광 역시 노동자들이 자치위원회를 구성해 자율적으로 운영하고 있었는데 1945년 11월 미군정이 화순 탄광을 접수한다고 발표하면서 갈등이 일었다. 미군정이 일방적으로 탄광 소장을 교체하고 노조 간부 3명을 비롯해 100여 명의 노동자를 해고하면서 긴장은 고조되었다.

1946년 8월 15일, 해방 1주년 기념행사가 전국에서 개최되었다. 그런데 미군정은 전남 광주의 기념행사에 전평 소속 노동자들의 참가를 금지했다. 노동자들을 도발하는 부당한 간섭이었다. 이에 불복한 화순 탄광의 전평 소속 노조원 1천여 명이 광주에 집결하자 미군과 경찰, 우익 청년단은 장갑차를 앞세우고 쳐들어 왔다. 우익 테러단들이 대회장의 노동자들에게 기관총을 난사했고 도망치는 노동자들을 쫓아가서 때려죽였다. 이 과정에서 백여 명의 사상자가 발생했다. 이전의 노동자 타살 사건들이 우익청년단에 의한 비합법적 형태를 띠었다면, 이번에는 직접 미군과 경찰이 가해한 것이다.

광주에서의 학살 소식은 전국으로 빠르게 전파되었다. 철도노조에도 소식이 전해져 왔다. 이수갑과 동료들은 흥분했다.

"이런 천인공노할 일이 있습니까? 서른 명이 넘게 죽었답니다. 당장이라도 광주로 달려가서 연대해야 하는 것 아닙니까?"

"군용기랑 전차까지 쳐들어왔다고 합니다. 맨손의 민간인에게 무장한 군인들이 총격을 가하는 것은 학살입니다."

다들 애가 탔다. 솟구치는 울분을 참지 못해 당장 광주로 달려가자고 했다. 하지만 광주 학살 소식을 부산 지역 노동자들에게 알려 연대투쟁을 선동하는 것이 자신들의 임무라는 것이 토론의 결과였다. 이에 따라 이수갑과 동료들은 부산에서 연일 항의시위를 조직했다. 광주에서 벌어진 노동자 학살은 광주만의 일이 아니라고, 부산 지역 노동자도 행동해야 한다고 주장했다.

부산뿐 아니었다. 다른 주요 도시에서도 광주 학살에 대한 해명과 책임자의 엄단 처벌을 요구하는 시위가 벌어졌다. 그러나 학살 책임자 누구도 처벌 받지 않았을 뿐 아니라, 미군정의 노동 정책은 더 강경해지기만 했다.

철도국 경성 공장 노동자들이 쌀 배급과 임금 인상을 요구하자 미군정은 운수부 노동자를 25%나 감원하고 월급제를 일급제로 전환해 버렸다. 좌파 계열 노동운동을 압살하려는 노골적인 탄압이었다. 군정청 운수부장 코넬슨은 말했다.

"인도 사람은 굶고 있는데 조선 사람은 강냉이라도 먹으니 다행 아닌가?"

유별나게 일본 문화를 좋아한 것으로 알려진 맥아더를 비롯한 미군 고위 장교들은 일본인에 대해서는 동양문명의 상징이라며 높게 평가하면서 조선인은 천하고 무지한 야만족으로 폄하하는 경향이 있었다. 그렇지 않아도 부글거리던 노동자들의 분노에 기름을 붓는 망언이었다. 일본 식민지 시대에도 겪지 못했던 굶주림과 학살, 미군정 장교들의 한국인에 대한 멸시는 3·1 만세운동 이후 27년 만에 광범위한 저항 운동을 초래하게 된다.

사건의 근본적인 원인은 일본의 침략으로부터 빚어진 것이지만, 오로지 사회주의 세력 제거에 초점을 맞춘 미국의 냉전 정책, 사관학교에서 철저한 반공 교육으로 무장된 단순무지한 미군정 장교들에게도 책임이 컸다.

마침내 전평은 1946년 9월 23일을 기해 전국에서 총파업을 벌이기로 결정했다. 이 모든 부당한 처사에 대한 최초의 전면적 항거였다. 파업을 점화할 현장으로는 가장 조직이 잘 된 부산 철도국이 지목되었다. 바로 이수갑이 오르그로 활동하는 현장이었다.

부산 철도 노동자들은 이미 9월 15일부터 임금 인상과 일급제 반대 등 6개항의 요구 조건을 내걸고 부분 태업을 벌이던 중이었다. 당시 전국의 철도 노동자는 4만여 명으로, 그중 부산과 경남을 포괄하는 부산 철도국 소속이 7천여 명이나 되었다.

부산 철도국 전체를 이끄는 책임자는 일본 규슈대학을 나와 부산 철도국 운수과장으로 근무하던 백남억이었다. 이수갑은 분회장의 한 명으로 파업을 준비했다. 이수갑을 포함한 노조 간부들은 수배상태였으므로 엄격히 보안을 유지하는 가운데 현장을 순회하며 총파업의 목적과 결의를 전달하고 투쟁계획을 상의했다.

거리에 온통 실업자가 넘치니 철도국만 다녀도 부러움을 샀다. 그러나 철도 노동자의 월급으로 살 수 있는 것은 쌀 한두 말에 불과했다. 혼자 살면 모를까, 여러 아이를 가진 가장들은 굶주릴 수밖에 없었다. '남조선 철도종업원 대우개선 투쟁위원회' 명의로 발표한 6개 항의 요구는 철도노동자들의 전폭적인 지지를 받았다.

"노동자에게는 하루 네 홉, 가족에게는 하루 세 홉씩 쌀을 배급하라!"

"일급제를 반대한다, 월급제로 전환하라!"

"임금을 인상하라!"

"해고와 감원을 절대 반대한다!"

"전면 급식을 실시하라!"

"민주주의적인 노동법을 즉시 실시하라!"

파업이 임박하면서 이수갑에게 주어진 임무는 부산역, 초량역, 부산 철도 공장 등 각 분회를 다니면서 상부의 지시를 전달하고 또 하부의 활동 내용을 상부에 보고하는 일이었다.

"부산역에서는 그날 파업에 참가하지 않는 동지들이 있습니까?"

"없습니다. 한 명도 빠짐없이 모두 참여하기로 뜻을 모았습니다."

"고생했습니다. 그날은 출근을 하되 일체의 조업을 하면 안 됩니다. 기관부 노조원들도 열차를 움직이면 안 됩니다. 분명하게 전달되었지요?"

"네. 분명하게 전달하고 확인 또 확인했습니다."

"총파업입니다, 일체의 조업 행위를 하면 안 됩니다. 4만여 철도 노동자를 중심으로 전국의 모든 노동자가 동시에 일손을 놓는 것입니다."

"잘 숙지시켰습니다. 걱정 마십시오."

"기관부나 용품부가 아닌 나머지 노동자들은 어떻게 합니까?"

"우리 역에서는 정비 공장 앞에서 모이기로 했습니다. 그곳에 모여서 지시를 받은 후에 분산해서 산개 투쟁을 벌이기로 했습니다."

"좋습니다. 산개 투쟁을 전개할 때 이탈하는 동지가 없도록 각별히 교육하시기 바랍니다."

예정대로 부산 철도국 노동자들이 역사적 총파업의 시발을 알렸다. 1946년 9월 23일 자정이었다. 모두가 잠든 고요한 밤하늘에 증기기관차의 긴 기적 소리가 울려 퍼졌다. 부산 기관창에 서 있던 기차에서 울리는 소리였다. 뒤따라 모든 기관차에서 기적 소리가 터져 나왔다. 잠시 후에는 바다에서도 잇달아 뱃고동 소리가 밤하늘에 울려 퍼졌다. 부산항에 정박해 있던 배들에서 나는 뱃고동이었다. 전평 소속 해상 노조원들이 울린 것이었다.

기적과 뱃고동 소리를 신호로 부산 지역 육상과 해상의 모든 운송 수단이 마비되었다. 부산 지역 철도 노동자 7천여 명 대부분이 파업에 동참했다. 각 파업 현장마다 결의문이 읽혀졌다.

우리 4만 철도 종사자들은 우리 철도가 또 다시 제국주의자의 압박과 착취, 침략의 도구가 되는 것을 용납할 수 없다. 우리들은 우리 철도를 조국의 민주화와 독립, 부강의 무기로 함에 있어 현상을 극복하기 위해 파업투쟁에 돌입하였다. 군정청은 아메리카 경제에 의존하게끔 하기 위해 국내 생산을 감축하고, 마음 내키는 대로 종사자들의 목을 착착 자르고 있다. 우리들은 쌀 한 말 값밖에 되지 않는 정도의 월급과 강냉이 가루로 연명하고 있다. 이러한 현상에 있어 우리들은 이십 만 가족의 생명을 구하고 또한 철도의 파탄을 구하기 위해 결연한 태도로 파업에 돌입하였다. 이것으로 무성의한 당국의 반성을 촉구한다.

이튿날인 9월 24일에는 1만 5천여 명이 넘는 철도국 서울본부가 파업에 들어갔다. '남조선 총파업 투쟁위원회'도 조직되었다. 또 다음날에는 전평 산하 16개 산업별노조가 차례대로 총파업에 들어갔다. 28일에는 전화국 노동자들이 파업에 돌입하는 등 29일까지 전국의 거의 모든 전평 소속 노동자들이 파업에 돌입했다.

미군정의 탄압도 개시되었다. 부산 철도국을 포위하고 있던 경찰은 파업이 시작되자 미군 헌병대의 지휘를 받는 무장 경관 70~80명을 동원해 파업위원회 사무실을 습격했다.

"누가 대표냐? 대표 나와!"

총과 곤봉으로 무장한 경찰이 들이닥치자 조합원 하나가 앞으로 나섰다.

"나다! 나를 잡아가라!"

그러자 옆에 서 있던 다른 조합원이 나섰다.

"아니다, 내가 책임자다! 나를 잡아가라!"

또 다른 조합원들도 앞 다투어 자기가 책임자라고 나서는 진풍경이 벌어졌다. 보고 있던 경찰 대장이 소리쳤다.

"다 끌고 가!"

몸싸움이 시작되었다.

"꺼져라, 이 친일 경찰들아!"

경찰이 곤봉을 휘두르자 여기저기서 비명이 터지고 피가 튀었다. 조합원들은 격렬히 저항했으나 한 명씩 밖으로 끌려 나갔다. 사무실 밖에는 소식을 들은 조합원들이 몰려오고 있었다. 조합원들은 몸을 던져 동료의 연행을 막았다. 조합원 수십 명이 한꺼번에 떼로 달려들어 경찰에게 끌려가는 동료를 구출해서 튀는 장면도 연출되었다. 그래도 빼돌리지 못한 노조원 여러 명이 체포되었다.

각처에서 농성 중이던 조합원들에게 이 소식이 전해지자, 잠깐 농성을 풀고 한곳으로 집결하여 경찰서로 몰려갔다. 천여 명의 조합원이 경찰서 정문에 몰려가 연좌농성을 벌이는 한편, 대표단 수십 명은 경찰서장을 찾아가 반나절을 꼼짝 않고 압박했다. 견디다 못한 서장은 결국 구치소 열쇠를 내놓고 말았다. 연행되었던 동료들의 탈환에 성공한 조합원들은 승리의 함성을 지르며 다시 각자의 자리로 돌아가 농성을 이어갔다.

9월 총파업에는 조직 노동자 25만 1천 명, 미조직 노동자 5만을 합해 30만 명이 참가한 것으로 집계되었다. 공장 노동자만 아니라 은행원, 병원 간호사, 회사 사무직, 신문 기자와 출판사 직원들까지 파업에 동참했다. 출판노조의 파업으로 신문의 대부분은 발행이 정지되었고 교통, 운수는 물론 전신전화도 대부분 마비되었다. 교통 운수의 정지로 말미암아 각 도시의 생필품과 식량 반입이 중단되면서 큰 혼란이 일어났다.

각계의 지지 투쟁도 이어졌다. 학생들의 동맹 휴학이 가장 거셌다. 서울만 해도 8개 중등학교를 비롯해 전문대학, 대학의 학생들 1만 5천여 명이 학원의 자유, 친일파와 민족 반역 행위를 한 불량 교원 숙청, 식민지 노예 교육제도 반대 등의 구호를 외치며 동맹 휴학을 벌였다. 각지의 농민들도 지지 시위를 벌였고 사회단체들은 지지 성명을 발표했다.

총파업의 신호탄을 쏘아 올린 부산 철도에는 일촉즉발의 긴장감이 감돌았다. 경찰과 극우청년단이 곧 급습할 것이라는 정보가 입수되었다. 이수갑은 1,600여 노동자들이 운집한 농성을 이끌고 있었다. 노동자들은 모여 앉기만 하면 돌아가며 앞에 나가 자유 연설을 하거나 토론 아니면 노래를 배웠다. 진압이 임박했다는 위기감은 모든 걸 멈추게 했다.

"한 명도 연행당하지 않도록 서로 똘똘 뭉쳐야 됩니다."

이수갑의 외침에 누군가 답했다.

"놈들은 분명히 총을 쏠 것이오. 앉아서 당할 수만은 없지요. 우리도 무기를 준비합시다."

총까지 동원해 공격해 오는 그들은 이제 동족이 아니라 적이었다. 적에게 대항하기 위해 조합원들도 무기가 될 만한 것들을 끌어 모았다. 정비공장이라서 볼트, 너트, 차량 하부용 강철 스프링, 온갖 종류의 망치며 공구가 널려 있었다. 이수갑은 이를 진두지휘했다. 산발적으로 던지면 이리저리 피하면서 밀고 들어올 테니 피할 여지가 없도록 퍼부어야 겁을 먹으리라 판단되었다.

"입구를 지키고 있다가 놈들이 들어오면 한꺼번에 우박 쏟듯이 던져야 됩니다. 교대로 백 명씩 달려 나가 한꺼번에 던집니다. 놈들은 총을 가졌으니 한 놈도 안으로 들여보내면 안 됩니다."

공장 양 옆은 블록으로 쌓은 높은 담장이어서 정면으로만 들어올 수 있었다. 조합원들이 쇳덩이들을 쌓아놓고 대기하고 있으려니 한 떼의 정복 경찰이 총을 쏘며 밀려왔다. 잠바를 입은 서북청년단원들과 사복형사들이 권총을 쏘며 뒤따랐다. 뒤쪽 멀리 안전한 곳에는 미군 장교들이 지켜보고 있었다.

경찰과 청년단원들이 공장 입구를 넘어 10미터쯤 들어왔을 때였다.

"투척!"

고함과 함께 제1진 노동자들이 던진 수백 개 볼트와 너트, 쇳조각들이 일제히 포물선을 그리며 날아갔다. 돈을 받고 남을 해치러 오는 자들과 자신의 생명을 지키기 위해 싸우는 이들은 결의가 달랐다. 맞으면 직사할 수도 있는 쇳덩이들이 살벌하게 쏟아지자 경찰은 오다 말고 황망히 달아났다.

"돌진해라! 총을 쏘란 말야!"

뒤에서 떠들어 봤자 소용없었다.

"이겼다! 이겼어! 놈들이 도망간다."

경찰은 얼마 있다가 다시 몰려 왔으나 이번에도 여러 명이 머리가 터져 물러났다. 쇠뭉치가 총을 이길 수 있을까 싶었는데 1,600명이 똘똘 뭉치니 당해내지 못하는 것이었다.

총까지 동원한 공격이 실패하자 경찰은 작전을 바꿨다. 지도부와 핵심 조합원들에게 개별적으로 접근해 폭행하거나 구속시키기 시작했다. 농성 인원이 많아 서로 얼굴을 잘 모르기 때문에 형사나 극우 청년단원들이 철도국 안에 들어와도 구별하기 어려웠다.

이수갑은 조합원들에게 몸조심하라고 신신당부했다. 하지만 정작 경찰이 노리는 제일의 목표는 다름 아닌 이수갑이었다. 총격을 물리친 지 이삼일 후였다. 용품 사무소에서 물품 창고로 걸어가는데 댓 명의 사내들이 튀어나오더니 다짜고짜 주먹질과 발길질을 해댔다.

"니가 이수갑이냐?"

"니가 빨갱이 두목이지?"

농성장에 들어와 농성을 하는 체하며 주동자를 찾고 있던 대한노총 조합원들이었다. 대한노총은 이승만과 김구가 급조한 어용노총으로, 조합원 중에 진짜 노동자는 거의 없었다. 월남한 반공 청년들로 이뤄진 서북청년단원들이며 김두한 밑에서 상인들 등쳐먹고 살던 깡패들이 조합원 행세를 했는데, 하나같이 가죽 잠바를 입고 권총을 차고 다녔다.

"이 새끼 잘 걸렸다! 죽여 버려!"

인정사정없이 날아오는 주먹과 발길질에 이수갑은 아득히 정신을 잃은 채 질질 끌려갔다. 깨어나 보니 제2부두에 있는 철도국 경찰대였다.

경찰대에 들어서자 형사들과 청년단원들이 빙 둘러서서 축구공 돌리듯 주먹질을 해댔다. 눈에서 쉴 새 없이 불꽃이 튕기고 코피가 터져 옷을 적셨다. 식민지 시대 때 일본 경찰이 애용했다는 축구공 놀이였다. 정신이 쏙 빠지게 두들겨 맞은 후 수사가 시작되었다. 수사라기보다 고문이었다. 정보를 알아내려는 목적도 있겠지만, 그보다는 인간으로서의 자존심을 뿌리채 짓밟아 다시는 좌파 운동을 하지 못하게 하려는 가혹 행위였다.

고문은 꼬박 열하루 동안이나 계속되었다. 물고문, 전기고문, 고춧가루 고문을 번갈아 가며 당했다. 죽음의 문턱까지 갔다 오기를 수십 번이었다. 그들은 꼬르륵 하고 숨이 넘어가는가 싶으면 심호흡을 시켜 다시 숨통을 붙여 놓았다. 끝도 없이 깊은 어딘가로 가라앉는 것 같다가 갑자기 탁, 숨이 터지면서 정신이 돌아왔다. 의식을 잃으면 차라리 편했다. 숨이 돌아오는 순간의 공황상태가 더 무서웠다. 온몸에 경련을 하며 정신을 차리면 그들은 또 다시 거꾸로 매달고 물 묻힌 수건으로 얼굴을 덮은 다음 고춧가루 물을 코에 들이부었다. 남은 생각은 죽고 싶다는 것뿐이었다. 되살아나는 것이 더 끔찍했다. 숨통이 터지는 순간의 고통도 끔찍했지만, 자기도 모르게 무의식중에 동지들을 팔아 버리지는 않았을까, 그것이 두려웠다. 당원 명단, 아지트 위치, 상부 연락선 등 보호해야 할 비밀이 너무 많았다. 그 하나만 실토해도 다시는 동지들 앞에 고개를 들지 못할 것 같았다. 훗날 그는 고백한다.

"동지들을 위태롭게 하느니 차라리 죽는 게 낫다고 생각했습니다. 나의 주장은 너무나 정당한 것이기 때문에, 동지들의 주장도 역시 정당했으므로 정당하지 못한 패거리들에게 굴복하느니 차라리 죽는 게 깨끗하다고 생각했습니다. 고문을 당할 때마다 죽을 방법부터 찾았습니다."

고문을 당하며 뼈저리게 떠오르는 것은 전평의 선배들이 하던 말이었다.

"누렁개들에게 발각돼서 체포되는 것은 이적 행위다. 체포당하지 말고 결사적으로 싸워야 한다. 차라리 생명을 바꾸면 바꿨지 체포는 당하지 마라."

이것은 명령이자 결심이자 생명과도 같은 신념이었다. 살아남은 이수갑 역시 동지들에게 누누이 강조했다.

"경찰은 권력의 개다. 한번 물면 놓지 않는 개처럼 끝까지 고문을 해서 조직을 파괴한다. 놈들에게 체포당하면 당할 재간이 없다. 그러므로 체포당하는 거나 투항하는 거나 결과는 똑같다. 결국 다 불어버리게 된다. 이적 행위를 하게 되는 것이다. 노동자계급을 위해서 운동한다는 자가 노동자계급을 파괴하는 행위를 하고 권력과 자본에 이로운 결과를 가져다준다면 적을 이롭게 하는 반동 행위를 한 것이다. 본인 마음과는 상관없이 적의 편이 되어 버리는 것이다. 그러므로 제일 중요한 것은 잡히지 않는 것이다. 잡히지 마라!"

잡히지 말라는 말은 유효하지만, 그것이 전부는 아니었다. 아무리 강조한다 해도 누군가는 잡히기 마련이었다. 경찰이 체포와 고문만으로 수사를 하는 것도 아니었다. 조직을 깨기 전에 정보원을 투입하고 전화 도청, 서신 검열, 미행으로 충분히 증거들을 모은 다음 잡아들이는 게 보통이었다. 체포된 본인들이 아무리 고문에 버틴다 해도 수집된 정보들이며 다른 사람의 조서를 교차 비교해서 더 이상 비밀이라곤 남지 못하도록 다 드러낼 수 있었다. 단지 체포할 사람이 너무 많고 그렇게까지 자세히 조사할 필요가 없이 구속시키면 그만이기 때문에 적당히 끝낸다고 보아도 좋았다. 그 과정에서 구타와 폭력은 정보 수집보다는 오히려 의지를 꺾고 공포를 심어주기 위함이거나, 아니면 복수요 보복이라고 보아도 좋았다.

어쨌거나 체포되어서 좋을 것은 없었다. 법률이 있고 사법 절차가 있다지만 완전히 무시되던 시절이었다. 구타와 고문부터 강간, 살해까지 우익들은 어떠한 제약도 없었고, 구속 시한이니 재판 시한 따위에도 구애받지 않았다. 한번 물면 놓지 않는 개처럼 끝까지 물어뜯었다. 이수갑에게도 윗선을 대라고 집요하게 추궁했다.

"이 빨갱이 새끼, 너 위에 누가 있어?"

그러면 미친 척하고 언쟁을 했다. 적어도 말하는 동안에는 때리지 않았으니 덜 맞는 방법이기도 했다.

"위에 있기는 뭐가 있나? 위에도 아래도 나뿐이다."

"이 새끼, 악질이네. 끝까지 안 불면 쥐도 새도 모르게 갈 수도 있어."

"아무리 고문을 해도 뭐가 있어야 불 것 아니냐. 모두 내가 자발적으로 좋은 세상을 만들려고 나섰을 뿐이다."

가족들이 면회를 온 것은 14일 만이었다. 집에 들어오는 날보다 안 들어오는 날이 더 많아서 또 그렇게 밖으로 떠도는가 보다 하던 가족들이 뒤늦게 수소문을 해서 철도경찰대로 찾아온 것이다.

가족이 온 줄도 모르고 수갑을 찬 채 경찰을 따라가니 경찰대에서 나와 대한노총 소속 철도노조 사무실로 들어갔다. 또 무슨 꿍꿍이인가 했는데 둘째 형 이수택과 동생 이수건이 와있었다. 국립경찰 1호로 채용된 둘째 형 이수택의 특권으로 경찰대가 아닌 노조 사무실에서 면회를 할 수 있게 된 것이다.

"형님? 수갑이 형님 맞아요?"

"이게 수갑이라고? 니가 수갑이 맞나?"

형과 동생은 얼굴이 퉁퉁 붓고 피멍이 든 이수갑을 알아보지도 못했다. 얼굴만 그런 게 아니고 온 전신이 부어올라 걸음도 제대로 못 걸었다. 두 사람은 눈물을 글썽이며 이를 갈았지만 어떻게 할 도리가 없었다. 이수갑은 그래도 부모 걱정이 먼저였다.

"형님, 부모님께는 제가 경찰서에 있다고 얘기하지 말아 주십시오."

대신 이수건이 답했다.

"작은형이 경찰서에 잡혀 있다는 거 온 동네 사람들이 다 알고 있어요. 우리에게 경찰서에 가 보라고 한 것도 어머니라구요. 아버지는 걱정이 돼서 잠도 못 주무시고 있어요."

보고 있던 형사반장 주용하가 이죽거렸다. 14일간 이수갑을 고문했던 당사자였다.

"북부경찰서로 이송되면 잘해 줄 거요."

지켜보는 눈이 많아 거의 아무 대화도 못한 채 짧은 면회를 마치고 헤어졌는데 북부경찰서로 이송되니 정말로 큰 고초 없이 마무리 수사가 끝났다. 그리고는 뜻밖에 며칠 만에 석방하는 것이었다. 형 이수택이 이리저리 인맥을 동원해 뇌물을 준 덕분이었다.

이수갑은 무사히 살아 나왔으나 다른 철도 노동자들의 고초는 끔찍했다. 특히 서울이 그랬다. 미군정은 9월 30일 전차와 기관총 등으로 중무장한 경찰대 3천 5백 명을 동원하고 대한노총, 서북청년회, 대한민청, 대한독립촉성국민회 청년대 등 우익 테러단 1천여 명을 앞세워 서울 용산의 철도 파업투쟁 본부를 습격했다. 이에 처참한 투쟁이 벌어져 파업투쟁 본부 노동자 3명이 사살되고 수백 명이 부상당했으며, 1,800여 명이 투옥되었다.

급식 제공, 월급제로 환원 등 경제적 요구로 시작된 파업에 대한 무자비한 탄압은 공포에 젖은 많은 노동자들을 전선에서 이탈시켜 반강제로 대한노총에 가입하게 만들었다. 그러나 분노를 참지 못한 적지 않은 수의 노동자들은 이듬해에도 투쟁에 앞장섰고, 일부는 경찰에 쫓기다 못해 산으로 들어가 빨치산이 된다.

부산 철도국 노동자들이 올린 파업의 봉화는 10월 초까지 전평 산하 각 산별노조로 확산됐다. 이 와중에 아무도 미리 계획하지 않았던 대규모 무장 투쟁이 터져 버렸다. 10월 1일 대구에서 시작되어 38선 이남을 뒤흔들어 놓은, 장차 10월항쟁 또는 대구 폭동이라 부르게 될 대규모 무장 투쟁이었다.

이 사건은 조선공산당도, 전평도 계획하거나 지시한 적이 없는 자연발생적 시위로부터 시작되었다. 그럼에도 조선공산당은 이 사건을 동학혁명과 3·1 만세운동과 더불어 한국현대사의 3대 민중봉기라 부르며 찬양을 아끼지 않았다. 훗날 폭동이라는 단어가 우익에게 악용되면서 항쟁이라는 피동적이고 순화된 용어를 쓰게 되지만, 당시 조선공산당은 민중이 주도적으로 먼저 무기를 들었음을 감추지 않고 당당하게 폭동이라 칭했다.

어떻게 기록되든 남한 전역에서 일어난 이 대규모 무장 시위는 해방의 기쁨을 무참히 짓밟은 보수 우익과 친일파에 대한 격렬한 분노의 표현이었다. 나아가 한반도를 자신의 식민지로 삼았다고 믿고 있던 미국에 대한 준엄한 경고였다. 제2차 세계대전을 통해 세계 최강대국으로 부상한 미국으로 하여금 약소국에 대한 직접적인 식민지 지배를 포기하고 간접적인 지배인 신식민지 방식을 택하게 된 요인 중 하나가 되었을 것이다.

폭동이 확산되자 미군정은 탱크와 기관총에 비행기까지 동원해 진압 작전에 나섰다. 총기 사용과 살상이 허용된 가운데 경찰, 국방경비대, 정치깡패 등 온갖 탄압기구가 총동원 되었다. 그러나 무장 투쟁은 마산, 진주, 대구, 통영, 울산 할 것 없이 남한 전 지역으로 번졌으며 이 과정에서 1,500여 명이 생명을 잃었고 6,000여 명이 부상을 입었다.

시위 군중이 처음부터 경찰지서를 공격해 무장 투쟁을 벌이던 지방 소읍들과 달리, 부산과 서울은 평화적인 시위와 파업으로 항쟁 기간을 넘겼다. 부산역 앞에 수천 명이 모여 미군 철수와 파업 지지를 외친 것이 제일 큰 집회였다.

"미군은 물러가라!"

"노동자들의 파업을 절대 지지한다!"

전평 소속 조합원만이 아니라 굶주리고 분노한 일반 시민들도 다수였다. 구호와 연설이 있었을 뿐, 무장한 사람은 없었다. 그런데 집회 분위기가 한창 무르익었을 때 돌연 요란한 총성이 울렸다. 경찰이 발포를 해 버린 것이다. 십여 명이 피를 흘리며 쓰러졌다.

"사람이 죽었다!"

"경찰이 사람을 죽였다!"

역 광장은 아수라장이 되었고 겁에 질린 시민들은 사방으로 달아나기 시작했다. 전평 조합원들은 시신과 부상자들을 수습하는 한편, 일부는 서로서로 손을 잡은 채 광장을 지켰다.

"폭력 경찰 물러가라!"

"학살 책임자를 처벌하라!"

경찰은 일제히 몰려와 조합원들을 연행하기 시작했다. 난투극이 벌어졌으나 장총의 개머리판과 곤봉을 이길 수는 없었다. 40여 명의 노동자들이 연행되면서 집회는 더 이상 확산되지 못했다.

이수갑은 이번에는 잡히지 않고 아슬아슬하게 피신할 수 있었다. 당 간부들은 새로운 조직 사업을 위해서라도 체포가 되어서는 안 되었다. 조선 공산당이 없어지고 남로당으로 전환되는 시기였기 때문이다.

전국적인 항쟁이 두 달이나 계속되는 동안, 좌파 정당들은 한바탕 이합집산을 겪고 있었다. 조선공산당을 중심으로 남조선신민당과 조선인민당이 합쳐지는 3당 합당이 추진된 것이다. 한국과 같은 식민지 반봉건 사회에서는 즉각적인 사회주의 혁명에 앞서 부르주아민주주의 혁명부터 완수해야 하며, 이를 위해 반제국주의에 동의하는 모든 세력과 손을 잡아야 한다는 스탈린의 결정에 따른 것이었다. 신당의 명칭은 남조선노동당, 약칭 남로당으로 정해졌다. 38선 북쪽에는 북조선노동당, 약칭 북로당이 창당된다.

합당의 진행은 쉽지 않았다. 공산당이 합당을 주도하는 데 반발한 신민당과 인민당의 일부 당원들이 각자의 당에 잔류해 정당의 숫자는 여전히 3개로 유지되었다. 이 과정에서 여운형 등 대중적 명망을 가진 인물들도 떨어져 나갔다. 하지만 신생 남로당의 위세는 대단했다. 1946년 11월 23일에 창당된 남로당에 가입하려는 사람이 줄을 이어, 당원은 금방 20만 명을 넘어섰다.

이수갑은 당연히 남로당으로 적을 옮겼다. 후세의 진보 사학자 중에는 9월 총파업과 10월항쟁이 조선공산당과 전평의 좌익모험주의 노선의 산물로, 극좌적 투쟁으로 인해 진보 세력이 큰 타격을 입었다고 보는 이들이 있으나 현장에서 직접 상황을 경험한 이수갑은 이에 전혀 동의하지 않는다. 수많은 희생이 있었음에도 불구하고 조직이 파괴되기는커녕 대중적인 지지가 더욱 탄탄해졌다고 그는 주장한다. 사실상 조선공산당의 후신인 남로당에 가입하려는 대중의 열풍을 본인이 직접 조직했기 때문이었다.

이는 이수갑만의 주장은 아니다. 조선공산당 당원으로 전평 대구화학노련 책임자였던 이일재 같은 이도 살아생전에 이수갑과 같은 주장을 되풀이했다. 10월항쟁의 현장 책임자 중 21세기까지 살아남은 드문 생존자인 두 사람의 의견은 같았다.

좌파의 기세가 꺾이지 않으니 남로당을 향한 우파와 미국의 총공세는 불가피했다. 40년 일본인 치하에서도 겪어 보지 못했던, 살아남는 것만도 기적인 끔찍한 시간이 시작되었다.

6. 오르그가 되어

　10월항쟁은 겨울로 접어들면서 진정 국면으로 접어들었고 철도도 정상적으로 운행되었다. 파업에 참여했던 조합원들도 제자리를 찾아 돌아갔다. 그러나 이수갑은 돌아갈 수가 없었다.

　어느 날 아침, 출근을 하는데 여기저기 거동이 수상한 사람들이 눈에 띄었다. 그들 중에는 눈에 익은 사람들도 있었다. 수배령이 떨어진 자들을 체포하려고 잠복근무하는 형사들이었다. 출근을 못하고 멀찍이 떨어져서 지켜보기만 하다가 며칠이 흘렀다. 안 되겠다 싶어 경찰이 없는 꼭두새벽에 출근해 보니 공장 담벼락에 자신을 포함한 파업 주동자들의 해고를 알리는 공고문이 붙어 있었다. 사유는 장기 미출근이었다. 철도국에 취업한 지 1년여 만에 해고된 것이었다. 지난 1년은 그의 평생을 통틀어 유일하게 정규직으로 직장을 가졌던 기간이 되었다.

　정치적으로는 남로당으로 결집되었다지만, 노동 현장에서는 10월항쟁의 타격이 컸다. 당원이야 직장에 상관없이 가입이 가능하지만, 노동 현장에서는 이수갑처럼 해고된 노동자가 너무 많았다. 전평노조 사무실은 다 파괴되었고, 대한노총 간판이 대신 걸렸다. 용품 사무소 분회를 포함해 부산 철도국 산하 분회들도 모두 대한노총의 분회가 되어 버렸다.

　해방되고 불과 1년 만에 다시 암울한 세상이 된 것이다. 하지만 그 1년은 이수갑의 평생을 좌우하는 가치관이 만들어진 의미 깊은 기간이었다.

　역사적 유물론과 계급투쟁론을 토대로 한 사회주의 혁명의 꿈은 그를 새로 태어나게 했다. 사회주의 혁명만이 인간을 인간답게 살 수 있으리라 믿게 되었다. 사람 취급을 못 받던 식민지 백성들의 삶을 인간의 길로 인도하고 싶었다. 먹고 사는 일에 차별을 없애고 일한 만큼 정당한 대가를 받으며 누구나 똑같은 권리를 누리는 자랑스러운 나라를 만들고 싶었다. 봉건 왕조와 식민지의 잔재를 깨끗이 청산한 자리에 벽돌을 쌓듯 차근차근 새로운 나라를 만들어나가고 싶었다.

비록 공개, 합법적인 노조로서의 전평은 깨졌지만, 이수갑을 비롯한 많은 청년들이 품었던 사회주의 혁명의 열망은 더욱 강화되었다. 일반 노동자들의 마음이 떠난 것도 아니었다. 폭압의 공포에 억눌렸을 뿐, 분노는 쌓일 대로 쌓여 언제는 폭발되리라고, 적어도 이수갑은 믿었다. 전평과 남로당에서 내건 지침은 여전히 다수 대중의 지지를 받고 있다고, 사회주의자들의 주의 주장은 여전히 정의의 기준이며, 우파들은 그걸 막으려 발광을 하는 거라고 믿었다.

연락망이 끊어져 조바심을 하고 있던 어느 날, 드디어 윗선에서 연락이 왔다. 혹시 모를 미행을 따돌리기 위해 몇 번이나 골목을 돌며 확인하고 비밀 아지트에 들어서니 다시는 보지 못하는 줄 알았던 동지들이 기다리고 있었다.

"이수갑 동무! 무사했군요. 다시 만나서 반갑습니다."

"동무들도 살았군요!"

살아서 다시 만난 것만도 감동인 세월이 올 줄을 누가 알았을까? 다들 반가워하며 손을 잡고 끌어안았다. 죽지 않고 몸성히 다시 만난 것도 기뻤지만 무엇보다 기쁜 것은 운동이 죽지 않았다는 사실 때문이었다. 경남도당에서 내려온 당 간부는 말했다.

"이제부터는 우리 활동이 더 어려워질 것이오. 하지만 전평의 정신은 죽지 않았소. 정신이 죽지 않는 한 조직은 절대로 무너지지 않습니다. 조직의 핵심이 살아 있으면 조직은 무너지지 않습니다. 여기 모인 동지들은 조직의 중요한 핵심들입니다. 역사 발전에 대한 낙관적 믿음을 잃지 말고, 더욱 가열차게 투쟁합시다."

조직의 핵심이 살아 있으면 그 조직은 무너지지 않는다는 말이 가슴에 깊이 새겨졌다. 이수갑은 말했다.

"대한노총에 사무실을 빼앗겼지만 다수 노동자들의 동의에 의한 것이 아니기에 무효입니다. 대한노총에 가입한 노동자들은 놈들의 강압과 회유에 의해 어쩔 수 없이 받아들이는 척하고 있을 뿐입니다. 여러분도 잘 아시겠지만, 대다수 노동자들의 마음은 여전히 우리 전평을 지지하고 있습니다. 노동자들의 믿음에 부응할 수 있도록 우리가 더 열심히, 목숨 바쳐 투쟁해야 한다고 봅니다."

"이수갑 동무 말에 적극 공감하오. 다수 노동자가 대한노총의 조합원이 되었지만 전평의 정신을 그대로 가지고 있는 동료들이 더 많다는 걸 잊으면 안 됩니다. 그들을 재조직해야 합니다. 그러나 지금까지와 달리 비공개로, 비밀 조직으로 만들어야 합니다."

비밀 조직에 필요한 지침들을 말해 준 후, 당 간부는 이수갑이 평생을 잊지 못하고 간직하게 될 또 다른 지침을 내렸다. 창의력을 발휘하라는 지침이었다.

"적의 추적이 갈수록 심해지고 있어서 이제부터는 세세한 것까지 지시하기 어려울 것이오. 지금이야말로 동지들의 흔들림 없는 신념과 투지가 필요할 때요. 동지들은 조직의 핵심으로서, 선이 떨어지더라도 전평의 원칙에 입각해서 스스로 창의력을 발휘해서 조직을 재건하시오."

전화와 편지는 기본적으로 검열되고 있어 비밀스런 연락은 인편으로 해야 했는데 체포되거나 수배로 인해 연락망이 끊어지는 것을 선이 떨어진다고 했다. 선이 떨어지더라도 스스로 창의력을 발휘해 조직을 계속하라는 말을, 이수갑은 가슴에 깊이 새겼다. 핵심이 살아 있으면 조직은 죽지 않는다는 말과 함께, 평생 잊지 못할 또 하나의 지침이었다.

아직 선이 떨어진 것은 아니었다. 이날 회의에서 이수갑은 남로당 경남 도당 부산지구당 철도 담당 조직책, 곧 노책 오르그가 되었다. 오르그는 철저한 지하 활동가로, 모든 것이 가명으로 이뤄졌다. 공산청년동맹 시절부터 비밀 조직을 해 봤기에 지하 활동이 낯설지는 않았다.

각 오르그들에게 주어진 제일의 시급한 사안은 전평의 재건이었다. 노조 사무실은커녕 철도국에 마음대로 드나들기도 어려우니 노동자들을 만나기가 쉽지 않았다. 특히 얼굴이 알려진 이수갑은 철도국 근처에도 가기 힘들었다. 그렇다고 구체적으로 무얼 어떻게 해야 하느냐고 상부에 질의를 할 수도 없었다. 창의성을 살려야 했다.

철도국 공장 부지 안에는 사용하지 않는 화물 열차가 한 량 서 있었다. 야간 작업자들의 임시 사무실로 밥을 끓여 먹거나 쉼터로 사용하는 공간이었다. 그곳을 전평 조합원들의 비밀 아지트로 정했다. 이수갑은 철도국 바깥의 아지트에서 보고를 받는 가운데, 현장 노동자들은 그곳에서 비밀 회동을 하고 학습 모임을 했다. 그것도 일부러 환한 낮 시간에 진행하니 철도경찰은 철도 공장 내부에 전평의 비밀 기지가 있을 거라고는 짐작도 못했다.

현장 내 조합원들의 기본 임무는 미가입 노동자들로부터 가입 원서를 받거나 혹은 전평을 지지한다는 서명을 받는 일이었다. 이를 토대로 파업에 돌입할 경우 참여 가능한 조합원이 몇 명이나 될까를 주기적으로 상부에 보고했다. 철도국 간부들의 동향과 대한노총의 동향도 파악해 보고했다.

얇은 미농지에 깨알 같은 글씨로 적은 보고문은 가늘게 말아서 만년필 속에 넣었다. 그리고 역무원에게 접근해 마치 다른 볼일을 보는 것처럼, 혹은 손님으로 가장해 이야기를 주고받는 척하면서 슬그머니 만년필을 교환했다. 발각될 것 같은 돌발 상황이 발생하면 얼른 미농지를 빼서 씹어 삼켜 버렸다.

남로당원인 역무원은 취합한 보고문을 비밀 연락원을 통해 현장 바깥의 이수갑에게 전달했다. 연락원은 이수갑으로부터 상부에서 내려온 명령문을 수령해 가는 역할도 했다. 이때의 교류는 주로 어두운 밤거리에서 모르는 척 스쳐 지나가며 쪽지를 주고받는 방식으로 이뤄졌는데, 가장 위험한 시간이었다. 이쪽이 어둠 속에 몸을 숨긴 것과 마찬가지로 형사들도 어둠 속에 숨은 채 미행을 해 올 수 있기 때문이었다. 길을 건너다가 전봇대 옆에서 두 번째 단추를 만진다든지, 머리카락을 쓰다듬는다는 식으로 암호도 매일 바꾸었고 아지트도 계속 바꿨다.

아지트를 바꾸는 게 가장 신경 쓰이는 일이었다. 주로 마루보시 사택촌을 아지트로 활용했지만 범내골 행정산도 자주 이용했다. 산속의 가옥이 아니라, 그냥 숲에 숨었다는 뜻이다. 숲이 많아서 숨을 곳도 많았지만 접선이 늦어질 때는 그대로 산의 동굴 같은 데서 잠을 잘 수 있어 좋았다. 접선을 위해 올라오는 연락원들은 밤길을 무서워했으나 이수갑은 겁이 없었다.

철도경찰대 소속 사복형사들과 대한노총 조합원들의 감시망은 나날이 촘촘해졌다. 그 철저한 감시망 속에서도 전평 조합원들은 상부에서 내려온 지침이나 철도노조에서 자체적으로 결정한 명령들을 교묘하게 전달했다. 이수갑이 하부의 보고서와 상부의 명령을 기초로 하여 작성한 활동 지침은 밀양, 진주, 마산 등 남로당 경남도당 산하의 주요 기차역으로 전파되었다.

철도국 공터에 있던 화물차 아지트는 1947년 봄의 총파업 때까지 유지되었다. 몇 개월이나 드러나지 않은 것만도 대단했다. 조합원이 아닌 노동자들도 무수히 드나들었음에도 밀고가 되지 않았다는 것은 대다수 노동자들이 심정적으로나마 전평을 지지한다는 뜻이기도 했다.

철도국의 간부 직원 중에는 전평을 비방하고 대한노총을 지지하는 이들이 많았다. 나아가 은밀히 노동자들의 동태를 감시하는 이들도 있었다. 정보원을 관리하는 황 부장이란 자가 대표적이었다. 그는 뻔질나게 대한노총 사무실을 드나들고 퇴근 후에도 같이 어울려 술 마시러 다니는 날이 많았다.

공교롭게도 그 무렵 대한노총 감찰부에서 전평 소속 조합원들을 소환하기 시작했다. 그들은 잡혀온 노동자 주위로 몽둥이를 들고 서서 추궁했다.

"너희들, 전평 조직원하고 연결돼 있는 거 아니냐?"

"전평이라니요, 그거야 대한노총이 다 박살내 버리지 않았습니까?"

전평 가입 사실이 밝혀지면 해고는 물론, 언제 쇠파이프로 뒤통수를 맞아 죽을지 몰랐다. 조합원들은 자기 정체를 숨기기 위해 일반 노동자들보다 더 강하게 전평을 비난하고 원망하여 시치미를 뗐다. 다행히 물증을 확보하지 못한 그들은 몇몇 조합원들을 불러 다그치는 정도에서 끝났다.

"누구지? 누가 우리 움직임을 밀고를 한 거야."

"황 부장이 가장 의심스러워."

사람들은 황 부장을 의심했으나 함부로 폭력을 쓰지는 않았다. 누가 지시한 것도 아닌데 태업 아닌 태업이 일어났다. 황 부장으로부터 떨어진 작업 지시는 말단까지 가 닿지 않고 어디선가 흐지부지 사라져 버렸다. 반대로 올라가야 할 보고는 평상시보다 두 배, 세 배의 시간이 걸렸다. 황 부장이 무슨 일을 시킬라 치면 다들 배가 아프다, 졸음이 온다, 아무래도 고장이 난 것 같다, 공구가 없다느니 구실을 붙여 게으름을 피웠다. 그것은 마치 감기처럼 전염되어 한동안 황 부장을 곤욕스럽게 했다.

철도 노동자들은 월급만 적은 게 아니었다. 노동 시간도 너무 길었다. 24시간을 근무하고 한나절을 쉬는 방식인데 집에 오가는 시간을 빼면 간신히 4시간 남짓 잘 수 있었다. 그나마도 잘 지켜지지 않아 다들 과로가 누적되어 있었다. 이런 조건에서도 철도노조가 활발하게 활동할 수 있었던 것은 노동자들이 집단적으로 모여 있다는 조건과 그로 인해 노동자들의 의식 수준이 고양되어 있었기 때문이었다.

우익의 테러는 나날이 강도가 높아져갔다. 이범석 등 민족주의 정치인들은 미군정의 자금으로 우익 청년단원들을 훈련시켜 군인과 경찰에 편입시켰다. 그들은 미군정 경찰의 보호와 지원 아래 무소불위의 폭력을 행사했다. 집회나 행사장의 난입은 기본이고 지방에서는 특별한 사건이 없어도 남로당 간부나 당원들을 끌고 가 죽도록 두들겨 패고 진짜로 죽으면 보란 듯이 내다 버렸다.

"우익들에게 아무리 테러를 당하더라도 우리는 폭력으로 대하면 안 된다."

이수갑은 교육 받은 대로 말했으나 반발하는 조합원도 있었다.

"우리는 왜 맨날 당해야 됩니까? 저자들이 얼마나 악랄한지 몰라서 그런 말을 합니까? 우리가 순순히 당하고만 있으니까 더 기세가 등등해지는 거 아닙니까? 우리도 본때를 보여 줘야 됩니다."

여러 사람이 항의할 때마다 이수갑은 상부의 지침대로 답변했다.

"동지들의 심정을 모를 리가 있겠습니까? 저라고 해서 무슨 성인군자도 아닌데 왜 분통이 터지지 않겠습니까? 그러나 우리 운동의 목표는 우익을 타도하는 게 아니라, 하루빨리 해방된 독립 국가를 건설하는 일입니다. 그러기 위해서는 대중의 전폭적인 지지를 받아야 합니다. 대중 속에서 눈높이를 맞춰야 합니다. 우리가 저들과 똑같이 폭력 행위를 하면 대중은 우리까지 외면하고 말 것입니다. 그것은 곧 이적 행위나 다름없습니다. 그래서 미치도록 억울하고 이가 갈리도록 분해도 폭력을 자제하자는 겁니다."

사실, 평화적으로 대응한다고 해서 우익의 폭력이 줄어들 리는 없었다. 재판소가 저들 편이니, 법에 따라 대응하는 것도 무의미했다. 경찰에 신고해 봐야 그들을 감싸고 들 뿐 아니라, 오히려 경찰이 앞장서서 탈법과 불법을 자행했다.

경찰은 1947년 2월 19일에는 전평 부위원장 박세영 집을 습격해 회의 중이던 51명의 전평 간부를 체포해 군정 재판에 넘겼다. 전평 위원장 허성택, 남로당 간부 부장 이현상 등이 포함되어 있었다. 검거 명분은 무허가 집회를 열었다는 것으로, 가두시위도 아니고 집에서 회의를 연 것까지 멋대로 집회 및 시위에 관한 법률을 적용한 것이었다. 재판 결과 허성택과 박세영은 징역 1년을 선고 받았다. 나머지는 징역 1개월을 받았다가 무죄로 석방되기는 했으나 형무소 문을 나서자마자 대기하고 있던 형사대가 덮쳐 이현상과 문은종 등 5명을 재구속 시켰다. 이번의 죄명은 계엄 포고령 위반이었다. 자기들 편한 대로 아무렇게나 붙이는 게 법조항이었다.

이렇듯 집 안에서 회의를 했다고 집회법 위반으로 구속시킬 정도니 경찰을 찾아가 우익의 테러를 막아달라고 호소하는 것은 웃음거리에 지나지 않았다. 남로당 활동을 하다가 경찰에 끌려가면 살아 나오기만 해도 다행이었다. 여자들의 경우에는 지하 수사실 같은 데로 끌려가 발가벗긴 채 능욕을 당하는 일이 공공연하게 벌어졌으나 항의해 봐야 공개적으로 수치만 당하니 쉬쉬하고 말았다.

테러 조직 중 가장 크고 잔인한 단체가 서북청년단이었다. 대지주와 공장주들의 자금 지원과 경찰의 지원으로 유지되는 이 단체는 법도 인륜도 무시하는 무소불위의 전권을 가지고 있었다. 단원들은 주로 해방 뒤 북한에 소련군이 주둔하고 공산화되는 과정에서 식민지 시대의 행정 관청에서 쫓겨난 부역자들부터 지주의 자식들, 사회주의 정책에 반발한 지식인 등 난민들이었다. 남쪽에 별다른 연고가 없어 실업 상태이던 이들에게 좌파 타도의 기회를 주고 먹고 잠잘 곳을 제공한 근거지가 바로 서북청년단이었다.

철도노조뿐 아니라 공산청년동맹에서 이름을 바꾼 민애청과 여맹 등 관여하는 단체가 한두 개가 아닌 이수갑은 당연히 부산 경남의 서북청년단들이 노리는 핵심 목표 중 하나였다.

저들도 1946년까지는 마루보시 주택만큼은 함부로 넘보지 못했다. 그곳이 좌파들의 온상이라는 걸 알지만 주변만 돌 뿐 안으로 들어올 생각은 못했다. 그런데 1947년이 되면서 노골적인 공세를 시작했다. 서북청년단은 마루보시 마을 입구에 방범대 간판을 붙인 초소를 지어 놓고 경찰로부터 수배자 명단을 건네받아 함부로 도로를 차단하고 검문검색을 벌이기도 하고, 빨갱이를 잡는다며 아무 집이나 들이닥쳐 살림살이를 홀랑 뒤집어 놓곤 했다.

어느 날은 이수갑을 잡겠다며 몽둥이를 든 한 떼의 서북청년단원들이 마루보시 사택 안의 민애청 사무실에 들이닥쳤다.

"여기가 이수갑이 하는 사무실이냐?"

"이수갑이 어딨나? 나오라 그래!"

이수갑은 마침 그 자리에 없었다. 서북청년단원들은 쇠파이프와 각목으로 집기들을 때려 부수고 문짝과 창문까지 박살냈다. 그리고는 여맹 사무실까지 몰려가 난장판을 만들어 버렸다.

다음 날 소식을 듣고 사무실로 달려온 이수갑은 폭삭 무너진 사무실 광경에 할 말을 잃었다. 그곳은 마루보시 청년들의 사랑방 같은 곳으로, 이수 갑은 중요한 일이 있을 때나 잠깐씩 들릴 뿐이었다. 이수갑은 자기 때문에 이 지경이 되었구나 생각하니 참을 수가 없었다.

"우리도 갑시다! 가서 본때를 보여줍시다!"

분노한 청년들은 몽둥이를 찾아들었다. 이수갑도 청년들과 함께 서북청 년단 사무실로 달려갔다. 서북청년단원들은 거창한 명목으로 반공을 내세 웠을 뿐, 미군정으로부터 월급 받고 보호 받으며 사람 죽이는 데 동원되는 청부업자들에 불과했다. 좌파들은 목숨을 건 신념으로 싸우지만, 그들은 자기가 조금이라도 불리하거나 생명이 위험하다 싶으면 바로 굴복하는 비 굴한 겁쟁이들이었다. 역시 서북청년단원들은 총알같이 도망가 버리고 없 었다. 몰려갔던 청년들이 몽둥이를 치켜들며 소리쳤다.

"우리도 다 부셔버립시다!"

"우리도 똑같이 갚아줍시다!"

다들 흥분해서 외치는데 서북청년단과 똑같은 짓을 할 수 없다는 생각이 스쳤다. 이수갑은 그들을 막아섰다.

"동지들 잠깐 멈춰 보십시오!"

자기 자신도 흥분해서 달려오기는 했지만 같은 방식의 분풀이는 졸렬한 짓이라는 생각을 토로했다.

"여러분, 놈들을 쫓아낸 걸로 만족하고 돌아갑시다. 테러를 테러로 갚는 것은 당의 지침과도 어긋납니다. 우리가 참읍시다."

민애청 회원들은 아쉬워하며 발길을 돌렸다. 자기네 사무실을 건드리지 않았다고 해서 서북청년단이 개과천선할 리는 없었다. 실제로 그 뒤로도 공세는 더욱 강해졌다. 하지만, 적어도 그들과는 다른 집단이라는 자존심 은 지킬 수 있었다.

민애청 사무실뿐 아니라 마루보시 사택촌 전체가 이수갑이 애용하던 아 지트였다. 가파른 비탈에 똑같은 모양의 긴 기와집이 겹겹이 늘어서서 처 음 들어오는 사람은 위치 감각을 잃기 쉬웠다. 긴 지붕 아래에는 하나로 연결된 다락이 있어 다락으로 올라가면 어느 집으로든 빠져나갈 수 있었다. 사택촌 옆에는 어구를 만드는 소규모 공장들이 복잡하게 엉켜 있어 일단 마을을 벗어나면 추적을 따돌리기 어렵지 않았다.

사택촌과 인근 지리를 훤히 꿰고 있던 이수갑은 청년 회원들의 집들을 돌아가며 아지트로 삼아 전단이나 벽보도 쓰고 회합을 가졌다. 사복의 골목들 입구에는 청년들이 교대로 망을 보기 때문에 조금만 수상한 사람들이 들어오면 바로 전달이 되었다. 골목을 빙 돌면서 비상 경계령을 알리는 연락책도 따로 있었다.

어느 날이었다. 이수갑이 숨어 있던 사택에 형사 둘이 불시에 찾아왔다. 망을 보는 청년들이 놓친 모양이었다. 문을 박차고 들어온 형사들은 당황한 이수갑의 발을 걸어 넘어뜨리고는 구둣발로 허리를 밟아 제압해 버렸다. 뭘 어떻게 해볼 새도 없이 불시에 당한 일이었다. 이수갑은 큰 소리로 고함을 쳤다.

"경찰이 사람 잡는다!"

청년들에게 보내는 신호였다. 형사들이 수건으로 입을 틀어막고 끌고 나가려 했으나 온몸으로 버티고 있으려니 청년 회원들과 주민들이 모여들었다. 사람들은 형사들이 이수갑을 데리고 가지 못하도록 길을 막아 버렸다. 주민들은 소리쳤다.

"오늘 잘 만났다. 여기가 니들 무덤인 줄 알아라!"

"나오기만 해 봐라. 맞아 죽을 줄 알어!"

사택에 갇혀 버린 형사들은 겁을 먹어 어찌할 줄을 몰라 했다. 이수갑이 먼저 형사들에게 제안했다.

"이런 상황에서 당신들 못 나갑니다. 내가 먼저 나가서 사람들을 달래 보겠소. 이 수갑을 풀어 주시오."

"당신을 어떻게 믿나?"

"팔 다리라도 부러져서 실려 가고 싶은 거요? 그렇다면 마음대로 하시오."

망설이던 형사들은 그의 수갑을 풀어주고 먼저 내보냈다. 이수갑이 나오자 주민들과 주민들이 양쪽으로 쫙 갈라지면서 길을 터주었다. 이수갑은 여유 있게 걸어서 그 사이를 빠져 나갔다.

"이수갑! 어디를 가는 거야? 거기 섯!"

형사들이 뒤따르려 하자 주민들은 다시 길을 막아 버렸다. 주민들에게 에워싸인 형사들은 이수갑이 사라지는 모습을 지켜보기만 할 뿐 어쩌지 못했다. 형사들은 속았다고 분해했지만, 이수갑 입장에서는 적에게 하는 거짓말은 죄가 아니었다.

무사히 빠져나온 이수갑은 한동안 사택촌 근처에 가지 않았다. 대신 범내골 행정산에 토막집을 지어 놓고 반쯤 노숙을 하며 활동했다. 벽보를 붙일 일이 많았다. 밤이 깊으면 담당 구역을 나누어 돌아다니며 벽보를 붙이고 행정산 입구로 돌아왔다. 아지트까지 여럿이 함께 걸어가도 산이 깊어 으스스했다. 그렇게 올라가는 걸 경찰이나 우익 청년들이 발견하고 따라올 때도 있었다. 그러면 위에서 돌을 마구 던졌다.

"이 새끼들아, 너네는 잠도 없냐?"

"자꾸 따라오면 바위를 굴려 버릴 테다."

소리를 지르며 돌멩이를 던지면 밑에서는 '아이쿠, 아이쿠' 하는 소리가 들렸다. 정상에서 청년동맹원들이 '인터내셔널 가'를 목청껏 부르면 그들은 그 기세에 눌려서 더 이상 쫓아오지 못했다.

이 정도만 해도 순진한 싸움이라 할 만했다. 대립의 골이 깊어지면서, 좌우 할 것 없이 점점 더 폭력의 수위가 높아지고 있었다. 식민지 시대에도 겪어 보지 못한 민족 내부의 갈등은 급격히 심화되어 과연 이 두 세력이 화합을 하게 되는 날이 오기나 할는지, 아니면 영영 이렇게 서로를 철천지원수처럼 여기며 싸워야 하는 건지 막막할 지경이었다. 어느 쪽인가는 먼저 손을 내려야 끝날 싸움이었지만, 그 어느 쪽도 먼저 화해를 청하지 않았다. 냉정히 인정하자면 일개 정당이나 말단 조직원들끼리 화해해서 끝날 일도 아니고, 남북의 당국자들이 화합한다고 될 일도 아닌, 세계사적인 대립이었다. 좌와 우, 진보와 보수의 둘 중 하나가 완전히 기진해 쓰러질 때까지, 오로지 죽기 살기로 싸우는 수밖에 없었다.

잔인한 폭력은 우파가 주도하고 있지만, 여론은 좌파에 불리했다. 해방 이듬해까지만 해도 좌파에 우호적이던 여론이 날이 갈수록 멀어져 갔다. 언론이 왜곡 보도를 한다거나, 민중들이 우익의 횡포가 무서워서 마음을 숨긴다고만 할 수는 없었다. 분쟁의 원인이 어디에 있든, 문제를 지적하며 싸움을 걸어 혼란을 일으키는 것이 좌파들이라며 귀찮게 여기는 이들이 점점 늘어나는 것도 사실이었다.

마루보시 사택촌에도 서서히 이수갑과 가깝게 지내지 말라는 말이 떠돌기 시작했다. 해방 초기에는 훌륭한 청년이라며 따르던 이들이 이런저런 탄압을 받으면서 점점 그와 멀어져 갔다. 의식이 투철한 젊은이들이 아니면 전면에 나서서 이수갑을 지지하는 걸 꺼리게 되었다. 민애청 회원 몇이 야간에 벽보를 붙이다가 체포되어 구속된 사건이 터지자 부모들이 찾아와 울며 하소연하기도 했다.

"아이고, 이 사람아. 요즘 빨갱이라고 한번 낙인찍히면 취직도 못하다던데, 이제 어쩔 것인가? 응? 자네가 내 아들 앞날을 책임질 건가? 구속까지 되었으니 이제는 전과자까지 되었으니 어쩌면 좋으냐 말일세."

잔인한 고문을 당하고 있는 자식을 가진 부모들에게는 어떤 논리도 설득도 통하지 않았다. 친일파의 득세를 막아야 한다거나 미국의 식민지가 되서는 안 된다는 말도 눈물 흘리는 어머니들 앞에서는 아무 소용이 없었다.

공산당원들을 비하하기 위해 만들어진 빨갱이라는 호칭은 사회주의자, 사회민주주의자, 민족주의자, 자유주의자 할 것 없이, 심지어는 자본주의자라 할지라도 부당한 현실을 개선해 보려는 모든 사람을 지칭하는 용어가 되었다. 특정인의 머릿속을 기계적으로 해부해 너는 사회주의자요, 너는 민족주의자라는 식으로 특정해 버리는 것은 위험한 일이었다. 이수갑이 그러하듯이, 정치 경제 구조로는 사회주의를 지향하면서도 감성적으로는 강한 민족의식을 갖고 있을 수 있기 때문이다. 더욱이 친일파의 재득세와 우익들의 만행에 분노해 싸움에 나선 열혈 민족주의 청년들에게 빨갱이라는 호칭은 맞지 않았다.

"집안에 빨갱이 하나 나면 삼대가 망한다."

불의에 저항하는 이들은 누구라도 빨갱이라는 말을 들어야 하는 공포 분위기 속에서도 이수갑을 밀고하는 사람은 없었다. 자기 자식은 단속하면서도 이수갑의 손을 잡으며 고생이 얼마나 많으냐고 위로의 말을 건네는 노인들도 있었다. 그래서인가, 이수갑이 담당하고 있던 부산 철도노조와 민애청은 어느 단체나 지역보다 많은 남로당원을 배출했다.

겁먹고 멀어져 가는 일반 대중들과 달리, 핵심 당원들과 조합원들의 신념은 더욱 단단해지기도 했다. 처음에는 단순한 의기나 이론으로 진보 운동에 가담했는데 잔혹한 폭력을 겪으면서 권력에 대한 반감이 굳어진 때문이었다. 심야의 유인물 배포, 집회와 시위, 체포 시 진술 거부 등 끊임없는 투쟁을 통해 단련된 덕분이기도 했다. 당에서 정예 활동가를 보내라고 지시가 내려올 때면 이수갑이 제일 많이 보냈다. 이렇게 올라간 정예 활동가를 '특선'이라고 불렀다.

행정산에 은둔해 사는 늙은 지식인을 만나기도 했다. 아내는 식민지 때 병으로 잃고 두 아들은 도시에 나가 있어 혼자 사는 이였는데 알고 보니 해방 직후에 부산 지역 일간지인 '대중신문사'의 기자단 단장을 했던 이였다.

10월항쟁으로 생활 터전에서 내쫓긴 좌파들이 도시 주변 산중에 숨어 살며 때로 식량 보급을 위해 민가에 접근하거나 지서를 공격해 무기를 탈취해 가는 일이 종종 벌어질 때였다. '야산대'라 불리는 이들은 머지않아 시작될 빨치산 투쟁의 모태가 될 것이었다.

따지고 보면 이수갑과 일행도 야산대의 한 종류라 할 수 있었다. 산중의 노인은 기자 출신이니 이수갑을 야산대로 볼 만한데도 일체 질문도 않고 신고도 하지 않으며 먹을 것과 입을 것, 잠자리까지 제공해 주었다. 어느 날 접선을 하러 하산했다가 그대로 아지트를 옮기는 바람에 다시 만날 수는 없었지만 고마운 사람으로 기억에 남았다.

여러 해가 지난 후, 도시에 나가 살던 두 아들이 전쟁 중 군경에게 학살되었다는 소식을 들었다. 아무리 산속에 숨어 살아도 이념전쟁의 피바람을 피하지는 못한 것이다. 홀로 된 노인이 그 뒤로 어떻게 살았는지, 언제 어떻게 죽었는가는 알 수 없었다. 인간은 그 누구도 자기 시대의 역사로부터 벗어날 수 없음을 보여준 것 같은 일이었다. 비겁자들은 그래도 피하려 애썼을지 몰라도, 이수갑은 비켜설 수 없다면 차라리 정면으로 맞서겠다던 한 명이었다.

7. 피의 3·1절

1947년 3월 1일, 해방되고 두 번째 맞는 3·1절이었다. 일본의 식민지가 되고 10년 만인 1919년 3월 1일 정오의 비폭력 만세 선언으로 시작해 무장 투쟁까지 이어진 두 달간의 항쟁으로 무려 7천 명이 죽고 4만여 명이 옥살이를 했던, 4천 년 역사상 최대의 저항 운동의 기념일이었다.

좌익과 우익은 아직 공산주의가 유입되기도 전에 일어난 이 민족적 거사의 기념일조차도 함께 할 수 없을 만큼 벌어져 있었다. 남로당은 전국 주요 도시에서 삼일절 기념식을 열도록 지시했고, 우익은 우익대로 다른 장소에서 기념식을 열었다.

좌파 쪽 집회의 주최는 작년 2월 26개 사회단체가 모여 결성한 민주주의민족전선, 약칭 '민전'이었다. 민전은 남로당을 비롯해 여운형, 김원봉 등 사회민주주의자나 민족주의 내 좌파들까지 총망라한 연합체로, 모스크바 3상 협정에 따라 즉시 미소공동위를 소집해 임시정부를 수립하여 남북 통일을 이루자는 목표로 만들어진 단체였다.

이수갑도 부산 민전과 협조해 3·1절 기념식을 준비하느라 바빴다. 행사 당일 부산 지역 전평 소속 노동자들을 인솔해 일일 파업을 벌이고 3·1절 기념식장으로 행진시키는 것이 그의 임무였다.

임무는 성공적으로 수행되었다. 부산에서만 1만 명 가까운 노동자들이 일일 파업에 동참하고 기념식에 참가했다. 해방 후 귀환민의 대거 유입으로 인구가 폭증했다지만 여전히 20만 명이 안 되고 노동자 숫자도 많지 않은 부산에서 이만한 숫자가 모인 것도 대단한 성공이었다. 이 평화로운 집회가, 더구나 좌우익이란 개념도 없던 시절에 일어난 3·1 만세운동을 기념하는 집회가 피로 물들어 버릴 줄은 몰랐다.

이날, 좌파 쪽 기념식은 토성국민학교 운동장에서 열렸다. 민전 산하 단체들이 모두 참가했는데 숫자로는 전평이 압도적이었으며, 약칭 전농이라 부르는 전국농민회, 약칭 민애청이라 부르는 조선민주애국청년동맹, 여맹이라 부르던 여성동맹 등이 뒤를 이었다. 그밖에 민전과 상관없이 참가한 개인들까지 모여 들어, 반대 쪽 집회 숫자는 항상 축소하기 마련인 경찰도 8천 명이라고 보고했다.

각 단체마다 내건 헤아릴 수 없는 현수막들이 아직 싸늘한 초봄의 바닷바람을 타고 펄럭거리는 가운데 끊임없이 박수와 구호가 터져 나왔다.

"모든 주권을 조선 인민에게 즉시 이양하라!"

"미소공동위원회는 모든 권한을 즉시 인민위원회로 넘겨라!"

"미군은 돌아가라!"

어떤 이념적 갈등도 없이 온 민족이 일체가 되어 일본의 침략으로부터 벗어나고자 태극기를 흔들었던 그날을 기념하는 자리건만, 좌파는 미국을 또 다른 식민지 종주국이라며 물러가라 하고, 우익은 반대로 38선 이북의 소련군이 물러나야 한다고 서로를 비난하고 있었다.

'어떻게 쟁취한 독립인데, 간신히 벗어난 식민지 시대로 다시 돌아가는 것인가? 아니, 애초에 식민지에서 벗어나 본 적도 없는 것일까? 8월 15일의 감동은 환각에 불과했던 것일까?'

불안하고 슬픈 마음이 이수갑만의 것은 아니었을 것이다. 그래도 집회는 흥겹게 진행되었다. 아침 10시부터 시작해 각 단체장의 연설을 듣고 선전대의 노래와 연극 공연이 오후까지 흥겹게 이어졌다. 전평의 노래는 언제 불러도 그의 가슴을 때렸다.

우리들은 약한 자 프롤레타리아
착취 받고 압박 받은 우리들이다

노동자들아 단결하자, 노동조합의 깃발 아래서
　　우리들의 피 흘리는 곳에 자유와 사해는 모인다

　한창 사해 만민의 자유와 평등을 노래하고 있을 때였다. 경비를 맡은 노동자들이 경찰의 진입을 막고 있던 교문 앞이 소란하더니 청년 몇이 운동장으로 뛰어 들어왔다. 우익 쪽 행사장에서 3·1절 기념식을 마치고 온 청년들이었다. 말릴 새도 없이 연단에 뛰어오른 두 청년은 스피커와 방송 집기를 발길로 걷어차며 소리쳤다.

　"우리는 광복청년단이다! 민족을 분열시키는 빨갱이 짓을 때려치워라!"

　"빨갱이들에게 속지 말고 어서 해산하고 집에 가시오!"

　운동장의 군중은 소란해졌다.

　"저거 뭐하는 놈들이냐? 저놈들 끌어내라!"

　"서민들 갈취해 먹고 살던 깡패들이 이제 훈계까지 하네!"

　격분한 노동자와 청년들이 연단으로 몰려 올라가 우익 청년들을 붙잡으려 했다. 두 청년은 주먹과 발을 휘두르며 저항했으나 곧 여러 사람에 의해 제압되었다.

　바로 그때였다. 경찰 트럭 한 대가 경적을 울리며 정문을 통과해 들어왔다. 집회를 방해한 두 청년을 체포해 간다는 명목이었다. 경찰이 연단과 주변의 청년들을 거칠게 밀쳐 내고 두 청년을 트럭에 태우자 군중들의 야유가 쏟아졌다.

　"저게 체포하는 거냐! 보호하는 거지!"

　"경찰도 한통속이다! 독립투사들 고문하고 죽이던 바로 그놈들이야!"

　경찰이 두 사람을 유치장에 넣으려고 체포해 가는 게 아니라 안전하게 데리고 나가는 거라고 판단한 군중은 더욱 흥분했다.

　"못 나가게 막아라!"

　일부 군중이 화단의 돌을 주워 트럭을 향해 던지기 시작했다. 운동장 입구에서는 좌우의 청년들이 제각기 삽자루나 각목을 휘두르며 난투극을 벌이기 시작했다.

몇 발의 총성이 울린 것은 난장판이 되고 2, 3분 후였다. 주최 측일 리가 없었다. 좌파들은 총도 거의 갖고 있지 않을 뿐더러, 총소리를 냄으로써 자신의 집회를 스스로 망칠 이유가 없었다. 생명이 위독할 만큼 급박한 자위 상황이 아닌 이상 폭력을 쓰지 말라는 남로당 중앙의 명령은 아직 유효했다. 드러내놓고 권총을 자랑하고 다니던 우익 청년단원의 소행이 분명했다.

경찰은 총소리의 기회를 놓치지 않았다. 교문 밖에 대기하고 있던 경찰관들이 어깨의 카빈 소총을 내려 군중 쪽을 향했다. 다른 도시에서도 똑같은 상황이 벌어진 것으로 보아 사전에 서로 짜고 우익 청년단의 발포를 신호탄으로 삼은 게 분명했다. 경찰의 발포로 노동자 몇이 쓰러졌다.

"여기 맞았다!"

"사람 죽었다!"

군중들은 비명을 지르며 이리저리 흩어져 달아나기 시작했으나 총성은 멈추지 않았다. 십여 분의 총격이 계속되었다. 대부분 공중을 향해 공포탄으로 날아갔지만 군중을 향해 직격탄으로 날아온 것도 있었다. 나중에 탄피를 발견하고 확인한 것만 250발이 넘었다. 허공으로 쏘았든 하향 사격을 했든 모든 총알의 방향은 집회 참가자들을 향하고 있었다. 우익 청년단이 단상을 점거한 소동을 일으킨 것은 총격의 근거를 만들기 위함이었음이 명백했다.

이날 부산에서 사망한 사람은 7명이었다. 남로당 부산시당은 이들의 시신을 수습해 장례를 치르는 한편으로 긴급 대책회의를 열었다. 이수갑도 참석한 부산시당 회의는 참담했다. 전국에서 16명이 경찰의 총격으로 숨지고 수십 명이 치명상을 입었다는 보고였다. 구경하던 소년까지 6명이 사망해 부산 다음으로 많은 사람이 살해된 제주도 소식이 긴박했다.

"제주에서는 현재 대대적인 시위가 벌어지고 있는데, 시민을 죽인 경찰을 사형시키라는 요구와 함께 경찰을 아예 해체해 버리라는 요구 사항도 나왔다고 합니다."

서울과 연락이 닿은 이는 서울 소식을 전했다.

"서울 남대문 아래 남로당 본부에도 경찰이 총격을 가했다고 합니다. 남로당에서 누군가 우익 군중에게 총을 쏘았다는 명분인데, 분명히 경찰의 조작일 겁니다."

참석자들은 주먹으로 방바닥을 치며 경찰을 비난했다. 흥분을 자제하고 후속 대책을 모색하자는 말은 비난에 묻혀 버렸다.

"우리도 무장을 해야 합니다. 이런 식으로 당하면 어떻게 대중들을 설득할 수 있습니까? 총알 맞으며 같이 하자는 말에 누가 따르겠습니까?"

간부 하나가 흥분해서 무장 투쟁을 주장했지만 다수의 찬성을 얻지는 못했다. 서울에는 유독 악랄한 극우 반동들을 골라 처단하는 비밀 군사조직이 있다는 미확인된 소문도 없지 않았으나 폭력적인 수단이 아닌 선동 선전으로 대중을 이끈다는 중앙당의 원칙은 변함이 없었다. 회의는 사망자 장례식과 부상자 구호 사업에 대한 결정밖에 내지 못한 채 끝났다.

토평국민학교 운동장을 피로 물들인 3·1절 기념식 이후 당원들은 두 부류로 나뉘어졌다. 보다 강경한 투사가 되는 사람들과 뒤로 물러나는 사람들이었다. 게다가 그날 동시에 행해진 일일 파업은 겨우 복구하고 있던 부산의 전평 조직을 상당히 와해시켜 버렸다.

이수갑은 전평 조직이 빠르게 와해된 이유에 대해, 1947년 3·1절의 일일 파업으로 조합원이 누구인가 드러나 개별적으로 탄압을 받은 데 있었지만, 조직 내부에 늘어난 배신자들 때문이라고 생각했다.

조선공산당은 입당 절차가 매우 까다로운 3만 명의 정예조직이었으나 남로당은 신청만 하면 누구나 가입이 승인되는 대중정당이었다. 미군정과 우익은 이를 이용해 남로당에 수많은 밀정들을 투입시켰다. 밀정에 의해 활동이 드러난 당원 중에도 감방에 가지 않기 위해 경찰의 정보원으로 변신하는 이들이 속출했다. 외부도 아닌 내부의 공격을 받게 된 지역 조직들은 복구할 방법도 없이 붕괴할 수밖에 없었다는 게 이수갑의 생각이었다.

이수갑이 생각하기로, 경찰의 밀정들은 열성 당원이나 중간 간부로 맹렬히 활동하여 신뢰를 얻으면서 조직을 교란했다. 이들은 조직 상층부에까지 접근하여 주도권을 행사했다. 특이한 것은 그들의 발언 내용은 어느 당원보다도 강성이라는 점이었다. 당원들의 안전이나 대중을 확보하기 위한 현실적이고 상식적인 방법을 배제하고 당원의 신변과 당의 위신을 위험에 빠뜨리는 강경 발언을 선도한다는 점이었다. 이에 반대하여 온건한 방식을 제안하면 비겁자, 배신자라고 맹비난하거나 심지어는 경찰과 미제의 밀정이라고 모독했다. 지도자가 확고하지 않으면 강경한 의견이 이길 수밖에 없는 것이 보통의 회의이기도 했다. 결국 이들 밀정들 때문에 많은 사람들이 해고당하고 구속되었다고 이수갑은 보았다. 보도연맹에 가입해서 수많은 사람들이 희생당한 것도 이들의 선동 때문이었다고 그는 추측했다.

이수갑이 조금은 과도해 보이는 의심증을 갖게 된 것은 자신의 실제 경험 때문이기도 했다. 평소 과격한 발언과 강경한 의견을 일삼던 중앙당과의 연락선 김이라는 자가 경찰 간부임이 밝혀진 것이다.

어느 날 김이 비밀리에 할 말이 있다고 해서 중국집에서 접선을 했다. 하부 대원도 아니고 상부 요원인 그가 경찰관이라고는 상상도 않았을 때였다. 그런데 마주 앉은 김은 자신의 신분증과 권총을 탁자 위에 올려놓았다. 신분증을 보니 경남 정보분실 경위였다.

"내 임무는 이 동지를 나같이 만드는 것이오."

김의 나직한 말에 온몸에 소름이 오싹 끼쳤다. 조직 내에 프락치들이 암약하고 있다는 정보는 돌았지만 설마 중앙당의 연락책까지 경찰 간부일 줄은 몰랐다. 당이 오죽 약화되었으면 프락치가 이렇게 노골적으로 자신의 정체를 밝힐까, 한숨이 나오기도 했다. 이 자리를 어떻게 빠져나가야 할지, 거절할 경우 어떤 보복 테러를 당할지, 잠시 머리가 하얀 것이 아무 생각도 나지 않았다. 그러나 이내 정신을 가다듬고 담담한 표정을 지었다. 겁먹는 모습을 보이면 얕보고 더 밀고 들어올 것 같아서였다. 한편으로는 이 기회를 이용해 프락치들이 무슨 짓을 하는지 파악해 봐야겠다는 생각도 들어서 물어 보았다.

"김 선생처럼 되라니, 무얼 어떻게 하라는 말입니까?"

김의 눈빛은 예전에 만났을 때와는 판이하게 변해 있었다. 매섭게 노려보며 말까지 놓았다.

"몰라서 묻는 건가? 내가 내 신분까지 노출시켰으니, 앞으로 내 말을 안 들으면 재미없을 거야."

말하는 기세로 보아 주변에 다른 형사들이나 서북청년단을 배치해 두었을 게 틀림없었다. 제안을 거절하고 말다툼이라도 벌이면 곧바로 체포될 게 분명했다. 일단 체포되면 끝이었다. 김이야말로 남로당과 전평에서의 이수갑의 위치를 가장 잘 아는 자였다. 잡혀가면 거짓말도 통할 리 없고 위장으로 반성문을 써주고 나오는 것도 불가능할 것이었다.

유일한 방법은 일단 이 자리를 모면하는 것이었다. 어차피 수배 중이고 이미 자신의 행적이 경찰에 낱낱이 기록되어 있을 터이니 잡히지만 않는다면 더 나빠질 일도 없었다. 일생일대의 연기력을 동원해 고민에 빠진 것처럼 위장했다. 고민은커녕 그 자리에서 김을 두들겨 패고 싶은 분노뿐이었으나 기분 내키는 대로 행동하는 건 진정한 혁명가의 태도가 아니라고 생각했다. 중앙당과 연결된 윗선까지 경찰에 장악되었으니 살기 위해서는 전향할 수밖에 없음을 고민하는 것처럼 위장했다.

김은 이수갑을 놓칠 일이 없다고 자신해서였을까, 다음에 만나서 더 이야기하자는 말에 동의하고는 그대로 보내주는 것이었다. 마치 머리를 겨누고 있는 총구를 뒤로 하는 기분으로 중국집을 빠져나왔다.

이후 다시는 김을 만나지 않았고 만나는 동지들마다 김의 정체를 알려주었다. 김도 이수갑이 자신의 정체를 폭로하고 다닌다는 사실을 모를 리 없었다. 만일 김에게 체포되면 괘씸죄까지 걸려 죽을 수도 있었다. 다른 사람 중에는 보복이 무서워서 김이 프락치임을 알면서도 입을 다문 이도 있었을지 몰랐다. 이수갑은 그러나 이 중대한 사실을 숨길 수 없었다.

이수갑이 애썼음에도 김은 경남도당을 와해시키는 데 결정적인 역할을 했다. 더 이상 서로를 믿을 수 없게 된 사람들은 스스로 선을 끊기도 했다.

경찰의 프락치 작업이 노리는 가장 큰 효과가 바로 이렇게 동지들 사이의 믿음을 파괴하는 일이었다.

이런 혼란 속에서도 서울의 남로당 지도부는 거듭 총력 투쟁의 명령을 내렸다. 식민지 시대 가혹한 조건에서도 끝까지 조선공산당을 지켰던 이현상, 이주하, 김삼룡, 정태식 등이 이끄는 남로당 지도부는 제반 정세에 맞춰 잠시 투쟁을 보류하거나 일시적으로 후퇴하는 전술 따위는 알지 못했다. 그들은 실제 현장에서는 거의 이뤄지지도 않는 총파업 지시만 거듭 하달했다.

이수갑은 그래도 내려오는 명령마다 최선을 다해 수행하려 애썼다. 처음에는 단순한 민족애와 가난한 동포들에 대한 동정심으로 운동을 시작했는데, 이제는 스스로 사회주의 혁명가라 불리기를 원하게 되었다. 혁명을 한다는 확고한 목표 의식이 없으면 그토록 열심히 활동하지 못했을 지도 몰랐다.

8. 혁명가의 아내

혁명가도 인간이고 혁명 투쟁도 삶의 일부였다. 이 혼란한 와중에 결혼 날짜가 잡혔다. 1947년 11월 20일이었다.

철도국에서는 해고되어 수입이라곤 없는데다 경찰에 쫓기는 수배자의 형편에 결혼이라니 있을 수 없는 일이었다. 공산당 당원이 된 이래 오로지 활동에 몰두하다 보니 결혼에 대해 생각할 겨를도 없었거니와, 설사 결혼을 한다 해도 가족을 부양할 자신이 없었다. 언제 구속되어 고문치사를 당할지, 어느 뒷골목에서 서북청년단의 칼에 찔려 쓰러질지 알 수 없는 처지에 가정을 차리고 아이를 낳아 놓는다는 건 무책임한 짓이라 생각했다.

어머니는 달랐다. 어머니는 아들이 여전히 철도국 직원인 줄로 알고 있었다. 수배자가 되어 신문에 얼굴이 나기까지 했음에도 아들이 최고의 신랑감인 줄로만 알고 있었다. 이십대 중반이면 노총각 소리를 듣던 시대였다. 혼인을 서두르는 어머니의 눈에 들어온 처녀는 손 씨네 딸이었다. 부산의 또 다른 판자촌에 사는 어머니의 사촌과 한동네에 사는 처녀였다.

어머니가 며느릿감을 찾은 것은 우연이었다. 사촌을 만나러 가던 중 마주친 한 가난한 모녀의 제사 장면이 어머니의 발길을 잡아 세웠다. 작년에 호열자로 죽은 가장의 제사를 지내는 중이었다.

무너져 가는 판잣집에 살지만 모녀는 외모부터가 깔끔하고 정갈했다. 어머니부터가 보통 여자는 아니었다. 죽은 남편의 영정 앞에서 한문으로 된 축문을 읽어 내리는 데 막힘이 없었다. 식민지 치하에서 고등보통학교라도 다녔으면 모를까, 돈 많은 양반 댁 여자들조차 한글이나 겨우 깨우치면 다행인 시절이었다. 유려하게 한문을 쓰고 읽을 줄 안다면 평범한 아낙은 아니었다.

흰 치마에 검정 저고리를 잘 다려 입고 머리를 길게 땋은 그 딸의 모습에도 호감이 갔다. 어머니 옆에서 음식 수발을 들고 있었는데 행동거지 하나하나가 예의범절이 반듯한 것이, 가르침만으로는 배울 수 없는 타고난 품격과 소양이 느껴졌다. 이수갑의 어머니가 먼저 첫눈에 반하고 말았다.

어머니의 사촌은 손 씨네 모녀를 잘 알고 있었다. 어머니가 혼사 이야기를 꺼내자 사촌도 몹시 기뻐했다. 손 씨 모녀는 불의의 호열자로 가장을 잃고 힘겹게 살아가면서도 품격을 잃지 않아 동네 사람들의 칭찬이 자자하다고 했다.

졸지에 중매쟁이가 된 사촌은 다음날 처녀의 집으로 찾아가 자신의 조카가 철도국 직원일 뿐만 아니라 자동차도 운전할 줄 아는, 부산에서 제일가는 자동차 기술자라고 치켜세웠다. 중매라는 게 일이 성사되게 하려면 과장도 하고 부풀리게 마련이지만, 사촌은 이수갑이 해고당한 것도 수배자 처지라는 것도 몰랐기에 고의성 없는 거짓말을 하게 된 것이다.

사흘 만에 좋다는 답이 왔다. 당사자들은 얼굴도 보지 않고 혼약을 맺던 시절이었다. 어머니는 아들의 속사정도 모르고 신붓감이 정해졌다고 통보하고는 자기가 결정한 결혼식 날짜를 알려 주었다.

"음력 9월 28일이다. 그날 가서 무슨 일이 생겼네 하면서 딴 소리하면 우리 집이나 사돈집이나 큰 망신이다. 혼수는 내가 알아서 할 테니, 아무리 바빠도 마음의 준비를 해 놔라."

명색이 개인의 자유와 남녀평등을 주장하는 사회주의자인 이수갑으로서는 황당한 일이었으나 동냥까지 해서 자신을 키운 어머니를 실망시킬 수는 없었다. 결혼 날짜까지 잡았는데 취소해 버리면 여자는 소박을 당한 거나 다름없는 수치를 안고 살아야 했다. 단호히 거절하지를 못하고 어물어물 넘어가고 말았다.

어머니가 들려준 모녀의 제사 지내는 장면 이야기만 들으면 손 씨네 딸은 하늘에서 내려온 선녀가 분명했다. 그러나 아무리 생각해봐도 이건 무리다 싶었다. 세상은 내일을 예상치 못할 정도로 급변하고 있었고 덩달아 할 일은 산더미처럼 많아졌다. 혼수까지 오고간 상황이었지만 혼례 날이 하루하루 다가오자 도저히 안 되겠다는 판단이 들었다.

이수갑은 물어물어 손 씨 집을 찾아갔다. 혼인 날짜를 잡았더라도 사전에 당사자들이 만나거나 그 집을 찾아가는 것은 예의에 크게 어긋난다고 보던 시절이었다. 더구나 신랑 될 사람이 파혼을 선언하러 가는 길이었다. 큰 결례인지 알지만, 처녀에게 머리를 조아리고 자초지종을 설명한 후 정중하게 파혼을 청할 생각이었다.

처녀를 발견한 건 마을 공동우물 앞이었다. 단아한 체구에 밝고 맑은 인상이 첫눈에 들어와서 누구에게 물어보지 않아도 바로 저 사람이구나 싶었다. 아낙들과 주고받는 말투도 부드러우면서도 똑똑 끊어지는 것이 양반집에서 제대로 교육 받은 처녀 같았다. 아니나 다를까, 처녀가 물동이를 이고 우물을 벗어난 뒤 아낙들에게 손 씨 댁이 어디냐고 물으니 처녀의 뒷모습을 가리켜 보이는 것이었다.

무거운 물동이를 머리에 이고 앞서 걸어가는 처녀를 찬찬히 따라가 보았다. 이곳에 비하면 마루보시 사택은 부자 동네라 해도 좋았다. 썩고 무너져 가는 낡은 판잣집 사이로 구불구불 이어진 골목을 따라 조금 올라가니 다른 집들과 마찬가지로 태풍만 불어도 날아갈 듯 허름한 판잣집이 나왔다. 처녀는 허리를 굽혀야 들어갈 수 있는 낮은 집으로 물동이를 안고 들어갔다.

'사는 게 이토록 어려운데 파혼까지 당하면 처녀의 인생은 어떻게 될까? 영원히 결혼도 못하고 부끄럽게 살아야겠지?'

이수갑은 발길을 멈추고 생각했다. 파혼 선언이라니, 상대가 누구든 할 짓이 아니다 싶었다. 한편으로는 처녀가 마음에 들기도 했다. 멀리서 지켜본 언행만으로도 교양과 품격이 느껴지는 그런 여자라면 자신의 활동을 이해해 줄 수도 있겠다 싶었다. 그 집 앞에 잠시 서 있다가 발길을 돌리고 말았다.

결혼식 날이 다가왔다. 격식대로라면 신부 집에서 혼례를 치러야 했지만 그 집에는 그럴 만한 공간이 없어 이수갑의 집 마당에서 혼례를 치르기로 했다. 양가의 직계 가족들만 참석하는 조촐한 혼례였다. 그런데 결혼식 바로 전날, 마루보시 사택촌 외곽에 형사들이 잠복하고 있음이 확인되었다. 분명 이수갑의 결혼식 소식을 듣고 그가 집에 오기를 기다리는 것이었다.

마침 그날, 민애청 회원의 아버지가 갑자기 사망했다. 이수갑은 청년들과 함께 장례를 치르느라 자신의 혼인식이 내일인데도 집에 가지 못하고 있었다. 덕분에 체포되지 않을 수 있었으나 내일의 식이 문제였다. 다른 청년을 통해 어머니에게 경찰 때문에 식을 올리기 어렵다고 이실직고하지 않을 수 없었다. 어머니는 비로소 아들이 수배 중임을 알고 난감해 했으나 산전수전 겪으며 내면이 단련된, 조용하고도 강인한 여성이었다. 다른 아들들에게 준비한 음식들을 들려서 손 씨네로 보내고 비좁더라도 관습대로 신부 집에서 식을 올리자고 전했다.

다음날, 자신의 결혼식에 가야 할 이수갑은 민애청 회원 아버지의 장례를 치르느라 하루를 다 보냈다. 끔찍하게 가난한 집이라 제대로 된 상여를 꾸리는 건 엄두도 내지 못하고 멍석으로 말고 지게에 얹혀 행정산 공동묘지로 갔다. 그래도 매장을 마치고 나니 늦은 오후였다.

보통의 혼인식은 온 동네 사람들이 모여 마당에 솥 걸어 놓고 돼지고기 찌개 끓이고 들기름으로 부침개를 부쳐 떠들썩하게 먹고 놀다가 점심 때 예식을 치르는 법이었다. 그런데 신랑이 나타나지를 않으니 아무것도 진행을 할 수가 없었다. 다들 난생처음 보는 희한한 결혼식이었을 것이다.

상가에서 밤을 지새운 데다 낮 동안 장례식이며 매장을 하느라 피로에 찌든 이수갑이 터덜터덜 나타난 것은 저녁이 다 되어서였다. 하마터면 혼인 자체가 무산될 뻔했으니 어머니에게 야단맞을 겨를도 없이 대충 씻고 빌려온 한복에 사모관대를 허리에 차고 머리에 썼다. 신부는 벌써 낮부터 한복에 족두리 쓰고 볼에는 연지곤지를 찍고 방안에 앉아 기다리고 있었다.

마당이 없는 집이라 혼례상은 골목에 차려졌는데 아무런 기대도 하지 않앉던 그는 깜짝 놀랐다. 예상과 달리 색색의 떡과 기름진 음식들이 잘 차려져 있었던 것이다. 시간도 지체되고 골목 구석에서 치러진 혼례였으나 청년동맹 동지들과 동네 사람들이 모두 몰려나와 축복하는 바람에 떠들썩한 잔치가 되었다.

어렵사리 결혼은 했으나 신혼의 달콤함 같은 것은 없었다. 신랑이야 평소 하던 대로 자기 뜻을 펼치고 살면 그만이지만, 신부가 문제였다. 남편은 식만 올리고는 동지들과 사라져 집에 거의 오지 않았다. 어린 아내 손일식은 덩그마니 버려진 낯선 시댁에서 밥하고 빨래하며 외로운 나날을 보냈다.

"어째 사시려고 이런 집에 시집왔어요?"

손윗동서의 말은 위로인지 조롱인지 알 수가 없었다. 참 무례하다 싶었지만 아닌 게 아니라 앞날이 막막했다.

손일식은 남편이 사상운동을 하다가 회사에서 해고되었다는 사실을 두어 달이 지난 1948년 설날 무렵에야 알게 되었다. 일등 신랑감이라고 시집보낸 친정에 말하기에는 부끄러운 일이지만, 세상이 하도 어수선하니 나가서 죽지만 않아도 다행이다 싶었다.

수소문을 해 보니 남편이 행정산 중턱 산중 바위 동굴에 아지트를 차려 놓고 있다고 했다. 손일식은 찬합 도시락을 싸들고 남편을 찾아가 보았다. 움막도 아닌 동굴 비슷한 데서 처녀, 총각들이 모여서 갑론을박을 하고 벽보 같은 걸 쓰고 밤중에는 그걸 붙인다고 몰려다니고 있었다.

지켜보고 있자니 한숨이 나왔지만 굶주리는 남편이 불쌍해서 몇 번이나 도시락을 싸들고 가서 먹였다. 말려서 될 일은 아니니 지켜보기만 했다. 어느 날은 청년들이 떼로 경찰서에 몰려가 연행자를 석방하라고 요구하며 경찰과 싸움을 벌이다가 경찰차를 뒤집어 버리는 장면도 목격했다. 하지만 남편은 자기가 무슨 직책을 가졌으며 왜 그런 일을 하는지조차 말해 주지 않았다.

툭하면 형사들이 집으로 찾아왔다. 수배자인 이수갑이 집에 올 리가 없으니 경찰이 집에 찾아오는 일은 드물었는데 결혼을 하고 나니 그 아내로 부터 정보를 심문하려고 들리는 것이었다. 손일식은 형사들의 말을 빌려서야 남편이 무얼 하고 다니는지 알게 되었다. 그리고 궁금했다. 이 사람이 도대체 결혼을 왜 했을까 의문이 갔다. 혼인식만 올렸을 뿐, 새색시에 대해 아무런 관심도 없고 집안일은 아예 나 몰라라 팽개친 채 밖으로만 나도니, 이러려면 왜 결혼을 한 걸까 의문이 들었다.

"죄송합니다, 아버님. 이런 식이라면 희망이 없네요. 모든 걸 단념하고 친정으로 돌아가겠습니다."

자존심이 강한 만큼 단호한 성격이기도 했던 손일식이었다. 몸이 불편한 시아버지에게 절을 올리고 만류를 뿌리친 채 친정으로 돌아가 버렸다.

다음날, 이수갑은 아버지로부터 장작으로 종아리를 맞았다.

"이 못된 녀석! 당장 처가에 가서 처를 데려오지 못해?"

엄명을 받은 이수갑은 처갓집으로 가서 장모에게 무릎을 꿇고 말했다.

"죄송합니다, 장모님. 제가 크게 잘못을 했습니다. 용서해 주십시오. 앞으로도 노동운동을 계속하겠지만, 가정에는 지장이 없도록 할 테니 아내를 보내주십시오. 저 혼자만 잘 살자고 하면 그거 뭐 어려운 일도 아닙니다. 하지만 조금만 참아 주십시오. 우리나라가 통일이 되고 노동자가 주인 되는 세상이 오면 우리 다 같이 편하게 잘 살 수 있습니다. 그때까지는 이 일을 그만둘 수가 없습니다. 그렇지만 앞으로는 집안일에도 신경을 쓰고 그러겠습니다."

손일식이 어머니 뒤에 앉아 가만히 듣고 있으려니 뭔가 이상했다. 분명히 무릎을 꿇고 머리를 조아리기는 했는데, 사과와 용서를 빌었는데, 결론은 반성하고 개과천선하겠다는 게 아니었다. 자기가 하는 일은 옳은 일이니 앞으로도 활동을 계속하겠다니? 지금처럼 하면서 무슨 수로 가정에 신경을 쓰겠다는 건지 앞뒤가 안 맞았다. 이어서 하는 말들은 너무 거창해서 뭐라고 토를 달기도 어려웠다. 그런데 어머니도 역시 대갓집 마님이었다. 사위가 맘에 안 든다고 막말을 퍼부을 사람이 아니었다.

"알겠네. 이젠 내 딸이 아니라 자네 아내니 자네가 알아서 데려 가시게."

딱 부러지는 어머니 말에 꼼짝 못하고 시댁에 돌아오기는 했으나 손일식이 보기엔 전혀 희망이 없었다. 그러나 다른 한편으로는 이수갑이 믿어지기도 했다. 아내에게 잘못은 했지만 활동을 멈출 수는 없고 곧 통일이 되면 우리 조국이 모두 잘 살게 될 것이니 조금만 참아달라는 말은 어찌 보면 허황돼 보일지 모르나, 적당히 둘러대거나 거짓말을 할 줄 모르는 그의 솔직 담백한 성품을 잘 보여주었기 때문이다. 이런 진솔한 사람이라면, 지금 당장은 가난하더라도 인생을 함께해도 좋겠다 싶었다.

남편의 올곧은 성품 하나만 믿고 다시 시집으로 돌아온 손일식은 그러나 일주일도 지나지 않아 서북청년단의 방범대 초소로 끌려가 옷이 다 찢길 정도로 두드려 맞았다. 남편이 어디 숨어 있는지 찾아내라는 것이었다. 짐승 취급을 당하며 무참히 매를 맞았다. 이 년, 저 년, 차마 입에 담을 수 없는 욕설과 모욕도 당했다. 평생 처음 당하는 치욕이었다. 참담하고 또 참담했다.

손 씨네 가족은 최근에 가난해졌을 뿐, 당당한 부잣집이었다. 손 씨네는 유서 깊은 양반 마을인 밀양에서도 손꼽는 가문으로, 대대로 9대가 진사를 했을 뿐 아니라 못 사는 사람도 천석지기일 정도로 부유했다. 부잣집 아들인 손일식의 아버지도 일본에 유학을 한 고급 지식인이었는데 자기 집안사람들이 부자로 거들먹거리며 가난한 이들 위에 군림하는 꼴이 마뜩치 않아 논을 팔아서 부산으로 이사한다. 그러나 글공부만 한 사람이라 이재에 재주가 없어 가져온 재산 다 까먹고 힘들게 살다가 날 생선을 잘못 먹고 호열자에 걸려 죽고 말았던 것이다. 그래도 고향 밀양에는 아직 손 씨 가족의 농토가 꽤 남아 있었다.

양부모가 당대 최고의 지식인으로, 학식뿐 아니라 인품도 높아 부부싸움 한 번 않고, 자식에게 매질 한 번 않고 키웠는데 친일 경찰과 서북청년단원들에게 개처럼 두들겨 맞으니 손일식은 너무나 서럽고 분했다. 자기를 그렇게 만든 남편이 밉기도 했지만, 그런 자들이 판을 치는 세상에 대한 저주가 더 컸다. 그러나 그날의 치욕은 서막에 불과했다. 혁명가의 아내가 겪어야 하는 고초는 끝이 없었다.

하루는 잠을 자고 있는데 형사들이 들이닥쳤다. 남편은 팬티 바람으로 봉창을 뛰쳐나갔다가 새벽 동이 틀 무렵에야 돌아왔다. 남편을 볼 수 없는 건 일상이었고 어쩌다 들어와도 돈 한 푼 내놓는 법이 없었다. 신문에 사진까지 난 공식 수배자라, 어쩌다 집에 와서 자고 가는 일이 있어도 언제 경찰이 들이닥칠지 몰라 입은 옷 그대로 누웠다가 깜깜한 새벽에 슬그머니 일어나 도망가니 부부의 정 같은 건 생길 틈이 없었다. 그 와중에 아이가 다섯 넘게 생겨난 것이 신기할 지경이었다.

자기가 어떤 사람들과 무슨 일을 하는지, 나가면 어디서 자는지 말해 주는 것도 아니었다. 두뇌가 뛰어난 손일식도 무슨 이야기를 듣더라도 이해가 빠른 여자였지만, 남편은 조직의 비밀이란 이유로 자신에 활동에 대해서는 한 마디도 하질 않으니 설사 마주 앉아도 나눌 이야기가 없었다.

여러 모로 빵점짜리 남편임에 틀림없었다. 하지만 친정에서는 사위가 이런 정도의 사람이란 걸 까맣게 모르고 있었다. 손일식도 어렵게 사는 홀어머니에게 자신의 고통을 하소연할 수도 없었다. 남편의 사상이 옳은지 그른지는 모르겠지만, 성정만은 올곧고 부지런하다는 장점을 믿고, 온화한 시부모에게 의존해 버텨보기로 했다. 특히 온화하고 다정한 시어머니가 그녀의 힘이 되어 주고 위로가 되어 주었다.

어차피 자신의 신념대로 자기 길을 가는 이수갑을 막을 힘이 그녀에게는 없었다. 경찰도 정치깡패들도 못하는 일을, 본인의 부모도 못 말리는 일을 갓 시집온 어린 아내가 해낼 수는 없었다. 사상 문제에 대해서만큼은 어떤 잔소리도 하지 않으려 애썼다.

오히려 동네 사람들이며 친척들이 혁명가가 된 이수갑을 무척이나 아까워했다. 그도 그럴 것이 철도국 수송계장은 수리 공장 전체의 보급품을 관리하는 자리로 막대한 이권이 걸려 있는데 스스로 때려치웠으니 말이다.

수송계원은 180명이었는데 만주나 일본에서 귀환한 사람들이 많았다.

그중에는 귀환 동포 정착 운동 때 이수갑이 마루보시 사택을 알선해 준 이가 상당수였다. 그들 중에도 경북 점촌이나 김천의 산에서 벌목한 침목용 통나무를 부산역까지 운반하는 일을 맡은 이들은 돈벌이가 좋았다. 침목을 포함해 모든 물품 자재의 구입이 수송계장의 결제 아래 이뤄지니 맘만 먹으면 가외 수입을 올리는 어렵지 않았다. 그 좋은 자리를 박차고 나온 이수갑을 이해하는 사람은 많지 않았다. 특히 집안 친척들의 원성이 자자했다.

"다 쓰러져가는 집안에 그나마 번듯한 직장 가진 게 수갑이 하나였는데, 어쩌려고 저렇게 사나?"

"정신이 똑바로 박힌 녀석인가? 요새같이 취직하기 어려운 때, 그 자리에 있으면 집안 식구들도 덕 볼 것 아닌가?"

이수갑의 어떤 일을 하고 있는지 잘 아는 친척들은 이수갑에게 대놓고 야단을 치지는 못했다. 이수갑의 부모에게 넌지시 전하는 말 속에는 빨갱이에 대한 공포도 숨어 있었다.

"수갑이를 저렇게 놔둬도 되겠나? 사람들이 수군거리는 소리 못 들었나?"

"지가 그런다고 나라가 바뀌나? 저렇게 설치고 다니다가 큰 변을 당한다. 도시락 싸들고 쫓아가서 뜯어말려라."

주위에서 하도 이런저런 말이 많으니 어머니는 불안해서 살 수가 없었다. 며느리에게도 미안했다. 어느 날은 마음을 단단히 먹고 아들과 며느리를 불러 앉혔다. 장가까지 들었으니 이제는 한 집안의 가장으로서 책임감을 느껴야 된다고 며느리 앞에서 다짐을 받을 작정이었다. 어머니는 친척들로부터 전해 들은 말을 들려주면서 애원했다.

"사람들이 아무리 빨갱이라 욕해도 나는 네가 무슨 생각으로 몸 바쳐 싸우는지 안다. 하지만 이제 니도 혼자 몸이 아니다. 금방 아이도 나올 건데 살 궁리를 해야 않겠나? 이제 할 만큼 했으니 그만두면 안 되겠나? 죽을 동 살 동 뛰어 다녔지만 변한 게 뭐가 있나? 너희가 그런다고 세상이 바뀌는 게 아니다. 우리 같은 사람들은 그저 납작 엎드려서 먹고 살 궁리나 해야 된다 이 말이다."

어머니의 말을 듣고 있는 이수갑의 마음은 무거웠다. 모든 사람들이 어머니처럼 생각하기 때문에 세상이 바뀌지 않는 거라고 소리치고 싶었지만, 어머니의 말이 틀린 것도 아니었다. 애면글면 자기 한 몸 돌보지 않고 헌신했건만 달라진 건 없었다. 그러나 불의 앞에 납작 엎드려서 가족 먹여 살릴 살 궁리나 하는 소시민이 되고 싶지는 않았다. 장모에게도 곧이곧대로 말하던 그였다. 마음을 가다듬고 차분하게 말했다.

"저 어렸을 때 어머니가 쌀을 사오다가 구포에서 왜놈들한테 당하던 장면이 잊히지가 않습니다. 그때 그 자리에서 놈을 박살내 주지 못한 게 두고두고 한입니다. 제가 어려서 몰랐습니다. 그런데 이제는 해방이 되지 않았습니까? 우리를 핍박하던 왜놈들은 물러가지 않았습니까? 그럼 모든 것이 바로 잡혀야 되는데, 왜놈들 때문에 남과 북이 갈라지고, 왜놈들한테 아부하고 빌붙어 살던 친일파 놈들이 이젠 친미파가 되어 미국을 등에 업고 동족의 피를 빨아먹고 있습니다. 간신히 일본 군국주의를 쫓아냈는가 했더니 미국 자본주의가 우리 민중들을 짓밟고 있습니다. 이런 판국에 나 혼자만 잘 먹고 잘 살겠다고, 세상 돌아가는 걸 모르는 체 눈 감을 수는 없습니다. 제가 만약 그런다면, 이제 태어날 우리 아이들도 그렇게 살아야 하기 때문입니다. 우리 아이들에게 이렇게 불의한 세상을 물려주어야겠습니까?"

말은 청산유수라 당해낼 수가 없었다. 장모가 그랬듯이, 어머니도 아내도 그를 설득하기는커녕 오히려 설복 당했다. 남북통일이 그렇게 까마득한 일이라는 걸 알았더라면, 인간 세상의 변화가 이렇게 어려운 일인 줄 알았다면, 이수갑이 평생을 그 일에 매달릴 줄 알았더라면 좀 더 강력하게 말렸을지도 몰랐다. 하지만 그때까지는 모든 게 유동적인만큼 희망이 있었다. 더 말리지 못하고 손을 놓아 버렸다.

9. 삼형제

어느 날 이수갑이 깊은 밤이 오기를 기다려 집에 들어가니 어머니가 불을 끈 어둠 속에서 근심스레 말했다.

"수갑아. 수택이가 요새 경찰서에서 보통 힘든 게 아니라고 하더라."

"아니, 왜요?"

"너를 잡아내라는 거지. 너를 못 잡으면 파면시키겠다고 으름장을 놓는다더라."

둘째 형 이수택이 경찰에 공채되었을 때만 해도 해방된 독립국가의 공복이 된 거라 생각하고 다들 기뻐했다. 이수갑도 마찬가지였다. 그런데 경찰 간부는 대부분 식민지 시대 때 악명 높았던 친일 매국노들이었다. 경찰 업무란 것도 일반인들의 민생을 돌보고 지키는 본래의 임무보다는 시국 사건과 관련된 정치범을 잡아들이는 일이 중심이었다. 더욱이 동생이 이수갑이란 사실을 알게 된 상부에서는 대놓고 동생을 잡아 오라고 채근했다. 못 잡아 오면 동조자로 보고 파면시키겠다는 협박도 노골적이었다.

이수갑이 보기에 지금 경찰은 미군정의 앞잡이일 뿐이었다. 그들은 국민의 편도 아니고 정의의 편도 아니라고 생각했다. 일본을 대신해 상전으로 온 미국에 복종해 동포를 억압하는 통치 기구에 불과하다고 보았다. 어느 집보다도 형제간의 의가 좋았던 집이었는데, 둘째 형 이수택이 미국의 앞잡이가 되어 동생을 체포해야 하는 현실이 개탄스러웠다.

둘째 형과 정반대로, 세 살 아래 동생 이수건은 남로당에 입당해 맹렬히 활동 중이었다. 이수건은 금성중학교에 다닐 때부터 좌익계 학생동맹 위원장을 했는데, 사상적으로는 이수갑보다 훨씬 강고하고 급진적이었다. 그런데 이 무렵 행적이 묘연해져서 어머니는 눈만 뜨면 막내가 죽었는지 살았는지 걱정했다.

실은 동생 이수건을 멀리 보낸 이가 이수갑이었다. 조직에서 당성이 강한 사람을 특선으로 보내달라고 하면 핵심 성원을 선발해서 보내는 일도 하고 있었다. 어느 날 윗선을 접선할 때였다. 제주도에서 빨치산으로 활동하는 윤 장군이라고 알려진 사람이었다.

"이수갑 동무, 능력 있고 의지 강한 동무 하나 소개해 주시오. 이 동무가 가장 믿을 수 있는 사람으로 소개해 보시오."

가장 믿을 만한 사람이라면 특수한 일을 하는 연락선, 곧 특선을 선발해 달라는 뜻이었다. 벌써 여럿을 위로 소개해 올려 보냈지만 그들이 어디에 가서 무슨 일을 하는지 모르고, 알 필요도 없었다. 특선으로 소개하는 경우는 더욱 그랬다. 특선 대상자 중에서도 가장 믿을 수 있는 사람이라면 동생 이수건이었다. 주저 않고 동생을 추천했다.

특선으로 선발되어 떠난 동생은 한동안 연락이 없었다. 다만 특선의 비밀공작에 대해 어렴풋이나마 짐작할 수 있었다. 지도부에서는 절대로 백색테러에 대항하지 말 것이며 과격한 행동은 오히려 탄압의 빌미를 제공하는 이적 행위라고, 경각심을 일깨우는 지시가 줄곧 내려왔다. 그런데 간혹 대한노총 지부장이나 경찰서장 같은 이들이 공격을 당했다는 신문 보도가 나왔다. 총격이나 폭탄 세례를 퍼붓는 건 아니었다. 미군들의 원조 물자로 들어온 통조림의 빈 깡통에 기름 묻힌 솜을 넣고 불을 붙여 창문으로 던져 공포감을 주거나 승용차를 부수는 정도였다. 사람을 살상하지 않으면서도 공격 방식이 조직적이고 대상이 악명 높은 민족 반역자나 극우파라는 점에서 좌파들의 활동, 특히 특선들의 활약이라고 짐작했다. 동생 이수건도 그중 한 명이리라 짐작했다.

삼형제 중 한 명은 미군정의 경찰로, 다른 두 명은 각각 남로당 지역 간부와 특선으로 활약하고 있는 현실이야말로 당대 한국인들이 처한 상황을 상징적으로 보여주었다. 비극은 이 두 사상이 공존할 수가 없다는 점이었다. 어느 한쪽은 포기하거나 사라져야만 한다는 점이었다.

세 아들에 대한 걱정으로 잠을 못 이루는 어머니였다. 그날도 어머니의 간곡한 호소를 들은 이수갑은 비밀리에 작은형 이수택을 만났다.

"형님, 어쩔 겁니까? 소식을 들으니 형님에게 떨어진 제일의 명령이 나를 잡으라는 거라면서요. 형님, 결정하십시오. 옷을 벗을 겁니까, 아니면 경찰에 계속 근무하면서 나를 잡고, 동포들을 잡을 겁니까?"

이수택은 깊은 한숨을 내쉬었다.

"무슨 말인지 알고 있다. 네가 너 개인을 위해서 일하는 게 아닌데, 우리 동포를 위해서 일하고 있다는 걸 내가 알고 있는데, 내가 그만둬야지. 내가 사표를 낼란다."

"고맙고 죄송합니다, 형님."

"대신 약속해라. 무사해야 한다. 더 이상 내가 널 도와 줄 수 없으니, 잡히지 마라."

식구 중 유일하게 안정된 직장을 가졌던 작은형 이수택은 그렇게 경찰을 그만두었다. 이수택과 같은 경찰 공채 제1기생들은 경찰의 숫자가 늘어나면서 자동으로 고속 승진을 거듭해 젊은 나이에 다들 고위 간부가 된다. 이수택도 가만히 자리만 지키고 있어도 먹고 살 걱정을 넘어 새 나라의 권력층에 섞여들 수 있었다. 그런데 동생을 잡아 오라는 압력을 거부하고 자진해서 실업자가 된 것이다. 돈과 권력이 판단의 근거가 되는 다른 집들과는 사뭇 다른 결론이었다. 그만큼 형들도 이수갑을 믿어주고 있다는 뜻이었다. 고맙고도 미안한 일이었다.

형까지 실업자가 되어 집안 살림이 더욱 어려워진 1948년 4월이었다. 특선으로 발탁되어 떠난 후 소식이 없던 동생 이수건이 사전 예보도 없이 찾아 왔다. 마루보시 사택의 한 청년단원 집에 아지트를 두고 있을 때였다.

"수건아, 무사했구나!"

얼싸안아 주고 자세히 살펴보니 그동안 얼마나 고생이 심했는지 볼 살이

움푹 패이도록 마르고 옷도 추레했다. 괜찮은 거냐고 걱정하는 형에게 동생은 인사말도 생략한 채 찾아온 용건을 털어놓았다.

"형님, 오늘은 부산시당의 특별 지시를 가져 왔어요."

안 들어도 알 것 같았다.

"투표 거부 총력 투쟁이냐?"

"예, 형님과 저는 범천1동을 맡아 투표 거부 운동을 이끌어야 해요."

"당연히 해야지!"

한국인의 운명은 해방되고 몇 달 만에 터진 신탁통치 반대 운동으로 크게 선회하게 되었다. 반탁운동으로 모스크바 삼상협상의 결정들이 무력해지면서 한국 문제는 유엔에 상정되었다. 유엔에서는 우선 정부를 수립한 후 외국군을 철수하자는 미국의 주장과 모든 외국군 철수 입장인 소련이 첨예하게 대립하였는데 유엔 총회는 최종적으로 유엔 감시 하에 남북한을 합친 총선거를 실시할 것을 결의하고 '유엔 한국임시위원단'을 발족시켰다.

소련군은 그러나 유엔 위원단의 38선 통과를 거부했다. 유엔이 미국의 꼭두각시 노릇만 한다는 이유였다. 이에 따라 유엔은 선거가 가능한 남한 지역에서만 총선거를 실시하기로 결의함으로써 남과 북의 분단은 장기화의 길로 접어들었다.

유엔이 미국의 꼭두각시라는 소련의 주장은 옳은 측면이 있지만, 이를 이유로 남북한을 합쳐 인구 비례에 의해 총선거를 치르자는 결의를 무산시킨 것은 소련이 분단을 원했기 때문이었다. 투표 가능한 인구나 공산당에 대한 지지도로 보나 북한이 약세이기 때문에 총선을 거부하고 북한을 자신만의 지배 아래 두고자 한 혐의가 짙었다. 말 그대로 그토록 통일을 원한다면 어떤 조건도 없이 38선을 열어버리면 될 것을, 미국을 핑계로 분단을 영구화시킨 책임이 소련에 있음은 부인할 수 없는 사실이었다.

하지만, 소련과의 경과가 어찌 되었든 북한을 포기하고 남한에서만 국회의원 선거를 실시하고 정부를 수립하겠다는 이승만과 미군정의 계획도 결코 역사적 책임으로부터 자유롭지 않았다. 오로지 서둘러 대통령이 되겠다는 야망에만 사로잡힌 이승만은 벌써 1946년 봄부터 남한만의 단독정부 수립을 주장하고 다닌 사람이었다. 미국 역시 선전과 선동에 능한 사회주의자들과 동거하는 통일을 원하지 않았기에 분단으로 몰아간 혐의가 짙었다.

통일을 원한 것은 남북의 민중들뿐, 이승만과 미국, 김일성과 소련은 제각기 이미 확보한 자신의 지분을 지키기 위해 고의적으로 통일을 방해한 것이 명백했다. 마치 신앙고백처럼 그들의 입에서 쏟아져 나오는 민족통일의 염원이란 어디까지나 자기 세력을 중심으로, 자신이 주도해야만 하는, 반쪽짜리 구호에 지나지 않았다.

통일이 좌절될지 모른다는 위기감 속에 1948년 4월 말, 김구와 김규식, 조소앙 등 민족주의 지도자들이 북한 당국에 '남북대표자연석회의' 개최를 제의하고 북한으로 갔다. 평양의 모란봉 극장에서 열린 회담에는 남북의 56개 정당, 사회단체 대표 695명이 참가해 '남조선 단독선거와 단독정부를 반대하는 결의문'과 미소 양국 정부에 보내는 메시지를 채택하였다.

서로 이념이 다른 남과 북의 대표적인 인사들이 모인 남북연석회의는 커다란 역사적 의미를 갖고 있었다. 그러나 동독과 서독, 북베트남과 남베트남의 분단이 고착화된 것처럼, 동서냉전이라는 새로운 세계정세 속에서는 공허한 주장이 될 수밖에 없었다. 단독정부 수립을 앞둔 좌우의 대립은 더욱 격화되었다. 대표적인 반공주의자로 좌파들을 살해해온 김구마저 남북연석회의에 다녀온 직후 우익의 손에 의해 암살당할 정도로 혼란스런 극한대립이 벌어졌다.

연석회의에 참석하고 돌아온 좌파들은 '남조선 단독선거 반대 투쟁위원회'를 조직해 총력 투쟁에 돌입했다. 남로당과 전평 산하의 모든 조직들이 동원되어 반대 운동에 나섰다. 각 공장과 학교, 직장에서는 파업과 시위를 조직했다. 5월 5일, 투쟁위원회는 다음과 같은 성명문을 발표하였다.

국제연합 임시조선위원회는 4월 28일의 회의에서 5월 10일 결행하려는 남조선 선거를 감시하는 것을 결의하였다. 이 결정은 그들이 조선을 분할하여 남조선을 미국의 식민지화하려는 미국의 앞잡이인 것을 다시 한 번 더 명백히 한 것이다. 미국은 현재 남조선 단독선거의 정당성을 만들어내기 위해서 남조선에서는 민주주의와 자유가 보장되어 있다고 하며 여러 가지 책동을 하고 있다. 남조선의 실상은 자유로운 환경 속에서 준비하고 있는 것이 아니고 미국의 탄압과 위협의 환경 속에서 이것을 준비하고 있으며 단독 선거를 반대하여 일어난 제주도 인민 투쟁을 피로써 전멸시키려고 하고 있다. 애국동포들이여! 미국과 국제연합 임시조선위원회가 결탁하여 기만적으로 조작하는 그들의 정체를 힘 있게 폭로하자! 어떠한 탄압, 위협에도 굴복하지 않고 단독선거 보이콧에 관한 남북조선 제 정당, 사회단체 대표자 연석회의 결의를 실천하여 남조선 단독선거를 결정적으로 파탄내자!

남로당과 전평은 5월 8일 선거 반대 총파업을 조직했다. 이에 미군정은 특별 경계령을 내리고 경찰과 우익 테러단을 총동원해 탄압에 들어갔다.

미국 정부는 5월 10일 선거에 대비하여 순양함 한 척을 인천에, 구축함 한 척을 부산에 파견하고 지상 부대에게 경계를 담당하게 했으며 공군은 남한 각지의 상공을 비행하게 하여 위협적인 분위기를 조성했다.

총파업의 날인 5월 8일, 남한 주요 도시에서 10만여 명이 투쟁에 참여했다. 경찰의 가혹한 탄압과 압살 정책 때문에 참가 인원은 이전에 비해 현격히 줄어든 상태였다. 노동자들은 파업으로, 농민들은 집회와 시위로, 학생들은 동맹 휴학으로 최선을 다해 투쟁했으나 눈에 띄는 결과는 없이 이틀 후 총선을 맞게 되었다.

좌파와 중도 세력, 남북 통일정부를 주장했던 모든 세력들은 남한만의 단독선거를 반대한다는 입장을 천명하고 선거 거부 운동에 돌입했으나, 선거는 강행되었다. 마지막으로 남은 것은 몸으로 선거를 막는 길뿐이었다.

이수갑 형제가 책임진 범천1동 투표소인 동사무소에는 선거 전날인 5월 9일 투표함이 옮겨져 카빈총을 든 경찰이 지키고 있었다. 이수갑은 민애청에서 함께 일했던 동지들 세 명과 동생을 데리고 동사무소 앞에서 경비를 서고 있는 경찰들과 육박전을 벌이며 안으로 쳐들어갔다.

"남쪽만 단독정부를 세운다고? 우리가 한 민족인데 어째서 남과 북이 따로 선거를 한단 말이냐. 너희들이 이 선거를 방조하면 남북 분단의 죄인이 되는 것이다."

이수갑이 큰소리로 호통을 치면서 기선을 제압하자 경찰들은 별다른 반격의 의지를 보이지도 않고 주눅이 들어 버렸다. 이수갑 일행들이 기필코 이 선거를 제지하겠다는 투철한 의지와 분노로 똘똘 뭉친 반면, 경찰은 총만 들었다 뿐 투표함을 지키겠다는 의욕이 별로 없어 보였다. 이수갑은 투표함 세 개를 박살을 내서 하천에 처박아 버렸다.

이렇게 선거를 제지하려고 기를 쓰고 방해 공작을 폈지만, 제주도를 제외한 남한의 전 지역에서 예정대로 선거가 치러졌다. 투쟁 참가 인원은 대폭 줄었지만 피해는 컸다. 미군정의 공식 발표에 의하면 5월 7일부터 10일까지 나흘간 검거, 투옥된 사람이 5,425명, 살상된 사람이 350명에 달했다. 국제연합 임시조선위원회가 발표한 숫자에 의하더라도 투표를 거부한 이유로 중상을 입은 사람이 137명, 살해된 사람이 128명에 이르렀다.

동생 이수건이 사라진 것은 이 투쟁의 아수라장 속에서였다. 어디로 잡혀갔는지, 다시 특선으로 배치된 건지 궁금하고 불안했으나 알 길이 없었다. 동생이 나타난 것은 일주일이 지나서였다. 온몸이 시커멓게 멍들고 옷에 피가 배어 떨어지지도 않을 지경으로 매를 맞은 상태였다.

"어찌된 일이냐, 수건아! 도대체 누가 이렇게 만들어 놨냐?"

"김창룡의 국군 특무대에 잡혀가서 일주일간 고문을 당했어요."

이수갑 자신도 당해 보았기에 더욱 끔찍하게 느껴졌다.

"악귀 같은 놈들! 사람을 이렇게 만들다니! 어서 누워라. 의사라도 불러야겠다."

개탄하며 자리에 눕히려는데 동생은 다급했다.

"형님! 지금 당장 빨리 이곳을 빠져 달아나요! 어서요! 나는 미끼예요. 형님을 잡으려고 나를 잠깐 풀어준 겁니다."

무슨 말인가 의아해 하는 이수갑에게 동생은 힘겹게, 그러나 다급히 속삭였다.

"특무대에서 보니까 김창룡 리스트라는 게 있는데, 부산 지역 남로당 지도부 명단에 형님 이름이 맨 위에 올라 있습디다."

웃음이 나왔다. 많이 잡혀가고 많이 운동을 포기하고 숨어 버렸어도 아직 경남도당과 부산시당의 간부들이며 전평 선배들이 곳곳에서 활동하고 있는데 자신을 맨 위에 올려놨다니 웃기는 노릇이었다.

"놈들이 우리 조직을 멋대로 개편하는구나."

"놈들이 진실에 신경을 쓰나요? 그렇게 해 놓으면 그렇게 되는 겁니다."

1948년 하반기에 그려진 부산 특무대의 남로당 조직도 맨 위에 이수갑이 올라간 것은 황당한 일만도 아니었다. 1945년 8월 해방과 함께 시작한 당 활동이 벌써 3년이었다. 그동안 수많은 사람들이 당과 전평에서 활동하다가 우익 테러의 공포를 못 이겨 좌절해 떠났지만 이수갑은 굳건히 자리를 지키고 있었다. 개인적 성과를 보아도 어떤 활동가들보다 월등했다. 그를 부산의 최고 책임자로 그린 것은 오류였으나 한편으로 보면 경찰이 그만큼 정확하다는 뜻이었다. 직책의 고저와 상관없이 이수갑이 제일 활동적이므로 이수갑을 잡으면 마비시킬 수 있다는 판단이었을 것이다.

"미친놈들! 그런 엉터리 정보로 누굴 잡아넣으려고."

"형을 어떻게든 엮어 넣겠다는 거예요. 저를 고문할 때 누가 들어오더니, 형제가 다 악질적인 빨갱이들이라면서 이수갑도 잡아들이라고 명령하더라고요. 그래서 저를 일부러 풀어준 겁니다. 미행을 해서 형과 만나는 현장을 잡으려는 게 틀림없어요. 제가 방금 동네 입구에서 놈들을 따돌리기는 했지만 이 아지트를 찾아내는 것은 시간문제이니 어서 피하세요."

"알겠다. 나도 몸조심할 테니, 너도 조심해야 된다."

"네. 형님 부디 몸조심하십시오."

형제는 악수를 하다가, 굳세게 서로를 끌어안았다. 그게 동생 이수건과의 마지막 만남이었다.

동생의 경고가 있었지만 부산을 떠나 다른 곳으로 달아날 수는 없었다. 일단 집에는 절대로 안 들어가기로 했지만, 죽어도 부산에서 죽겠다는 결심으로 가끔 날품팔이 막노동으로 생활비를 벌어가며 부산시당의 재건을 위해 활동을 계속했다.

그러던 1948년 10월이었다. 갑자기 영도로 배치가 되었다. 부산 남포동에서 바다 위로 다리를 건너 들어가는 영도는 예로부터 가난한 이들이 살아가는 가파른 섬이었다. 영도에는 조선소와 어물 가공 공장 등이 있었는데 부산시당에서는 그곳 전평 조직을 바다 위의 노조라는 의미에서 해상노조라 불렀다. 영도로 배치하는 이유를 물으니 상부 오르그는 말했다.

"지난 4월 3일 제주도당이 무장 항쟁을 일으킨 후 경찰과 서북청년단원들이 대거 제주로 내려가 남로당원과 지지자들은 물론 일반 주민들까지 마구 체포하고 학살하고 있소. 때문에 제주도에서 탈출해 영도로 건너오는 제주도민이 나날이 늘고 있소. 그중에는 여성동맹원이 여럿 있으니 그 동무들을 중심으로 난민들을 도와주면서 장차 당원으로 조직해 내시오."

"제가 그런 중차대한 임무를 수행할 능력이 있을지 모르겠습니다. 더군다나 여성들이라니요."

"무슨 소리를 하는 거요? 이수갑 동무가 못하면 그 누가 이 일을 해내겠소? 노동계급의 전사다운 패기를 갖고 특별 임무에 임하시오."

"알겠습니다. 최선을 다하겠습니다."

이수갑이 찾아간 곳은 영도 태평동의 한 판잣집이었다. 제주에서 탈출해온 여맹 위원장과 여성 회원 다섯 명이 살고 있었다. 그 집에 방 한 칸을 빌려 반 년 간 함께 지내면서 제주도당을 재건하게 되었다.

영도에는 남로당원들만 아니라 구사일생으로 살아나온 평범한 어민이며 농민들까지 많은 제주도민이 서로 의존하며 살아가고 있었다. 영도의 끝부분은 태종대라는 아름다운 절벽이었는데 그 밑에서 맨몸으로 바다에 뛰어들어 조개와 전복 같은 해산물을 채취해 먹고 사는 해녀들도 많았다. 제주도 거친 바다에서 단련되어 강인하고 억척스런 해녀들은 식민지 시대부터 항일 운동을 해 왔는데 영도에 건너 와서도 물질로 생계를 이어가면서 남로당 운동에 가담했다.

해녀들로부터 전해 들은 제주의 비극은 소름이 끼치도록 끔찍했다. 머지않아 벌어지게 될 참혹한 동족상잔의 서곡과도 같은 그 무서운 이야기를, 해녀들은 맺힌 한을 풀듯 털어놓았다. 해방의 희망으로 가득했던 섬이 어떻게 끔찍한 학살의 도가니로 변해 버렸는지, 자신들이 직접 겪은 사례들을 통해 증언해 주었다.

육지와 마찬가지로, 제주도민들도 해방되던 해 겨울부터 신탁통치 문제로 좌우가 나뉘어 대립하기 시작했다. 중학생들까지 날카롭게 대립해 찬탁 학생이 있다는 이유로 교실에 화염병을 던지는 사건도 벌어졌다. 미군정에 항의하는 좌파의 시위며 동맹 휴학도 끊이지를 않았다.

무장봉기까지 일어나게 된 발단은 1947년 3월 1일, 삼일절 기념식이었다. 좌파가 주도해 제주시 북국민학교에서 개최한 기념식에는 제주도민이 다 모였을까 싶을 정도로 많은 인파가 모여 모스크바 삼상협정 지지, 미군 철수, 학원 사찰 반대 등을 외쳤다. 교내 집회를 마친 참석자들은 시내를 한 바퀴 돌았는데 선두가 학교로 돌아올 때까지 후미는 아직 교문을 빠져나가지 못할 정도였다.

경찰은 시위대가 학교로 들어가지 못하도록 도로를 막고 기관총을 설치했다. 이에 맞닥뜨린 시위대 내부에서 논쟁이 벌어졌다. 헛되이 피를 흘릴 필요가 없으니 돌아가자는 의견과 계속 전진하자는 의견이었다. 선두에 있던 해녀 출신 여맹 위원들이 제일 강경했다. 여기서 기가 꺾이면 모두 허사라면서 그대로 가야 된다고 주장했다. 사람이 워낙 많고 끝이 안 보이도록 줄이 길게 늘어서 있으니까 해산하라고 명령해도 옴짝도 못할 상황이었다. 그런데 선두가 행진을 멈추자 뒤에서 밀고 오던 대열은 혼란에 빠졌다. 뒷사람들은 무슨 영문인지도 모른 채 앞으로 밀어대니 소란스러워질 수밖에 없었다. 이때 요란한 총성이 울렸다. 엎드려 대기하고 있던 경찰들이 쏜 것이었다. 뒤에는 미군 장교들이 서 있었다.

이날 경찰의 발포로 숨진 이는 6명이었다. 남로당 제주도당은 이에 항의해 조직적인 반 경찰 활동을 벌이는 한편, 잇달아 총파업을 주도했다. 그러나 미군정은 민심을 달래기보다 강공 정책으로 2차 피해를 가중시켰다. 진압에 소극적인 제주도지사를 비롯한 고위직을 외지인으로 교체하고 육지의 경찰과 서북청년단을 대거 파견해 좌파 색출에 열을 올렸다. 이후 1년간 2,500명이 연행되어 고초를 치러야 했다. 그 과정에서 3명이 고문으로 숨져 분노를 가중시켰다.

서북청년단은 마음껏 제주도를 유린했다. 시내의 음식점에서는 거의 공짜로 먹고 다녔다. 경찰과 결탁한 그들은 가벼운 경범죄를 저지른 사람에게 접근해 자기들이 도와 줄 수 있다며 신병을 인수받은 다음 협력금이라는 명목으로 거액의 돈을 뜯어냈다. 여성들에 대한 강간도 거의 떳떳이 자행되었다. 여고생이 하루아침에 실종되는 일도 있고, 처녀를 강간한 다음 반강제로 아내로 삼는 청년단원도 있었다.

"무법천지가 되었군요?"

이수갑의 말에 한 해녀가 답했다.

"아니, 무법천지는 아니었지. 그놈들의 말과 결정이 곧 법이니까, 법은 있었던 거지. 악마들의 법이 있던 거지."

마침내 1948년 4월 3일 새벽 2시, 남로당 제주도당 위원장 김달삼이 이끄는 350명의 무장대가 제주도내 12개의 경찰지서와 극우파 요인들의 집을 습격했다. 요구 사항은 서북청년단에 의한 탄압 중지, 단독선거와 단독정부 수립 반대였다.

다분히 모험주의적이던 김달삼이 남로당 중앙당의 승인도 없이 일으킨 이 무모한 폭동에 대해, 남북의 노동당은 처음에는 공개적으로 비판을 가했다. 그러나 불과 몇 달 후인 8월 15일 남한에 대한민국이 수립되고, 다시 3주일 후에는 북한에 조선민주주의인민공화국이 수립되면서 평양으로 올라간 김달삼은 영웅으로 대접받게 된다.

반군에 대한 진압 작전의 강도도 갈수록 높아졌다. 초기에 진압을 맡은 국방경비대 제9연대장 김익렬은 사태의 평화적 해결을 위해 주모자 김달삼과 협상을 벌이기도 했다. 미군정도 처음에는 이를 용인하는 듯했다. 그러나 5월 10일 총선에서 제주도 3개 선거구 중 2개소가 주민들의 투표 거부로 선출이 무산되자 이를 기회 삼아 강경 기조로 돌아섰다. 여기에 전남 여수에서도 무장봉기가 터지면서 지지부진하던 진압 작전은 무차별 대량 학살로 바뀌었다.

여수에서 무장봉기가 일어난 것은 대한민국 정부가 수립되고 불과 2개월 후인 10월 19일이었다. 여수 바닷가에 주둔하고 있던 국방경비대 제14연대가 제주도의 반군을 진압하기 위해 출동하라는 육군사령부의 명령을 거부하고 총구를 대한민국 정부로 돌린 것이다. 이 역시 남로당 지도부의 승인을 받지 않은 자생적이고 충동적인 반란이었다.

반란군은 며칠 간 여수와 순천을 휩쓸며 경찰관과 우파 인사 수백 명을 무참히 처형했다. 오랫동안 누적되어 온 경찰과 우익에 대한 분노의 표출이었다. 이에 대한 정부군의 보복 조치는 훨씬 광범위했다. 정부군은 여수와 순천, 지리산 일대에서 반군을 색출한다며 수개월 간 최소 3천 명 이상의 주민들을 학살했다. 반란이 완전히 진압될 때까지 죽인 숫자는 7천 명에 이르는 것으로 추산되었다. 이유는 반군의 강요에 못 이겨 밥을 해 주었다거나 반군을 목격했는데 늦게 신고해 도망치게 만들었다는 등으로, 남녀노소를 가리지 않고 대상 마을의 주민과 가옥 전체를 없애버리기 일쑤였다.

여수와 순천의 살벌한 보복 분위기는 제주도에 그대로 전파되었다. 11월부터는 제주도에서도 정부군과 우익에 의한 대학살이 시작되었다. 여수, 순천과 마찬가지로 그들의 학살 구실에는 어떤 법률적 기준도 없었다. 기본적으로는 해안에서 5킬로미터 이상 떨어진 산간 지역의 모든 주민에게 소개 명령을 내린 후 이를 따르지 않는다는 이유로 반군 동조자로 간주해 즉결 처형했는데 다른 이유도 얼마든지 가능했다. 형제나 친척이 반군에 가담했다는 이유로, 반군에게 식량을 빼앗겼다는 이유로, 사이 나빴던 이웃 간의 무고로, 혹은 단지 여성을 겁탈하기 위해 방해자들을 죽일 수도 있었다.

정부군과 경찰, 우익 청년단원은 제주도에서는 각자가 재판관이자 사형 집행인이었다. 재판에서 집행까지 짧으면 불과 몇 분밖에 걸리지 않았다. 보고서 따위는 필요도 없었지만 갓난아이들의 머리 숫자까지 사살한 반군 숫자에 포함시킨다 해도 아무도 조사하거나 문제 삼지 않았다.

이듬해인 1949년 봄까지, 이 무차별 대량 학살로 최소 25,000명 이상, 최대 3만 명의 제주도민이 죽었다. 무장봉기를 일으킨 남로당원의 숫자는 350명에 불과한데 그 100배의 주민이 죽었다는 것은 대다수가 무고하게 죽임을 당했다는 뜻이었다.

정부군만 학살을 자행했던 건 아니었다. 거꾸로 정부군에게 밥을 해 주었다거나 신고를 했다는 등의 이유로 자행된 반군에 의한 민간인 학살도 적지 않았다. 죽이는 방법도 국군 못지않게 잔혹했다. 다만 숫자가 적었을 뿐이었다. 전면전이든 게릴라전이든, 침략전쟁이든 내전이든, 전쟁은 이념을 초월하여 평범했던 사람들을 괴물로 만들어 버린다. 제주는 그 역사적 증거였다.

좌파, 우파 할 것 없이 복수가 복수를 부르는 참혹한 게릴라전은 제주도의 경우는 1949년 봄에 잦아들었다. 사실 게릴라전의 종식이라고 해서는 안 되었다. 정부에 의한 대학살의 종식이라 하는 게 맞았다. 이승만 정부는 그제야 제주도 3개 지역구의 국회의원 선거를 실시했고, 1949년 6월에는 반군을 이끌던 이덕구가 사살되었으며 1954년 9월 한라산은 다시 민간에 개방되었다. 그러나 여수, 순천의 반군은 상당수가 빨치산으로 전환해 소백산맥 일대에서 장기 투쟁에 들어간다.

여수 14연대 반란이 일어날 무렵 영도에 배치되어 있었던 이수갑은 제주도가 잠잠해지기까지 6개월간 여성동맹 위원장 집에 머물며 제주도당 재건 사업을 주도했다. 임무를 마친 후에는 1949년 5월에 부산시당 오르그로 복귀해 바쁜 나날을 보냈다. 하루에 한 번씩 각 구별로 비밀 조직원들로부터 보고를 받고 그것을 취합하여 상부에 보고하는 것이 일과였다.

그러던 어느 날이었다. 매일매일 아지트를 바꿔가며 추적을 따돌렸건만 어디선가 비밀이 샌 모양이었다. 그날의 아지트는 양산군 출신의 노인이 혼자 사는 집으로, 매축지 17수용소 안에 있었다. 노인과 점심을 먹으려는데 밖에서 심상치 않은 구둣발 소리들이 들렸다.

이수갑은 얼른 주머니에 있던 쪽지부터 입에 넣어서 삼켜버렸다. 매일 바뀌는 약속 장소 등이 적힌 쪽지였다. 거의 동시에 방문이 넘어가면서 세 명의 사내가 들이닥쳤다. 부산 남부경찰서 소속 형사들이었다. 사택 주변의 경비를 맡았던 민애청 단원들이 없어지자 아무 방해도 받지 않고 들이닥친 것이다.

"너 이수갑이지? 이 빨갱이 자식!"

형사들은 비좁은 방안에서 주먹질과 발길질을 해대며 기선을 제압하려 들었다.

"뭐야 이놈들아! 경찰이 사람 죽인다!"

마구 소리를 질러댔으나 구출하러 오는 사람은 아무도 없었다. 전에는 누구든 경찰이라고 소리만 질러도 민애청 회원들이며 주민들이 몰려왔으나 이제 분위기가 바뀌어 다들 나서기를 꺼려했다. 얼굴, 등, 배 할 것 없이 주먹으로 얻어맞으며 끌려가지 않을 수 없었다.

남부경찰서까지는 자동차 대신 마차를 타고 갔다. 바닥만 있는 한국식 마차였으나 수갑에 묶여 달아날 수가 없었다. 남부경찰서 옆 산기슭에는 큰 방공호가 있었다. 식민지 시대 때 비행기의 폭격을 피하려고 파 놓은 곳으로, 계곡의 물길이 굴 안으로 이어져 콸콸 소리 내어 흐르고 있었다. 형사들은 차가운 물길 앞에 이수갑을 꿇어앉히고 몽둥이로 바닥을 쿵쿵대며 말했다.

"이수갑! 여기 왜 잡혀 왔는지는 알겠지?"

거칠게 흘러가는 차가운 물방울이 얼굴에 튀었다. 또 다시 물고문을 당할 생각을 하니 암담했다. 이번에는 정말로 살아서 나가지 못할지도 모른다는 생각이 들었다. 그럴수록, 살아 나가려면 절대로 꼬투리를 잡히면 안 된다고 다짐했다. 이수갑은 숨을 깊이 들이쉬어 두려움을 떨쳐 내며 담담히 답했다.

"그걸 내가 어떻게 알겠습니까? 내가 뭘 잘못했다고 이러시는지? 철도에서도 해고당하고 먹고 살길이 막막해서 막노동판에 다니면서 근근이 입에 풀칠이나 하고 있습니다."

몽둥이가 날아왔다.

"이 새끼가. 신사적으로 대해 주니까 우리를 갖고 놀아?"

물고문이 시작되었다. 형사들은 그의 머리칼을 움켜쥐고 뒤에서 목을 눌러 흐르는 찬물 속에 얼굴을 처박았다가 숨이 넘어가기 직전에 끄집어냈다.

"윗선을 대. 니가 보고하는 선 말이다."

"그런 거 없습니다. 내가 어디서 뭘 하든 전부 나 혼자 한 겁니다."

"이놈이 죽고 싶어 환장했구나. 제주도 소식도 못 들었냐? 너 같은 빨갱이는 지금 이 자리에서 죽여서 경찰서 정문에 매달아 놔도 다들 박수치지 따질 놈 하나 없어. 이게 세상 바뀐 줄 모르고 어디서 까불어? 너희 세상은 이제 완전히 끝났어. 살고 싶으면 순순히 불어!"

"도대체 뭘 잘못했는지 알아야 고백을 하든가 말든가 할 것 아닙니까?"

"오냐, 누가 손해인지 한 번 끝까지 가 보자! 물속에 박아!"

몇 번을 죽음의 문턱까지 갔다가 왔다. 물을 토해내느라 기관지와 폐가 찢어진 듯 아프고 목소리도 나오지를 않았다. 머리까지 터질 것 같았다. 정말 이러다가는 죽지 싶었다. 어차피 죽거나 감옥살이를 할 거라면 마지막 승부수를 띄워 보자 싶었다. 고문을 못 이겨 포기하는 척하며 거짓말을 했다.

"내일 새벽 해 뜨기 전에 마루보시 사택에서 윗선을 만나기로 했소."

형사들은 반색을 했다.

"사택 어디서, 어떻게 만나기로 했나?"

"며칠 전 이사를 가서 빈 사택이 있는데 내가 먼저 들어가 기다리고 있으면 나타날 겁니다."

"그럼 우리가 미리 그 사택에 들어가 잠복하고 있으면 되겠네."

형사의 말에 얼른 기지를 발휘했다.

"나 혼자 있는지를 누가 와서 먼저 확인할 겁니다. 다른 사람이 있으면 안 나타날 겁니다."

"기회 봐서 도망치려는 수작 아냐?"

미심쩍어 하는 형사들에게 이수갑은 지친 듯 말했다.

"보시오. 내가 잡힌 게 벌써 다섯 번째입니다. 얼굴 다 알려진 내가 이 좁은 부산 바닥에서 어디로 도망칩니까?"

사실이 그렇기도 했다. 형사들도 수긍했다.

"좋아, 믿어 보지. 이번에 도망치다 잡히면 영도다리 밑에 물귀신이 되는 거야."

다음날 새벽, 세 형사는 합동택시에 그를 태워 마루보시 사택으로 향했다. 윗선까지 연행하려면 더 많은 경찰력이 필요했으나 마침 삼일고무 공장에서 누구의 짓인지 알 수 없는 관리자 암살 사건이 터져 다들 그쪽으로 가는 바람에 세 형사만 가게 된 것이다. 형사들은 거듭 윽박질렀다.

"딴 생각 품었다간 그 자리에서 총알 밥 먹을 줄 알아."

형사들은 옆구리에 권총을 차고 있었다. 험악한 사회 분위기로 보아 실제로 총을 쏘아대고도 남았다. 약속도 하지 않은 윗선이 나타날 리가 없었다. 도주의 기회를 노리려고 거짓말을 한 것뿐이었다. 도주에 성공하지 못하고 잡히면, 정말로 총알 밥이 되어 영도다리 아래 던져질 것이었다.

사택 입구에서 택시가 멈추었다. 아직 해가 뜨지 않아 깜깜한 가운데, 새벽일을 나가는 집들이 하나둘씩 불이 켜지고 있었다. 택시에 내린 이수갑이 천천히 앞장서고 형사들이 조금 떨어져서 따랐다. 점찍어 두었던 빈집은 사택 단지 중간쯤에 있었다. 이수갑은 형사들이 멀찌감치 잠복하는 것을 확인하고 빈집으로 들어간 다음 문부터 단단히 잠갔다. 서둘러 다락으로 올라가 맨 끝집까지 기어갔다. 아는 집이었는데 아직 다들 잠들어 있었다. 조용히 문을 열고 빠져나왔다.

형사들은 이수갑이 사라진지도 모르고 어딘가 잠복하고 있는지 눈에 보이지 않았다. 공사장으로 새벽 출근을 하는 사람처럼 천천히 걸어서 사택단지를 벗어났다. 사택이 멀어지고 아무도 따라오지 않음을 확인하니 비로소 긴장이 풀리고 구타에 멍든 온몸이 아파 왔다. 어둑한 길을 절뚝거리며 걸어 부산진역에서 일하는 비밀 조합원 집을 찾아갔다.

비밀 조합원이란 뜻을 같이 하고 조합비도 내지만 가입 사실을 다른 조합원에게도 숨기는 제도로, 좌파에 대한 폭압이 극도에 이르면서 만든 자구책의 하나였다. 비밀 조합원의 집은 부산의 빈민촌이 다 그렇듯이 가파른 산등성이에 마당이라곤 없이 방 한두 개에 작은 부엌이 딸린 판잣집이었다. 출근을 위해 막 일어난 조합원은 불쑥 찾아온 이수갑의 몰골에 놀라 황급히 집안으로 잡아끌었다.

"분회장! 이 꼭두새벽에 웬일이야? 얼굴은 또 왜 이 모양이고?"

나이가 많고 여러 아이를 부양해야 하는 몸이라 눈에 띄게 앞장서서 싸우지는 못해도 마음이 한없이 넓어 여러 모로 고마운 후원자 역할을 하는 이였다.

"형님, 아무래도 제가 한동안 부산을 떠나 있는 게 좋겠습니다. 역마다 형사들이 깔려 있으니 검문을 피해 몰래 기차를 타게 해 주십시오."

"그거야 어려운 일이 아니지. 우선 밥부터 먹읍시다."

두 사람은 서둘러 밥을 먹고 부산진역으로 갔다. 기차를 탈 때 형사들이 잠복하고 있을 정식 개찰구만 피하면 별 문제 없었다. 조합원은 그를 수화물 드나드는 문으로 데리고 들어가 승강장에서 기다리라더니 한참 후에 돌아와 자기 돈으로 발권해 온 밀양행 기차票와 매점에서 산 빵을 건네며 말했다.

"근데 분회장 이거 큰일이 났네."

"무슨 일인데요?"

"표를 끊으며 라디오를 들었는데, 어제 고무 공장에서 일어난 살인 사건의 범인이 이수갑이라고 나오는 거야. 깜짝 놀랐네."

"어제는 종일 경찰서에서 물고문 당하고 얻어터지고 있었는데요?"

"그러니 말일세. 놈들이 분회장을 잡으려고 있지도 않은 누명까지 씌우는구먼. 지금 잡히면 억울한 살인 누명에서 절대 벗어나지 못할 거야."

"제가 살인범으로 몰리면 조직에도 크게 누가 될 겁니다."

"분회장, 절대 잡히면 안 되오."

흰 연기, 검은 연기를 뿜으며 기차가 들어오고 있었다. 이수갑은 조합원의 손을 굳게 잡아 주고 기차에 올랐다. 그렇게 한동안 돌아갈 수 없는 부산을 떠났다.

10. 전쟁과 토지개혁

아내의 친척들이 모여 사는 밀양의 유천이란 곳으로 피신한 이수갑은 처가 친족들이 대단한 재산가라는 걸 알고 깜짝 놀랐다. 3대 머슴 집안에서 태어난 상민의 자격지심이었을까, 사회주의 혁명가로서의 본능이었을까, 이수갑은 아내의 친척들 집에 몸을 의탁하고 있으면서도 못마땅한 기색을 숨기지 않았다. 부자들의 정신세계가 마음에 들지 않았고 그들의 식생활이며 의생활, 행동거지와 말투까지 모든 게 몸에 맞지 않는 옷을 입은 것처럼 불편했다. 처가 집안에 대해 좋게 이야기하지 않을 뿐 아니라 지주계급이라며 백안시했다. 밀양까지 찾아온 아내에게 면전에서 대놓고 쓴 소리를 했다.

"이렇게 으리으리하고 부자로 살아서 의식들이 저런가? 하나같이 봉건적이군."

이수갑이 유별나게 너그럽지 못해서 이런 말을 한 것만은 아니었다. 그에게는 장인이 되는 손일식의 아버지도 부자들의 행태가 못마땅해 고향을 떠나 부산에 나와 살던 사람이었다. 아마도 가난한 소작인이나 하인들을 인간 이하로 하대하는 모습이며, 자기들은 불필요한 사치품에 물처럼 돈을 뿌리면서도 그 돈을 벌어다주는 아랫사람들에게는 지독하게 인색한 모습이 장인과 사위를 역겹게 했을 것이다.

조선 왕조 말기부터 심각했던 토지의 집중은 식민지 시대를 거치면서 더욱 심화되었다. 전북 고창의 지주이자 동아일보 사주인 김성수처럼, 십만 평을 가졌던 지주가 백만 평으로 늘리는 식이었다. 법치 상 모든 농토가 왕의 소유여서 개인 간의 거래에는 제한이 있던 봉건 시대와 달리, 개인의 소유권과 거래권이 보장되는 자본주의가 되면서 잉여 농산물을 팔거나 2차, 3차 산업에 투자해 땅을 넓힐 수 있었기 때문이다.

토지 축적의 과정에는 총독부와의 원만한 관계가 필수적이었다. 전쟁 기금이나 군수 물자 희사 같은 친일 행위도 필요했다. 자연히 대지주는 친일파라는 등식이 성립되었다. 민중들은 이를 잘 느끼고 있었고, 대지주들로부터 토지를 빼앗기를 원했다. 해방된 남북에는 공히 토지 문제 해결이라는 거대한 난제가 기다리고 있었다.

토지 문제 해결의 단초를 제공한 것은 북한에 도입된 토지개혁이었다. 북한은 해방 직후부터 토지 분배 사업에 착수해 모든 토지를 무상몰수, 60세 이하의 농사를 지을 수 있는 농민에게 무상으로 분배한다. 매년 수확량을 실측해 30퍼센트를 현물세로 내야하고, 후손에게 소유권을 넘길 수 없고 남보다 열심히 일해도 재산을 늘릴 수 없는 등 농민들이 원하는 방식이 아니라 책상물림의 사회주의자들이 만든 개혁이었으나, 그렇기 때문에 더 진보적이라 할 수 있었다.

북한의 토지분배는 농민들의 욕망을 채워주기보다는 벼 낱알을 세어 세금을 매기는 등의 소아병적인 방식으로 불만을 사기도 했으나 남한의 농민들을 현혹시키기에는 충분했다. 조선공산당과 남로당의 주된 선동 구호가 무상몰수, 무상분배이기도 했다. 한국뿐 아니라 대만, 필리핀, 일본 등 논이 생산수단인 아시아 농민들의 요구이기도 했다.

일본을 누르고 아시아의 새로운 맹주로 등장한 미국은 사회주의의 확산을 막기 위해서라도 토지개혁을 주도하기로 했다. 단, 사회주의식이 아니라 자본주의식 토지개혁이었다. 즉, 개인의 토지 소유에 상한선을 두고 나머지는 강제로 몰수해 농민들에게 나눠 주되 땅값을 10년에 걸쳐 분할해 갚게 하는, 유상몰수 유상분배였다.

남한의 미군정 관리들은 이를 위한 매우 세부적인 통계와 계획까지 작성해서 이승만 정부에 제공했고, 이승만은 조봉암을 초대 농림부장관으로 임명해 이 일을 맡겼다. 초창기 공산주의 지도자로서 명망이 높았으나 해방 전후 사회민주주의로 선회한 조봉암을 적임자로 본 것이다.

조봉암은 대지주들로 이뤄진 한민당의 격렬한 반발과 인신공격으로 반 년 만에 장관직을 내놓기까지, 미군정이 입안해 놓은 개혁안을 보다 현실 화 시켜서 농민의 불만을 줄이고 실현 가능하게 했다. 하루빨리 농토를 갖 고 싶어 하는 농민들의 요구에 따라 할부 기간을 10년에서 5년으로 줄이 고, 대금 결제는 정부에서 관리하는 방식이었다. 흔히 조봉암의 토지개혁 으로 불리는 유상몰수 유상분배 개혁안이었다.

정보를 미리 안 지주들이 농민들을 매수해 소유권을 유지하기도 하고 일 부 농민들은 분배를 받지 못하기도 했으나 남한의 토지개혁은 상당한 성과 를 이룬다. 특히 이를 성공케 한 것은 전쟁이었다. 전쟁으로 인해 화폐 가 치가 급격히 떨어졌으나 정부에 내는 토지 대금의 액수는 그대로여서 농민 들의 부담은 적은 반면, 휴지나 다름없는 돈을 수령한 지주들은 회생이 어 렵도록 타격을 받았기 때문이었다.

남한의 토지개혁은 1950년 초에 본격화되었는데, 공교롭게도 이수갑이 밀양에 있을 때였다. 경찰서 간의 수사 협조가 이뤄지지 않은 덕분인지, 이 수갑은 밀양 지역의 토지개혁 실무자로 활동했다. 처가 친척들의 재산을 빼앗아 소작농들에게 나눠 주었다는 뜻이다. 이수갑이 혼자 한 일도 아니 고 손해를 본 게 손 씨 집안만은 아니었다. 휴지나 다름없더라도 매각 대금 을 받았고 산과 집은 남아 있으니 가난해졌다고 할 수는 없었다. 하지만, 지주의 딸과 결혼한 머슴의 아들이 처가 집안에 큰 피해를 입힌 모양새가 되었다.

토지개혁이 마무리되어 가던 1950년 6월 25일, 마침내 남북전쟁이 터 졌다.

북한 인민군 수뇌부에게는 준비된 전쟁이었으나 북진 통일을 하겠다며 허장성세만 부렸을 뿐, 아무런 준비도 없던 남한 국군에게는 예기치 못했 던 전쟁이었다. 인민군은 노도처럼 밀려 내려오고 있는데 남한 경찰과 군인들은 공산주의자라고 의심되는 사람들을 잡아 가두느라고 정신이 없었다. 남쪽의 공산주의자들이 북의 인민군과 합세할 것을 두려워한 것이다.

좌파 활동을 하다가 체포되어 감옥에 수용되어 있던 사람들, 체포된 후 전향서를 쓰고 보도연맹이라는 관변단체에 가입해 반공 집회에 동원되던 사람들이 일순위로 잡혀가 국군의 총알 밥이 되었다. 보도연맹 가입자의 상당수는 좌파 운동가의 가족이라는 이유로, 혹은 지방 경찰이 머릿수를 채우기 위해 명단에 올려버린 사람들이었으나 예외 없이 총탄에 희생되었다. 보도연맹원이 아니어도 평소에 좌파로 의심받던 사람들도 무수히 끌려가 죽임을 당했다.

토지개혁에 앞장선 이수갑도 무사할 리 없었다. 머물고 있던 처가 친척 집에 들이닥친 경찰에게 묶여 끌려가 보니 창고 비슷한 곳이었다. 낯이 익은 사람들이 몇 있었다. 처삼촌도 잡혀와 있었는데 그는 농사밖에 모르는 이였다.

이 와중에 뜻밖에 반가운 인물들도 만났다. 부산진역에서 조역장을 하던 사람과 임판호라는 사람이었다. 부산에서 전평 활동을 하던 이들이었는데 고향 밀양에 왔다가 갑작스런 전쟁으로 체포된 것이다.

벌써 몇 번째이던가, 또 다시 죽음이 코앞에 다가와 있었다. 이번에는 빠져나가기 어려워 보였다. 사람들은 차례로 불려 나가 간단히 심사를 받고 한 무더기씩 트럭에 실려 어디론가 사라졌다. 나중에 알았지만 야산 기슭에 파 놓은 구덩이 앞에 나란히 세워져 총살된다. 그렇게 학살된 숫자가 전쟁 초기에만도 최소 5만 명이 넘는 것으로 공식 집계되고 있는데, 전쟁 전체를 집계하면 20만 명에 이를 것으로 추산된다.

이수갑에게는 이번에도 예외 없이 행운이 따랐다. 절체절명의 상황에서 또 다시 살아난 것이다. 임판호 등 전평 출신들 덕분이었다. 그들이 고향 친인척과 선후배들에게 구명운동을 하면서 이수갑도 함께 구해 준 것이다. 이수갑은 훗날, 자신이 풀려날 수 있던 것은 그들의 주선으로 그들과 함께 국군방위대에 입대한 덕분이라고 말한다.

국군방위대는 정규군이 아니라 민간인을 조직한 일종의 자경단으로, 개전 6개월 만인 1950년 12월 21일에 정식으로 법률이 만들어지는데 비슷한 기구가 개전 초기부터 운용되고 있었다. 군인들이 작전 수행을 하는데 식량이나 무기 등을 지게에 져서 나른다거나, 남부 산악 지대 곳곳에 활동하고 있던 공산주의 빨치산 토벌에 동원되기도 하는 민간인들이었다.

체포된 사람들 누구나 국군방위대에 편성될 수는 없었을 것이다. 창고에 잡혀 간 사람들 중에도 이수갑이나 임판호처럼 보도연맹에 가입한 적이 없는 이들에게 주어진 생존의 기회였을 것이다. 더구나 이수갑은 밀양 국군방위대에 이름만 올려놓고 부산으로 돌아가면서 반공에 관련된 어떤 활동도 않고 전쟁기간을 통과할 수 있었다.

밀양 바로 위인 청도군까지 밀려왔던 인민군은 유엔군의 반격에 밀려두 달 만에 물러났다. 개전 3개월 만인 9월 28일 서울을 탈환한 유엔군은 10월 1일 북진을 시작해 불과 3주일 만에 압록강까지 진출했으나 중국공산당 팔로군 90만 대군이 밀려오면서 전세는 또 다시 역전되었다.

아버지의 부고가 날아온 것도 무렵이었다. 간신히 목숨을 건졌다고 한숨을 돌리고 있던 이수갑은 급히 부산으로 달려갔다. 가까스로 장례 전에 도착할 수 있었다. 아버지의 죽음은 경찰 탓이었다. 형사들이 몰려와 이수갑을 찾아내라고 행패를 부리자 아버지가 참지 못하고 호통을 쳤는데 경찰이 욕을 하며 밀어뜨렸고 그때 쓰러져 다시는 일어나지 못한 채 6개월 만에 사망한 것이다.

오래전부터 반신 마비로 고생하던 아버지의 죽음은 어느 정도 예상했던 일이었다. 그런데 이상하게 동생 이수건이 보이지를 않았다.

"수건이는 왜 안 오는 겁니까? 무슨 일이 있어요?"

물어봐도 대답하는 이가 없었다. 장례를 치르고 나서야 형 이수택이 말했다.

"수건이는 진작에 학살됐다. 원동산에 끌려가서."

얼마나 아끼던 동생인데, 충격으로 다리가 후들거려 서 있을 수가 없었다. 털썩 주저앉고 말았다.

"어떻게 된 일입니까? 언제 그랬어요?"

"저녁을 먹고 있는데 수건이 친구가 찾아왔더라. 그 친구가 잠깐 보자고 해서 밥도 다 안 먹고 나갔는데, 그 길로 안 돌아왔다."

이수건을 불러낸 친구는 중학교 때부터 우익 활동을 하던 자로, 이수갑의 식구들은 다 아는 얼굴이었다.

"아니 그런 놈을 왜 따라가서…."

"녀석이 헌병이 된 줄은 몰랐지. 설마 친구라는 자가 불러다가 죽일 줄을 누가 알았겠니. 원동산에서 학살이 있었다고 하더라. 구덩이를 파 놓고 총으로 쏴 죽여서 파묻었다는 거야."

윗선에서 가장 믿을 만한 사람을 소개하라고 할 때 두 번 생각도 하지 않고 추천할 정도로 사상이 투철했던 동생이었다. 사상적으로는 이수갑보다 더 과격하고 원리주의적인 좌파였다. 함께 5.10선거 방해투쟁을 한 적은 있지만 특선으로 선발된 수건이 무슨 일을 했는지는 알지 못했다. 이수갑이 짐작하는 것보다 지하 운동 조직에 깊이 발 담그고 있었을 가능성이 컸다.

아버지 장례 때문에 부산으로 돌아온 이수갑은 국군방위대에 적을 둔 덕분에 무사히 전쟁 기간을 넘길 수 있었다. 팔로군의 남진은 중부전선에서 멈추어 길고도 처참한 고지전이 계속되는 동안, 적 후방이 되어버린 부산에서 고립무원의 상태로 버텨냈다. 전쟁 기간 중에는 노동운동도 마비되었으니 그를 주목할 필요도 없었을 것이다.

인민군의 전면 기습으로 시작된 내전이었으나 유엔 16개국에 중국군과 소련군까지 가담함으로써, 사실상 작은 제3차 세계대전으로 비화되었던 전쟁은 식민지 시대부터 30년을 이어온 사회주의 운동의 맥을 단칼에 끊어 버렸다.

남한 땅에서 사회주의니 공산당이니 하는 말은 저주와 혐오를 상징하는 기피 단어가 되어 버렸다. 그 많던 좌파 계열 사회단체는 모두 사라지고, 그 많던 당원이며 회원들은 죽거나 숨어 버렸다. 살아남아 혁명 운동을 계속하고자 하는 이들을 엮어 지도할 조직 같은 건 더 이상 존재하지 않았다.

이수갑은 이제야말로, 상부로부터의 내려와야 할 연락선이 사라져 버린, 선이 끊어진 혁명가가 되었다. 운동가들 사이의 속어로 '선 떨어진' 사람이 된 것이다. 상부의 지시를 받을 수 없게 되니 전에 자신을 지도했던 이가 남긴 말이 새삼 떠올랐다.

"이제부터는 대중 속에서, 현장에서, 독자적으로 활동하시오. 혁명의 기본 원칙에 입각하여 스스로 창의성을 발휘해서 활동하라는 뜻이오. 이것이 진정한 혁명가의 길이오. 이 동지, 절대로 혁명 운동에서 이탈해서는 안 되오."

혁명의 선배로부터 마지막으로 하달 받은 지시였다. 창의력을 발휘해서 현장에서 활동하라, 어떠한 지시도 못 받더라도 노동계급의 창발성으로 독자적으로 과업을 수행하라는 말을, 이수갑은 가슴 깊이 새겼고 평생을 간직했다.

핵심이 살아 있으면 조직은 죽지 않는다는 말도 가슴에 새겼다. 남로당도 전평도 다 깨어져 버렸지만, 자신이 혁명 정신을 지키고 있는 한 운동이 와해된 것이 아니라고 생각했다. 어디에선가 자신처럼 당의 마지막 지침을 지키고 있는 조직원들이 또 있으리라 믿었다. 시간이 아무리 걸리더라도, 그들과의 연결을 포기해서는 안 되었다.

길고도 외로운, 혼자 걷는 혁명의 길이었다. 몇 번이나 죽음의 고비를 넘겼기에 오히려 화려했던 청년 혁명가의 시간이 5년 정도였다면, 앞으로 63년이나 남은 긴 생애의 대부분은 지루하고 기운 빠지는 시간이 될 것이다. 그래도 그는 끝까지 희망을 잃지 않고, 자신이 혁명가라는 자부심을 잃지 않고, 쉬지 않고 활동하며 살아남아서 세상이 바뀌는 현장에 서 있는 행운을 누리게 된다.

11. 진보당 중앙위원

1953년 7월 27일, 미군 대표와 중국군 대표가 정전협정에 서명함으로써 3년간 3백만 명을 살상한 전쟁이 끝났다. 작은 제3차 세계대전이었을 뿐 아니라, 같은 민족 간의 대학살이란 점에서도 세계 역사에 기록될 수치스런 전쟁이었다.

자본주의와 공산주의의 이념대립으로 시작된 이 끔찍한 전쟁은 남한을 경제적으로 파탄시켰을 뿐 아니라 정치적으로도 후퇴시켜 극도의 반공주의 국가로 만들었다. 전쟁이 나기 전까지만 해도 좌익에 동정적이던 다수의 민중들마저 반공으로 돌아서서 합법이든 비합법이든 진보 운동은 대중 속에 뿌리를 내리기가 어렵게 되었다.

이렇듯 사회주의 운동이 급격히 퇴조하던 시기에 이수갑은 사업을 시작했다. 가족의 생활비와 조직 운영비도 벌고 경찰로부터 자신의 지하 활동을 은폐하기 위함이었다. 친척들 말대로, 남다른 아이디어가 많고 영리한 이수갑은 잠시만 현실로 돌아와도 충분히 부자가 될 수 있는 사람이었다. 타고난 눈썰미와 기억력, 남다른 손재주를 활용하기만 하면 되었다.

처음 연 사업은 자동차 정비였다. 자동차라면 운전부터 수리까지 자신이 있었다. 집 마당에 자동차 정비 공장을 차렸다. 삼신자동차 정비공장이라는 간판도 달았다. 다 낡아서 굴러가지도 않는 차도 이수갑이 만지면 새 차가 되었다. 자동차가 귀한 시절이었으므로 수리한 중고차라고 해도 새 차처럼 비싸게 거래되었다. 민간인 검사관까지 한 적이 있는 이수갑의 기술은 이미 정평이 나 있어서, 삼신자동차에서 수리를 해 왔다고 하면 시운전을 해 보지도 않고 통과시켰다.

금방 돈이 모였다. 돈이 생기니 이수갑은 제일 먼저 어머니와 형제들에게 집을 사 주기로 했다. 손일식과 여기저기 집을 보러 다녔다. 그때만큼 부부애가 충만하고 행복했던 시기는 없었다. 그런데 이수갑은 마당이 있는 큰 집만 찾았다.

"여보, 왜 그렇게 큰 집을 찾아요?"

"두 형님과 어머니까지 삼형제가 함께 살려면 집이 커야지요."

이수갑이 두 형님들까지 함께 살려는 이유는 실은 어머니를 모시기 위함이었다. 부모의 유산이 모두 큰아들에게 상속되던 시절로, 작은아들이 어머니를 모시면 손가락질을 당하던 시절이었다. 그러니 막내인 자기가 어머니를 모실 수는 없고, 차라리 큰형까지 온 형제가 어머니와 함께 한 집에 살려고 방 많은 집만 찾는 것이었다. 형제간의 우애며 자기 어머니만 생각했지 며느리들의 고충은 고려하지 않은 계획이었다. 손일식이 말렸다.

"부산 바닥에 그렇게 큰 집이 어디 있겠어요? 그러지 말고, 싸고 작은 양철집 세 채를 삽시다. 큰 형님이 부모님 모시고 살라고 하고 둘째 형님하고 우리는 각각 살면 되지 않겠어요? 그렇게 하는 게 돈이 절약도 되고 좋을 것 같아요."

보통 효자가 아니니 고집을 꺾을 수는 없었다.

"당신 말도 일리가 있습니다. 그런데 나는 어머님을 큰 집에 모시고 싶소. 우리 어머니, 그동안 단칸방에서 우리들 키운다고 고생만 하셨으니, 꼭 그렇게 하고 싶습니다. 미안하지만, 그렇게 하도록 부디 눈감아 주시오."

"하지만…."

"그리고 수리 공장을 그 마당에 차릴 생각이오. 그러면 따로 공장 터를 구하지 않아도 되니까, 당신 말처럼 돈을 낭비하는 게 아니다 이 말이오."

남편의 호소가 간절하니 더는 반대할 수가 없었다. 그러나 집을 사겠다는 꿈도 잠시뿐, 이수갑의 금고에는 돈이 쌓일 시간이 없었다. 어느 날은 남편이 공장에서 돈을 한 보따리 집으로 가져왔다. 이승만 얼굴이 찍혀 있는 지폐였다. 인플레가 심해 돈 가치가 폭락하고 있다지만 상당한 금액이었다. 큰돈을 만져본 적도 없고 마음 놓고 돈을 써본 적도 없는 손일식은 어떻게 해야 할지 몰라 그냥 방구석에 놔두었다. 그런데 어느 날은 갑자기 그 돈을 싹 가져가 버리는 것이었다. 그런 일이 두 번이나 있었다. 돈 보따리를 가져다주는 것도 갖고 가버리는 것도 그러려니 했다. 갑자기 돈을 가져가면 뭔가 사업에 필요한가 보다 할 뿐 생활비로 내놓으라고 따지지도 못했다.

호시절은 그나마도 오래 가지 않았다. 전쟁이 끝나고 한두 해나 지났을까, 한동안 뜸했던 형사들이 매일이다시피 공장에 찾아와 귀찮게 굴어 대니 제대로 영업을 할 수가 없었다. 경찰이 오지 않는 날이라도 본인의 출타가 잦아져 공장을 지키지 못하는 날이 많으니 운영이 어려운 지경이 되었다. 손일식은 전혀 몰랐지만, 이수갑은 이 무렵 토지개혁의 주역이던 조봉암이 이끄는 진보당에 가담했던 것이다.

진보당은 집중 탄압을 받고 있었다. 구속까지 될 사안은 없더라도 조직 보호를 위해 경찰을 피해야 하는 이수갑은 할 수 없이 정비 기술자를 한 명 고용해 놓고 밖에서 몰래 만나거나 가끔 출근해서 자동차의 상태에 대해 듣고 어디가 문제인 것 같으니 어디를 고치라는 식으로 지시했다. 당연히 수리 기술에 차이가 났다. 손님이 줄어들 수밖에 없었다.

주인이 밖으로 나돌자 어디로 새는지 모르게 돈까지 흐지부지 새 나갔다. 지엠 트럭 2대, 택시 2대, 지프차 1대를 가지고 대여업도 하고 있었지만 주인이 없으니 관리하는 사람이 임자였다. 이래서는 망하겠다 싶어 손일식이 직접 관리를 해 보았지만, 기술자가 왕이었다. 기술자는 툭하면 경찰서니 시청에 뇌물을 줘야 한다면서 돈을 가져갔다. 적자를 견디다 못해 기술자에게 차를 팔게 했는데 세금을 제하고 나니 남은 게 없다며 푼돈이나 건네는 것이었다. 차에 대해 알지를 못하니 어찌해 볼 방도가 없었다. 얼마 가지 않아 공장은 쫄딱 망해 버렸다.

진보당이 정식으로 창당된 것은 전쟁이 끝나고 3년 후인 1956년이었는데 이수갑은 준비 과정부터 발기위원으로 참여했으니 바쁠 수밖에 없었다. 창당했을 때는 경남도당 조직 차장을 맡았으며 나중에는 중앙위원까지 했다. 이수갑에게 1950년대는 온전히 진보당 운동의 시간이라 해도 좋았다.

이수갑뿐 아니라 남로당 등 과거에 진보운동을 했던 이들의 상당수가 진보당에 입당해 있었다. 반대로 진보당을 사회민주주의, 개량주의 정당이라 비판하며 입당을 반대하는 이들도 있었다. 이 문제는 이수갑의 고민이기도 했다.

이수갑이 평생을 놓지 않고 있던 노선은 사회주의였다. 반면, 조봉암은 현실 사회주의국가들의 모순을 비판하며 민주적 사회주의, 곧 사회민주주의를 주창한 인물이었다. 역사적으로 보면 사민주의야말로 사회주의의 시작이요 현재라 할 수 있는, 관용도가 넓은 사상이었지만, 두 차례나 세계대전을 치른 20세기 전반은 민주주의와 사회주의가 동거하기 어려운 야만의 시대였다. 교조주의로 경도된 소련이 사회민주주의를 자본주의보다도 더 해로운 혁명의 적으로 규정하면서 서로 적대적인 관계가 되기까지 했다.

조봉암은 이수갑보다 27살이 많은 원로 혁명가였다. 러시아에 사회주의 혁명이 성공해 소련이 세워진 직후 모스크바에 유학을 갔던 공산주의 운동 1세대 지도자였다. 그런 조봉암의 사민주의로의 전향은 좌파들에게 맹비난을 받았다. 또한 우익들도 그의 전향을 신뢰하지 않았다. 한 번 공산주의에 물든 사람은 죽을 때까지 변하지 않으며 다만 위장공세를 펼 뿐이라는 것이 우익들의 신념이었다.

우익들의 시각을 편견이라고 할 것도 없었다. 소련과 동유럽, 중국과 북한에서 실시된 현실 사회주의가 정치, 문화, 경제의 모든 측면에서 실패하면서 오히려 반공주의를 부추기는 결과가 된 반면, 서유럽식 사회민주주의는 눈에 보이지 않게 자본주의를 제어하고 침식하는 역할을 했기 때문이었다. 급진주의자들의 눈에는 답답하고 때로는 반동처럼 보일 수 있지만, 자본가의 입장에서는 동구식 사회주의보다 서구식 사회민주주의가 더 교활하고 위험해 보였을 것이다.

우익들은 결코 조봉암을 자기편이라고 생각하지 않았지만, 일반 대중은 달랐다. 이승만 정부의 초대 농림부장관으로 토지개혁을 주도한 조봉암에 대한 인기는 높았다. 조봉암은 전쟁 중이던 1952년의 제2대 대통령선거에 후보로 나가 79만 표를 얻었다. 전시 수도 부산에서 치러진 반쪽 선거라 득표 숫자는 적었으나 비율로 보면 이승만 세력을 놀라게 하기에 충분했다. 이승만은 그 보복으로 경찰과 정치깡패들을 동원해 1954년의 총선에는 후보 등록조차 못하게 한다.

이수갑이 진보당 운동에 가담한 것은 이 즈음이었다. 조봉암의 전향에 대해서는 전평이 해체되기 전부터 논쟁이 있었다. 전쟁 기간 중에도 논쟁이 벌어졌다. 부산에서도 친북적인 진보 계열 사이에는 조봉암은 반동이다, 거기 동참해서는 안 된다고 반대하는 목소리가 높았다. 조봉암이 죽는 날까지도 북한을 두고 소련의 꼭두각시 위성 국가라는 뜻의 북괴라 지칭하며, 북한 체제는 사회주의의 근본정신을 왜곡한 일당 독재, 일인 독재라 맹비난한 것이 사실이었다.

적어도 그 무렵 이수갑이 조봉암을 지지한 것은 이러한 반북한 발언 때문은 아니었다. 아직까지 현실 사회주의의 제 문제들에 대한 정보가 충분하지 않은 상태에서 진보 세력의 절대다수가 북한과 소련을 사회주의의 모범 국가로 보고 있었을 때였다. 이수갑이 조봉암에 주목한 것은 그가 전쟁 없는 평화통일을 주장했기 때문이었다.

미국과의 정전협정이 맺어진 후, 북한은 소련과 동유럽 사회주의 국가들이 보내온 40억 루블에 이르는 원조 자금을 받아 전국에 새 건물을 세우고 기반 시설을 재건하고 있었다. 그러나 이승만 정부는 파탄 난 경제를 복구할 능력도 의지도 없이 또 다시 전쟁을 일으켜 북진통일을 이루겠다는 정치적 허장성세로 국민을 기만하고 있었다. 이 노선에 반대하여 평화통일을 내세운 대표적인 인물이 조봉암이었다. 다른 전평 출신 중에도 조봉암의 전향에 대해서는 비판하면서도 평화통일론에는 찬성해 진보당에 참여한 이들이 있었다.

이수갑은 진보당 운동을 반대하는 동지들에게 이렇게 선언한다. 본인의 기록이다.

"나는 조봉암 씨의 노선 전체에 동의하는 것은 아닙니다. 그러나 지금 유일하게 자본 독재에 반대하는 세력이 조봉암 씨의 세력이 아닙니까? 또한 유일하게 전쟁에 반대해 평화통일을 내세운 세력이 조봉암 씨의 세력이 아닙니까? 나는 목적의식적으로 이승만의 극우적인 북진통일 정책과 미국의 제국주의 침략에 반대하기 위해 조봉암 씨와 함께하겠습니다."

또한 이수갑은 조봉암이 자본주의를 상대로 하는 싸움에서 자신의 동반자가 될 수 있다고 생각했다고 기록한다. 후대의 진보 학자들은 이 부분을 간과하고 조봉암의 평화통일론만 강조하는데, 실제 조봉암은 통일문제보다 자본의 독재를 비난하는 일에 더 많은 노력을 쏟고 있었다. 후대 학자들은 조봉암이 북한과의 우호적인 평화통일을 주장해 남한 민중들의 지지를 받았다고 평가하지만, 실제 조봉암이 민중 다수의 지지를 받은 이유는 경제적 평등주의 정책이라고 보는 게 옳았다. 오히려 남한 민중의 다수는 전쟁을 일으킨 원흉으로써 북한 정권을 증오하고 있었다. 민중이 바라는 것은 북한과 합치는 게 아니라, 하루빨리 전쟁의 폐허에서 벗어나 정상적인 생활을 하게 되는 것이었다. 조봉암은 이에 부응해 1955년 6월 한국일보와의 대담에서 이렇게 말한다.

"한국인은 강도 일본의 침략을 받아서 40년 동안 신음하면서 일본식 독점자본주의의 잔인성과 무도와 비인간성을 보았고 또 그 해독을 보아왔으며, 그 독점자본주의가 우리 농민이나 노동자의 노력을 착취하여 우리 민족 전체가 고혈을 빨렸다는 것을 몸소 체험하였다."

이수갑은 이 부분에서도 조봉암과 뜻을 같이 했다. 국가 권력과 재벌이 결탁해 노동자 서민, 농민의 고혈을 빨아먹는다는 조봉암의 생각에 동의했다. 사회주의자로서 당연한 귀결이었다.

이수갑이 공장에서 번 돈까지 몽땅 쏟아 부으며 뛰어다닌 제3대 대통령 선거에서 이승만은 504만 표를, 조봉암은 216만 표를 얻었다. 단순한 숫자로는 절반에 못 미치지만 군대와 경찰, 공무원을 총동원한 부정선거였다는 점에서 대단한 성과였다. 미국식 자유민주주의라는 탈을 쓴 독재자 이승만에게는 치명적인 상처였다.

이를 갈던 이승만은 2년 후인 1958년 조봉암과 진보당 간부 5명을 구속시키고 정당 등록을 취소해 버렸다. 진보당의 평화통일론이 북한의 평화통일 공세에 부응하는 내용이라는 것, 양명산 등 북한에서 온 공작원들과 접선하여 공작금을 받았으며 공산당 동조자들을 국회의원에 당선시켜 대한민국을 파괴하려 했다는 혐의였다.

이수갑도 체포되었다. 본인들이 간첩 행위를 했다고 인정하는 자필 서명을 하면 감형해 주겠다는 감언이설로 진보당 간부들을 회유할 때, 여러 간부가 서명함으로써 구속되었다. 함정에 빠진 것이다. 그러나 이수갑은 아무것도 시인하지 않고 서명도 끝까지 거부해 풀려날 수 있었다. 이수갑만 아니라, 일단 구속되었던 이들도 금방 풀려났다. 이승만의 표적은 조봉암 한 명이었기 때문이다. 진보당 간부들에 대해 검찰이 제기했던 간첩 혐의는 모두허위 조작임이 밝혀져 대법원까지 갔던 간부들도 무죄로 석방되었다.

법원은 그러나 조봉암에 대해서는 사형을 선고, 재심 청구가 기각된 다음날 바로 교수형에 처해 버렸다. 1959년 7월 31일이었다. 무려 52년이 흐른 후에 열린 재심 재판에서 조봉암과 동지들에 대한 모든 혐의가 무죄로 판명 나지만, 정권이 요구하면 죽을 수밖에 없던 야만의 시대였다.

조봉암 재판이 진행 중인 동안, 이수갑은 새로운 사업을 벌였다. 전쟁으로 폐허가 된 기간 시설을 복구하고 집을 짓는 건설 일이었다. 한국전력이 전봇대를 세우는 일을 할 때 일부 지역의 사업권을 따내기도 했다. 가장으로서 식구를 먹여 살리려는 뜻도 있었지만, 자동차정비로 번 돈을 진보당에 쏟아 부었듯이, 운동을 계속하기 위해서는 돈이 필요했다.

두 번째 사업도 망해 버린 것은 1959년 9월 17일 부산에 밀어닥친 태풍 사라호 때문이었다. 하필 추석 명절 때였다. 태풍의 눈은 한반도를 살짝 비껴갔음에도 그 위력이 얼마나 대단했던지 태풍의 길목에 위치한 부산에 엄청난 피해를 입혔다. 호우를 동반한 강풍은 달동네의 판잣집과 허술한 가옥들을 장난감처럼 휩쓸어버렸다. 지붕이 날아가고 다리가 끊어지는 등, 침수 피해가 막심했다.

이른 아침 공사장 경비원이 숨이 턱에 닿도록 달려와서 이수갑을 불렀다.

"사장님! 큰일 났습니다. 집이 다 무너졌습니다."

달려 나가 보니 처참한 광경이 펼쳐져 있었다. 여기저기 널린 공사 현장을 정신없이 뛰어다니며 손을 써 봤지만 이미 수습할 수 없을 정도로 파괴되어 버렸다. 전봇대를 세우고 있는 현장에서도 모두 넘어지고 휩쓸려 버렸다는 암담한 소식이 들려왔다. 집이며 전봇대며, 공사 대금은 하나도 받지 못했고 그동안 들어간 돈은 고스란히 빚이 되었다. 태풍 한 방에 말 그대로 쫄딱 망해 버린 것이다.

조봉암이 처형되고 꼭 두 달만의 일이었다.

12. 국회의원에 낙선하다

멋대로 헌법까지 고쳐가며 세 차례에 걸쳐 12년이나 대통령을 했음에도 이승만의 권력욕은 끝을 몰랐다. 평균 수명이 짧았던 당시로는 희귀할 정도로 고령인 86살에 또 다시 대통령을 하겠다고 조봉암에게 간첩 혐의를 뒤집어씌워 사형시킨 것으로도 모자라, 야당 후보들에 대한 탄압과 관권을 동원한 부정선거로 민주주의의 근본을 흩트려 놓았다.

1960년 3월 15일에 치러진 제4대 대통령선거에서 이승만과 그 심복 이기붕은 군경과 공무원 그리고 반공청년단 소속의 깡패들을 총동원해 최악의 부정선거를 강행했다. 사실 이런 노력이 필요했던 건 아니었다. 실제 투개표 상황과 상관없이 내무부에서 멋대로 득표수를 조작해 발표할 수 있었기 때문이었다. 이승만과 이기붕은 압도적인 표차로 정·부통령에 당선되었고, 금권에 의한 부정선거와 불법 투개표를 규탄하는 반정부 시위가 전국의 대도시를 휩쓸기 시작했다.

항의 시위는 4월 19일을 기해 전국적으로 확산되었고 4월 26일 이승만이 물러나면서 제1공화국은 붕괴되었다. 1894년 동학 농민들의 봉기와 1919년 3·1 만세운동, 1946년 대구 10월항쟁 등 지금까지 일어난 민중 봉기들은 그 역사적 의의와 상관없이 모두 실패했다고 보아도 좋았다. 4·19는 달랐다. 한국사 최초로 민중이 나서서 권력자를 갈아 치운 사건이었다. 자본주의의 근본 모순인 계급모순이 해결된 것은 아니지만, 정권 교체를 성공시킨 첫 사례이기에 혁명이라 불러도 좋았다. 한국 민중운동 사상 처음으로 승리한 부르주아민주주의 혁명이었다.

4·19혁명으로 제1공화국이 붕괴되고 처음 실시되는 1960년 7월 29일에 치러질 제5대 국회의원 선거는 집권당이던 자유당이 사실상 소멸해 버린 가운데 또 다른 보수정당인 민주당과 혁신정당 간의 대결 구도를 띠게 되었다.

민주화에 대한 국민들의 열망은 거셌다. 전후의 반공 분위기에 눌려 제대로 소리를 내지 못하던 진보 세력들도 합법 정치 영역으로 진출하기 위해 진영을 정비했다. 좌파들은 그러나 민주화의 길이 열리자마자 분열했다. 사회대중당, 한국사회당, 혁신동지총연맹, 민주사회당, 한국독립당, 사회혁신당 등으로 이합집산 하는 와중에 1960년 7월 29일의 총선을 맞았다.

선거철만 되면 선거 병이 도지는 인간들이 있었다. 반드시 이루어야 할 소신이나 철학이 있는 것도 아니면서 권력이나 명예를 졸부의 장식품 정도로 생각하는 부류들이었다. 그들은 이수갑의 깨끗함과 강직함을 앞세워 어떻게든 선거에 이겨 보려고 도움을 요청하곤 했다. 도움을 요청하는 태도역시 천박했다. 이수갑이 가난하다는 약점을 노려 돈을 들이밀었다. 그러나 아무리 돈 보따리를 싸들고 이수갑을 찾아와 봤자 이수갑은 그들을 만나 주지도 않았다. 몇몇은 정종과 쌀가마니에 현찰이 가득 들어 있는 부대자루 두어 개를 들고 들이닥쳐서 떼를 쓰기도 했다.

"바깥양반 지금 집에 없습니다."

손일식이 아무리 막아도 그들은 막무가내였다.

"그러면 언제 오면 만날 수 있을까요?"

"바깥양반이 어디를 가는지 언제 오는지 안에서는 모릅니다."

"그러면 오실 때까지 기다리겠습니다."

"이것 보세요. 그런 억지가 어디 있습니까? 정 기다리고 싶으면 밖에서기다리세요."

며칠을 찾아와도 이수갑을 만나지 못한 이들은 쌀, 과일, 생선은 물론이요, 어떤 이는 지폐가 가득한 부대 자루를 놓고 갔다. 아무리 돈 가치가 떨어졌더라도 그렇게 많은 돈을 만져본 적이 없는 손일식은 어떻게 해야 할

지 몰라 베개처럼 머리에 베고 잤다.

며칠 후 돌아온 이수갑이 그걸 보고 크게 역정을 냈다.

"이런 걸 받으면 어쩐단 말이오."

"내가 뭐 받겠다고 했답니까? 억지로 밀어 넣고 가는 걸 전들 어쩌라고 요."

"단호하게 뿌리쳤어야지요."

이수갑은 술과 쌀가마니와 돈을 모두 실어서 돌려보내 버렸다. 집안에 돈이 말라 친정에서 쌀을 얻어다 먹는 형편이었던 손일식은, 솔직히 그 돈을 조금이라도 좀 줬으면 하는 아쉬움이 없지 않았다. 그러나 이수갑의 단호함 앞에서는 그런 마음을 들키기라도 할까 봐 부끄러웠다.

주변 사람들은 이수갑의 이러한 청렴결백을 잘 알고 있었다. 그래서 누구보다도 이수갑 자신이 선거에 나가야 한다고 그를 부추겼다.

"이수갑 동지 같은 우국지사가 아니면 누가 이 나라를 살리겠소? 꼭 총선에 나가서 국회에 진출해야 합니다."

"국회에서 우리를 대변할 사람이 있어야 되지 않겠나? 노동운동을 한 전력이 있으니, 우리들은 자네가 제일 적임이라고 생각하네. 무조건 출마하게."

만난을 헤치고 결성한 진보당이 불과 4개월 만에 독재 정권에 의해 폭압적으로 해체되고 대선배 조봉암이 간첩 누명을 쓰고 사형되는 과정을 지켜봐야 했던 이수갑의 분노는 남다른 것이었다. 나이 어린 학생들이 독재 정권을 끌어내리는 것을 보며 누구보다도 감격했다. 정치가가 될 생각은 없었는데 주위에서 자꾸만 국회에 진출하라고 등을 떠미니 제대로 된 나라를 만드는 데 작은 힘이라도 보태고 싶은 정의감이 발동했다. 결국 이수갑은 사회대중당 울산시 을구 지구당 위원장을 맡아 제5대 총선에 출마했다.

당시 울산의 가장 큰 선거 쟁점은 보도연맹 사건이었다. 6·25가 일어났을 때 울산 지역 보도연맹원들은 학성삼거리 농협 창고 건물에 수용되었다가 트럭에 실려가 처형되었다. 스스로 좌파 활동을 한 이들도 있지만 형제나 친척이라는 이유로 강제로 보도연맹에 가입했다가 처형된 이들도 많았다. 설사 좌파의 전과가 있다 하더라도 전향한 후 실정법에 어긋남 없이 살아온 이들을 재판도 없이 처형한 행위는 용납할 수 없는 국가 폭력이었다.

이승만 정권 아래서는 한 마디 항의도 못한 채 숨죽이고 살아야 했던 보도연맹 유가족들은 4·19 국면을 맞아 유해 발굴과 진상 규명을 요구하고 나섰다. 유족들은 6·25 당시 암매장된 이들의 유골을 발굴해 중구 성안동 백양사에 안치하고 위령탑까지 세웠다. 제5대 총선에서도 보도연맹 희생자들에 대한 보상 문제가 선거 쟁점의 하나였다. 사회대중당 공천을 받아 출마한 이수갑이 이 문제에 제일 앞장섰고, 보도연맹 가족과 학생들의 호응이 높아 울산 을구의 유력한 당선 후보로 떠올랐다. 그는 어디를 가든 이 문제를 꺼냈고, 찬조 연설자로 나선 동지 이중도 강동면 연설회에서 보도연맹 가족들이 겪은 고통을 위로하고 그들의 억울함을 풀어 주어야 한다고 역설해 지지를 받았다.

한편, 같은 울산 을구에는 자유당 국회의원 출신인 정해영이 무소속으로 변신해 출마했다. 정해영은 무연탄 회사로 울산 최고의 갑부가 된 이였다. 민주화의 바람이 거세다고는 해도 관행적으로 돈 봉투가 오고가던 타락 행위는 여전했다. 정해영 측에서 공공연하게 돈 봉투를 돌린다는 소리가 여기저기서 들려왔다. 돈 때문에 선거판이 혼탁해지면서 혁명의 분위기마저 흐려지고 있었다. 돈이 오고가면서 이수갑의 5촌 조카마저 정해영 선거 사무실로 넘어가 버리는 웃지 못할 일까지 벌어졌다.

이수갑은 자신의 언변만 믿고 깨끗하게 살아온 그동안의 이력으로 밀어붙였으나, 당장 선거 조직을 가동할 자금조차 부족한 상황이었다. 후원금이 없지 않았지만 어림없는 수준이었다. 설사 돈이 있다 해도 다른 후보들처럼 유권자들에게 뿌리고 다닐 그가 아니었다. 거기에다 가족도 없이 혼자 뛰고 있어서 그랬는지, 울산에서는 이수갑이 장가도 안 간 총각이라는 헛소문이 돌았다.

총각 소문은 손일식의 귀에도 들어갔다. 곧바로 남편을 찾아 울산으로 달려갔다. 전쟁 때 밀양에서 함께 잡혔다가 이수갑 덕분에 살아난 손일식의 외삼촌도 밀가루를 잔뜩 빻아서 울산에 들고 가 풀을 쑤어 선거 포스터 붙이러 다녔다. 울산에 도착해 거리의 포스터를 훑어보니 거기에 정말 남편 얼굴이 있었다. 물어물어 선거사무실을 찾아갔지만 남편이 어디 있는지 알 수가 없었다. 선거 운동을 하느라고 바쁘다는데, 어디에서 선거 운동을 하는지 사무실 직원들도 몰랐다. 남편이 얻어 놓은 단칸방에서 혼자 사흘을 기다린 끝에야 간신히 만날 수 있었다. 파김치처럼 늘어진 남편에게 아무런 추궁도 할 수가 없었다. 손일식은 말없이 보자기를 내밀었다.

"이게 뭐요?"

"돈이에요. 선거 운동에 보태라고 어머니가 보낸 거예요."

"장모님이? 장모님이 무슨 돈이 있다고?"

보자기를 풀어 보니 30만 원 정도 되는 돈이 들어 있었다.

"논 닷 마지기를 팔았답니다."

논과 쌀이 모든 가치의 척도가 되던 시절이었다. 논 천 평이면 한 가족이 일 년 먹을 양식이 나오는 귀중한 재산이었다. 숙연해진 이수갑은 한동안 말을 잇지 못하다가 간신히 입을 뗐다.

"미안하고 고맙소."

장모가 보내온 돈은 크게 보탬이 되었으나 판세를 뒤집을 수는 없었다. 선거 과정에서도 돈 봉투가 오가는 등 부정이 만연했지만, 선거 후의 관리도 엉망이었다. 선거가 끝나고 개표 작업이 진행되고 있을 때였다. 개표 과정을 감시하던 청년 조직원이 허겁지겁 이수갑에게 달려왔다.

"위원장님! 빨리! 이리 와 보세요!"

달려가 보니 투표지를 100장씩을 모아 묶어 놓았는데 겉표지는 분명히 정해영 표였는데, 겉장을 들추어 보니 속에는 전부 이수갑 표였다.

"이게 뭐냐? 지금 이게 뭐 하는 짓이냐?"

분해서 눈이 뒤집힐 것만 같았다.

"부정 개표다! 전부 다시 개표하시오!"

이수갑은 개표 요원들을 붙잡고 항의했다. 그러나 본인들의 잘못을 인정할 리가 없었다. 개표 감시를 나온 이들도 다들 눈앞에서 뻔히 부정의 현장과 증거를 보고 있으면서도 아무 말도 하지 않았다. 애초에 모두가 한통속이 아니면 겉장만 정해영의 표로 바뀌는 일 자체가 일어날 수 없었다. 경찰은 오히려 이수갑을 제지했다.

"부정 개표야, 부정 개표! 전부 다시 검표해라."

소리를 지르며 개표장에서 끌려 나온 이수갑은 분을 이길 수가 없었다. 주위를 둘러보니 석유 가게가 눈에 띄었다. 이수갑은 석유 세 통을 사 가지고 개표장으로 들어갔다.

"전부 다시 검표해라! 안 그러면 개표장을 불 질러 버릴 거다."

경찰은 이런 일에는 능숙했다. 이수갑은 곧바로 경찰에 제압되고 말았다. 개표 결과는 처절했다. 그가 얻은 표는 2,500표에 불과했다.

사실 이수갑만 패배한 것이 아니었다. 진보 계열은 전국의 모든 지역구에서 처참히 패배했다. 제5대 국회는 대한민국 헌정 사상 유일한 양원제였는데 민의원이나 참의원이나 민주당이 압도적으로 당선되었다. 이승만 시대 권력을 독점했던 자유당은 민의원에서 2석, 참의원에서 4척을 차지하여 군소 정당으로 전락했다. 그런데 진보 세력은 자유당보다도 더 비참해서, 한국사회당에서 단 1석을 얻은 게 전부였다. 진보 계열의 대표 주자로 불리던 최백근조차도 자신의 고향인 전남 광양군에서 혁신동지총연맹의 공천을 받아 민의원으로 출마하였으나 이수갑과 똑같이 2,500표밖에 얻지 못하고 낙선한다.

이를 금권 선거와 부정 투개표만으로 설명할 수는 없었다. 진보세력이란 이들은 자조했다. 정견도 듣지 않고 당도 상관 않고 무조건 기호 1번을 찍는 것이 서울을 제외한 전국의 공통된 현상일 정도로 민중의 정치의식이 낮다며 자조했다. 그러나 이야말로 철저히 민중의 지혜를 무시하는 시각이었다. 훗날에도 계속되는, 민중이 보수언론에 속고 있다거나 친일파에 속고 있다는 따위의 주장들이야말로 진보세력들이 자신들의 무능을 감추려는 치졸한 핑계에 불과했다. 남한 민중이 제일 원하는 것이 남북통일이라고 착각하고 주구장창 평화통일을 외치던 당시의 진보세력과 달리, 실제 남한 민중의 다수는 전쟁의 당사자인 북한 정권과의 화해니 화합에 대해서도 심한 거부감을 갖고 있었다. 무엇보다도 현실 정치란 지역 대중과의 지속적인 접촉과 신뢰로 이뤄지는데 진보당 계열의 후보들은 평상시 활동이라곤 거의 한 적이 없이 불쑥 등장해 학생들이 맺어 놓은 피의 열매만 따먹으려한 결과였다.

진보세력의 오만과 착각과는 거리가 먼, 이 냉정한 현실을 이수갑은 잘 간파한다. 첫 번째 선거 패배 후, 이수갑은 다시는 현실 정치 쪽으로는 고개도 돌리지 않겠다고 결심했다. 장모나 처갓집에도 면목이 없었고 아내에게도 미안했다. 무엇보다 부정선거가 아무렇지 않게 자행되는 선거판 분위기를 참기 어려웠다. 부정한 것, 옳지 않은 것을 보면 피가 끓었다. 그런 자신을 제어할 수가 없었다. 타고나기를 그런 것 같았다. 그런 성격으로 정치판에 오래 있다가는 제명에 죽지 못할 것 같았다. 실제로 그는 그날의 결심을 평생 지켜 다시는 선거판에 나서지 않았다. 그러나 진보정당 운동은 멈추지 않았다.

선거 패배 후 혁신 세력은 또 다시 이합집산에 들어갔다. 독립사회당, 사회당, 사회대중당, 혁신당 등으로 갈가리 찢기는 와중에 이수갑은 1960년 11월에 준비위를 출범시킨 사회당에 가담했다. 대개의 진보당 출신들은 사회대중당에 잔류했기 때문에 진보당 출신인 그가 사회당으로 간 것은 이례적이라 할 수 있었다. 그 이유에 대해 이수갑은 훗날 여러 대담에서 술회한다.

"다른 혁신 세력들이 우유부단한 데 비해 사회당은 노동자계급의 입장에서 통일운동에 역점을 둔다는 계급적 입장이 분명했습니다. 수적으로 세력이 크지 않았지만 정강 정책이 나의 소신과 가장 비슷했기 때문에 행보를 함께했습니다."

사회당을 이끈 두 지도자 최근우와 최백근의 정치 성향에도 크게 공명했을 것이다. 당수인 최근우는 일본, 독일, 프랑스에서 유학을 한 당대의 지식인으로 3·1 만세운동의 시발점이 되었던 동경 2·8 만세운동의 주역이자 상해 임시정부 의정원 의원이었다. 해방 후 여운형과 함께 건국준비위원회를 이끌던 그는 여운형이 암살된 후 근로인민당의 당수를 이어받아 활동했으나 사회당을 결성할 때는 65세의 나이로 건강이 나빠서 실질적인 활동은 못 하는 상태였다. 사회당의 실질적 지도자는 40대 후반이던 조직부장 최백근이었다. 최백근은 전남 광양 출신으로 광주에서 학교에 다니며 동맹 휴학을 주도하는 등 항일 운동에 앞장섰던 인물로, 최근우와 함께 근로인민당 주역의 한 명이었다.

사회당은 창당 선언문 등을 통해 사회주의를 지향한다는 사실을 명백히 밝혔다. 요약하면 이런 내용이었다.

우리 당은 수탈과 억압이 종식되는 사회주의적 사회를 건설할 것을 궁극적인 이념으로 한다. 이를 위해 중요 산업의 국유화를 목표로 투쟁하며 양심적 민족 자본가까지 연대의 범위에 포함시킬 것이다.

통일 문제에 대해서는 민족자결 원칙에 입각하여 민주통일국가의 완성을 기한다는 원칙 아래 실천 방안들을 내놓았는데, 요약하면 이런 내용이었다.

남북통일은 민족 자체가 해결할 성질의 것으로, 통일을 실현하기 위해선 미소 양대 진영에 의존하지 않는 민족자주적인 중립화 통일 방안을 강구해야 한다. 이러한 목적을 달성키 위해 대미, 대소 정책을 엄격하게 수립해야 할 것이다. 구체적인 방안으로는 남북한의 제한 교역을 실현하여 가능한 한도 내에서 인사 교류를 통한 통일 방책을 마련하는 것이 타당할 것이다.

남한의 혁명가들은 필연적으로 계급모순과 민족모순이라는 두 개의 수

레바퀴를 함께 굴려야만 했고, 어느 진보정당도 예외일 수는 없었다. 사회당은 그중에서도 공개적으로 사회주의를 지향한다는 사실을 밝힌 유일한 정당으로, 전쟁으로 고조된 반공 분위기에 정면으로 도전한 셈이었다. 이수갑의 성향에 딱 맞을 수밖에 없었다.

민주주의의 확장은 계급투쟁의 확장을 불러온다는 역사적 경험은 4월혁명에도 유효했다. 억눌렸던 노동운동이 열린 민주주의의 공간을 통해 분출되었다. 교사들의 노동조합이 만들어지고, 곳곳에서 파업투쟁이 일어났다. 경남의 대공장이던 울산 비료 공장의 파업이 터진 것도 이때였다.

선거에는 오만 정이 다 떨어졌지만 노동 문제만큼은 태생적 열정을 거부할 수 없었다. 이수갑은 울산 비료 공장의 파업 소식을 듣자마자 투쟁 현장으로 달려가더니 며칠 만에 심하게 몸이 망가져서 부산 집으로 돌아왔다. 물도 제대로 넘기지 못할 정도로 열이 펄펄 끓었다. 파업 현장에서 노동자들과 함께 며칠이나 밤샘을 하느라고 과로를 한 탓이려니 했으나 아무래도 너무 심각했다. 곧 숨이 넘어갈 지경이었다. 그런데도 손일식이 병원에 데려가려 해도 안 가겠다고 고집을 피웠다. 할 수 없이 진보당 출신인 박기출을 불렀다.

의사인 박기출은 조봉암의 러닝메이트로 부통령 후보에 출마했던 인물로, 이수갑과는 나이 차이가 많지만 지향점이 비슷해서 사회 전반의 문제를 터놓고 이야기하는 막역한 사이였다. 그는 누워있는 이수갑의 맥을 짚어 보고 열을 재 보더니 호되게 나무랐다.

"이 사람 뭐하는 짓인가? 사람이 아프면 병원에 가야지 어쩌려고 누워만 있는가. 한두 살 먹은 애도 아니고. 여태까지 그리도 고생하면서 여기까지 왔는데 이대로 가 버릴 작정인가?"

누구보다 이수갑의 헌신성을 잘 알고 애틋하게 감싸 주던 선배 박기출이었다. 자신의 몸을 돌보지 않고 함부로 굴리는 모습에 화가 나지 않을 수 없었다. 박기출의 성화에 못 이겨 함께 병원에 가서 엑스레이를 찍어 보니 맹장염이었다. 맹장염을 얼마나 오래 참고 버텼는지 염증이 복막으로 전이 되었고 그게 터져서 위장에 구멍이 3개나 나 있었다.

다급하게 수술을 하기는 했는데 회복은 더디기만 했다. 손일식은 이대로 남편이 깨어나지 못하는 게 아닌가 싶어 남편의 낡고 더러운 운동화를 하얗게 빨아서 침대 곁에 놓아두었다. 부디 그 신발을 신고 집으로 돌아가자는 기도였다. 한나절이 지나서야 이수갑의 발가락이 조금씩 움직이기 시작했다.

아내의 존재가 없었더라면, 이수갑이 혼자 사는 몸이었다면, 그대로 사망했을 것이었다. 그러나 언제나 행운은 그의 편이었다. 또 한 번 죽음의 고비에서 살아난 이수갑은 아내의 고마움에 답례할 겨를도 없이 자기의 행운만 믿고 밖으로 뛰어다녔다. 이번에는 민족자주통일중앙협의회, 약칭 민자통의 결성을 위해서였다.

전후에 결성된 최초이자 최대의 통일운동 단체라 할 수 있는 민자통은 1960년 9월에 준비위원회를 구성해 1961년 2월 21일에 정식으로 출범했다. 이수갑의 사회당 등 4개 혁신 정당과 민족건양회 등 통일운동 단체들, 보도연맹 피학살자유족회 등 혁신 세력이 총결집되어 준비위원만 1,000여 명에 이르는 대규모 단체였다.

중앙 민자통 결성 3개월 만인 1961년 5월 10일에는 서울시협의회 창립대회가 열렸다. 이 자리에서 참가자들은 외세에 의존하지 않고 민족자주역량을 총집결하여 민족통일에 매진할 것을 호소하면서 남북 학생회담의 성사와 남북 정치협상의 준비, 민족통일을 방해하는 외세의 철거 등을 주장했다.

"이 땅이 뉘 땅인데 오도가도 못 하느냐? 가자 북으로, 오라 남으로! 만나자 판문점에서!"

이날 대회에서 처음으로 외쳐진 구호였다. 이는 통일운동의 상징적인 구호가 되는데, 반대로 우익들이 통일운동이 친북 용공이라고 공격하는 대표적인 소재로도 이용되기도 한다.

어쨌든 자유의 시간은 짧았다. 민자통 서울시협의회가 결성되고 불과 1

주일 후인 1961년 5월 16일, 육군 소장 박정희가 군사쿠데타를 일으켰다. 쿠데타의 명분 중 하나가 '가자 북으로, 오라 남으로!'를 외치는 빨갱이들을 처단하자는 것이었다.

군부는 탱크와 장갑차로 중앙청을 장악하는 동시에 야당은 물론, 진보 계열 단체와 인사들을 대대적으로 연행했다. 이수갑이 속한 사회당과 민자통은 영순위였다. 민주민족청년동맹, 통일민주청년동맹, 교원노조 등 좌파 색깔을 띤 단체와 주요 인물들도 전국에서 수천 명이나 체포되었다.

끌려간 이들은 혹독한 고문과 구타를 당했다. 물고문, 전기 고문, 잠 안 재우기가 기본이었다. 가혹한 고문 끝에 본래 몸이 약했던 당수 최근우와 당무위원장 문희중은 옥사하고 만다. 실질적인 당수였던 최백근은 사형 선고를 받고 그해 12월에 처형되었다.

박정희는 특정 범죄에 대하여 3년 6개월 전의 죄까지 소급해 적용할 수 있는 '특수 범죄 처벌에 관한 특별법'까지 만들어 4월 혁명 이후 분출한 학생, 언론, 교사, 노동, 혁신 정당, 통일운동 등 모든 민주적 요구들을 일시에 평정해 버렸다. 진보정당은 전부 해산시키고 조직 간부들에 대해서는 전국적인 수배령을 내렸다.

이수갑도 체포를 면할 수 없었다. 수배령에도 불구하고, 총검을 장착한 계엄군이 깔려 있는 부산역전에서 군사 정권을 비판하는 연설을 하다가 그 자리에서 체포되어 구속되었다. 계엄령 치하라 부산 전포동에 있는 육군형무소에 수감되었다. 열흘 동안 이루 말할 수 없이 혹독한 구타와 고문이 이어졌다.

군부의 지휘를 받는 경찰이 집요하게 캐물으며 엮으려고 한 것은 어떤 경로로 김일성의 지령을 받았느냐는 것이었다. 사회당을 북한의 지시를 받는 반국가단체로 몰기 위한 기획 수사였다. 모진 고문을 받으면서도 이수갑은 끝까지 부정했다. 고문을 참지 못해 그들이 원하는 답을 해 주면 살아나는 것이 아니라 사형대가 기다리고 있다는 것을 잘 알았기 때문이었다. 자기만이 아니라 동지들까지 총살당할 수 있음을 알고 있었기 때문이었다.

끌려간 것은 정치가들만이 아니었다. 동네 경찰지서마다 할당량을 내려 폭력 전과자나 무직자, 불량배들을 잡아들이게 했다. 이들은 범법 여부와 상관없이 사회 정화라는 명목으로 강원도 탄광, 서해안 간척지 등에 끌려가 혹독한 강제 노동을 당해야 했다. 무상의 강제 노동 과정에서 벌어지는 구타와 살인, 암매장 등 인권 유린은 이루 말할 수가 없었다. 어떤 법률에도 근거하지 않는, 일반인들을 공포에 사로잡히게 하는 동시에 보수 기득권자들에게는 지지를 얻어내려는 파시즘 방식의 절정이었다.

반 년 가까이 미결 상태에서 독방에 수감되었던 이수갑은 소위 사회 정화 대상자 중 5만 명을 일괄 석방할 때 함께 출소할 수 있었다. 석방되고 얼마 안 되어 최백근이 처형되었다는 소식을 들었다. 1961년 12월 10일이었다. 참으로 허망한 일이었다. 학생들의 피로 불어 일으켰던 민주주의의 봄바람은 그렇게 막을 내리고 말았다.

13. 혁명가의 가족

삼신 자동차 공장과 건축 회사로 보여 주었듯이, 이수갑은 마음만 먹으면 금방 돈을 벌 수 있는 사람이었다. 그러나 진보당에 이어 사회당 활동으로 툭하면 연행되고 구속되니 안정된 돈벌이를 할 수가 없었다. 군사쿠데타로 진보 운동이 처절히 깨진 후에도 마찬가지였다. 형제보다 더 자주 보는 게 집으로 찾아오는 형사들일 정도로 감시를 받으니 정상적인 취업이나 사업도 어려웠지만, 관심은 오로지 어떻게든 조직을 재건하는 데 있으니 가정사에 충실할 수가 없었다.

집안 살림은 온전히 아내 손일식이 꾸려 나가야 했다. 얼굴 보기도 힘든 남편이건만 아이는 다섯이나 태어났다. 세 아들은 은걸, 승걸, 민걸로 이름 지었고 두 딸은 순임, 영옥으로 이름 지었다. 처마 밑의 새끼 제비들처럼 눈만 뜨면 밥을 달라는 3남 2녀 어린아이들을 먹여 살리느라 안 해 본 일이 없었다.

여자가 밖에 나가서 돈 벌 수 있는 일감이 거의 없던 시절이었다. 한때는 자신이 자동차 공장을 운영했었건만, 나중에는 산 밑에 있는 남의 자동차 수리 공장에서 아스팔트 바닥의 기름때 닦아내는 일까지 했다. 하루 종일 무릎과 허리, 어깨가 빠지도록 쪼그려 앉아 아스팔트를 닦으면 겨우 보리쌀 한두 되 살 일당을 주었다. 보리죽만 끓여 먹을 수 있어도 다행이었다. 옥수수 죽도 숱하게 끓여 먹였다.

보다 못한 친정엄마가 가끔 쌀도 갖다 주고 아이들 옷이나 신발도 가져다주어 도움이 되었다. 하지만, 손일식은 시댁 식구들에게는 절대로 손을 벌리지 않았다. 시댁 식구들도 다들 어렵게 살거니와, 아버지가 돌아가시기 전만 해도 호강스럽게 자란 자존심이 있어서였다. 당장 먹을거리가 떨어져도 시댁 식구는 물론 이웃들에게도 표시를 내지 않았다. 쌀도 밀가루도 똑 떨어진 저녁이면 연탄불에 솥을 올려놓고 물을 팔팔 끓였다. 다른 집에서 볼 때 뭐라도 끓여 먹는 것처럼 보이려 함이었다. 살기 어렵다고 하소연해 봐야 누가 뭘 갖다 줄 것도 아니고, 동정 받고 싶지도 않았다. 겉으로 표시 내지 않고 차림새도 깨끗하고 티를 내지 않으니 주위에서는 속사정을 잘 몰랐다.

신기하게도, 이렇게 어려우면서도 돈 때문에 바가지를 긁지는 않았다. 같은 길을 걷지는 않아도, 구체적인 내용은 잘 몰라도, 나라와 민족을 생각하는 남편의 정신만은 옳다는 믿음이었다. 집에서 보여 주는 꼿꼿한 선비 같은 모습도 존경스러웠고, 어쩌다가 찾아오는 남편의 동지들이 남편을 깍듯이 존중하는 모습을 보면서 자부심을 느꼈다. 손일식은 2016년에 회고한다.

"남편이 돈을 일부러 안 버는 것이 아니라 벌고 싶어도 그럴 사정이 못 되는 걸 이해했지요. 집안 돌아가는 형편을 뻔히 알 건데 자꾸 돈 이야기해 봐야 피차 마음만 상하지 싶었어요. 돈이 있으면서 안 줄 사람이 아닌데 없는 걸 알면서 바가지를 긁어 봐야 밖에 나가서 일이나 제대로 될 것이며, 결국은 도둑질해 오란 말밖에 더 되나 싶었지요. 그저 사주팔자가 그런가 보다 하고 체념하고 애들 굶기지 않으려고 뼈가 닳도록 일했답니다."

손일식을 꼿꼿하게 지탱해 준 것은 밀양 손가라는 자부심이었다. 어릴 때부터 받은 교육이 그리하도록 했다. 남편도 원칙주의자지만 손일식도 못지않게 깐깐한 성격이었다. 그리 어렵게 살아도 차라리 굶으면 굶었지 남에게 비굴하게 손을 내밀지는 않았다. 또 아무리 힘들고 짜증이 나도 아이들에게 매 한번 들지 않고 키웠다. 남편도 이런 아내 마음을 잘 알기에, 돈을 벌어다 주지 못함을 늘 미안해했다. 돈 대신 할 수 있는 일이라면 해결해 주려 애썼다.

문현동 산비탈에 방을 얻어 살며 시장에서 좌판을 할 때였다. 해가 저물어서야 그날 먹을 곡식을 마련해서 집에 돌아왔는데, 주인집에서 당장 방을 빼달라고 했다. 남편은 며칠째 집에 들어오지도 않고 있을 때였다.

안 그래도 세를 제때 내지 못하고 밀린 게 벌써 몇 달째여서 조마조마하던 터였다. 밀린 월세가 너무 많아서 차마 봐 달라는 말도 나오지 않았다. 당장 세를 낼 돈도 없는데 이사 갈 집을 구한다는 건 생각도 할 수 없었다. 급한 대로 장롱같이 큰 짐을 빼서 친척집에 옮겨 놓고, 마당 한편에 놓인 평상에서 살았다.

아무리 가난해도 이슬 가릴 방은 있었는데 노숙을 하려니 참으로 서러웠다. 하지만 달리 방법이 없었다. 방 보러 다니려 해도 보증금 한 푼 없고, 잠자리보다 더 급한 게 아이들을 먹이는 일이니 매일 장사를 해야 했다. 그렇게 며칠이 흘러갔을 때였다. 시장의 좌판으로 아이들이 찾아왔다.

"엄마, 우리 이사했어요."

"이사를 했다고? 어디로?"

"당감동으로요. 아버지 친구 분들이 와서 짐 날라주셨어요."

아이들은 뭐가 좋은지 싱글벙글 웃으며 저마다 보고 들은 이야기를 떠들어 댔다. 저녁에 아이들이 이끄는 대로 따라가 보니 정말이었다. 뒤늦게 사실을 알게 된 이수갑의 동지들이 돈을 모아 보증금을 내 주고 몰려와 이삿짐까지 날라다 준 것이었다. 구청에 근무하던 이수갑의 친구는 보리쌀 반 가마를 가져다주었다. 이수갑이 직접 돈을 벌지는 못했지만 어려운 일을 당하면 서로 발 벗고 나서서 도와주는 사람들이 있었다. 손일식은 그들이 너무 고마워서 눈물을 삼켰다.

새로 이사 간 당감동 산 중턱에는 시신을 태우는 화장터가 있었다. 어느 날 늦은 오후였다. 다섯 살짜리 막내아들 민걸을 데리고 물동이를 이고 가던 손일식 앞으로 화장터로 올라가는 막차가 지나갔다. 귀신에 홀린 듯, 손일식은 물동이를 그 자리에 내려놓고 비탈길을 걸어 올라갔다. 해질 무렵의 을씨년스런 화장터가 나타났다. 화장터 뒤로는 죽은 이들의 이름이 적힌 조그마한 나무판들이 빼곡히 꽂혀 있었다. 묘지도 구할 수 없는 가난한 사람들이 한 줌의 재를 묻고 세워 놓은 비목들이었다. 새 것도 있고 밑동이 썩어 쓰러진 곳도 있었다.

해일처럼, 갑자기 가슴 속 깊은 곳에서 슬픔이 솟구쳐 올라왔다. 아스팔트 닦는 일을 다니던 때 잃은 19살 먹은 큰딸 생각이 나서였다. 손일식은 그대로 주저앉아 엉엉 통곡하기 시작했다. 대전 작은 집에 가 있던 딸이 어딘가 아파서 집으로 내려왔는데, 돈이 없어 큰 병원에 못 데려가고 동네 병원에서 약이나 지어 먹이고 있는 사이 시름시름 앓다가 죽은 것이다. 끝까지 병명도 밝히지 못했다. 가난 때문에 눈앞에서 자식이 죽는 광경을 지켜본 마음의 상처는 자신이 죽은 후에도 사라지지 않고 영혼을 따라다닐 것 같았다.

딸의 죽음이 더 서럽게 다가온 것은 자신의 삶이었다. 주변에는 다들 너나없이 가난한 부녀자들뿐이지만, 그래도 남편들은 목수 일이라도 다니고 벽돌이라도 지며 살림을 이끌어 가려 애썼다. 세상의 고민을 다 자기가 짊어지고 책임져야 한다는 듯 밖으로만 나도는 남편을 가진 것은 자기뿐이었다. 차라리 술에 취해 흐트러진 모습도 보이고 딴 여자와 바람을 피우더라도 생활비만 제때 갖다 주면 고맙겠다 싶었다. 돈 한 푼 안 가져오면서도 식구들이 조금이라도 나태하거나 흐트러진 모습을 보이면 무섭게 야단을 치는, 자기 혼자 도덕군자인 남편이었다. 어려서 부유하게 살 때는 물론이요, 아버지를 잃고 한동안 극빈 생활을 할 때조차도 자기 인생이 이렇게 되리라곤 상상도 못했다. 어린 아이를 또 하나 잃은 적이 있어 살아남은 아이만 해도 다섯 아이를 홀로 키우다시피 하는 자신의 처지가 억울하고 슬퍼 견딜 수가 없었다.

마른 울음이 꺼이꺼이 나올 때까지 울고 나서 고개를 들어 보니 묘지 위로 핏빛 노을이 번져가고 있었다. 천천히 일어나 아들 손을 잡고 언덕을 내려갔다. 언덕을 다 내려오자 민걸이 어머니를 올려다보며 말했다.

"엄마, 이제 다시는 거기 가지 말아요."

손일식은 고개를 끄덕이며 어린 아들을 꼭 끌어안았다.

이수갑의 가족이 부산을 떠나 서울로 이사를 한 것은 그로부터 몇 해 뒤인 1960년대 말이었다. 친척의 소개로 서울 호강기업이란 곳에 취업이 된 것이다. 잠시 한눈 팔 겨를도 없이 형사들에게 밀착 감시당하고 있던 이수갑은 부산을 떠날 기회다 싶어서 그 제안을 승낙했다.

모처럼 안정된 직장 생활이었다. 호강기업 김 사장은 전쟁 후의 건설 붐을 타고 번 돈으로 염산 같은 화공 약품 공장을 하여 돈방석에 올라앉았으나 회계 쪽으로는 어두웠다. 돈 계산 정확하고 사심 없는 이수갑에게 그는 전적으로 의지했다. 용산구 원서동에 처음으로 집 같은 집도 세들었다.

"이 선생이 내 일에 잘만 협력해 주시면 집 한 채를 해 드리리다."

그런데 하루는 그의 아내가 이수갑을 찾아왔는데, 마주 앉자마자 눈물을 뚝뚝 떨어뜨리는 것이었다.

"무슨 일이십니까? 무슨 서러운 일이 있으셔서 이렇게 눈물만 흘리십니까?"

이수갑이 조심스럽게 묻자 여자는 몇 번이나 망설이다가 간신히 입을 열었다.

"말씀드리기도 창피합니다만, 하소연할 데가 없어서 찾아왔습니다. 우리 남편이 집에도 안 들어오고 그래서 알아보니까 글쎄 딴살림을 차렸지 뭡니까. 그것도 딸보다도 어린 여자하고 말입니다."

"그게 사실입니까?"

"그동안 정말 고생 많이 했습니다. 저도 안 해 본 일이 없습니다. 제가 목욕탕에서 때밀이 일도 했습니다. 그런데 이제 살 만해졌다고 딴살림을 차렸으니 억울해서 딱 죽어버리고 싶은 심정입니다. 찾아가서 따졌더니, 여기가 어딘 줄 알고 찾아 오냐면서 저를 때리고 문밖으로 내칩디다."

"이 사람, 정말 몹쓸 인간이군요. 제가 한번 가 보겠습니다."

이수갑은 그 길로 김 사장을 찾아갔다. 영문을 모르는 김 사장은 이수갑을 반갑게 맞았으나 거두절미하고 따져 물었다.

"김 사장님! 조강지처를 버리고 딴살림을 차린 게 사실입니까?"

김 사장은 웃음을 싹 거두고 정색을 했다.

"이 선생, 어디서 무슨 말을 듣고 그런 소리를 하시오?"

"사모님이 나를 찾아와서 그러더군요. 인간적으로 그러면 안 됩니다. 같이 고생한 조강지처를 그렇게 헌신짝처럼 버리면 안 되는 거예요."

"잠깐만, 이 선생! 쓸데없이 남의 일에 끼어들어서 참견하지 마시오."

"남의 일이라고요?"

"이건 내 사생활이란 말이오. 당신은 당신 일이나 하면 됩니다."

일말의 부끄러움도 없이 오히려 호통을 치는 그를 보고 있으려니 긴 말을 해 봤자 소용없는 인간이다 싶었다. 이수갑은 그의 뺨을 후려쳤다.

"어쿠!"

불시에 뺨을 맞은 김 사장은 뺨을 감싼 채 이수갑을 쳐다봤다. 이수갑은 자리에 벌떡 일어나 매몰차게 말했다.

"돈이 전부가 아니오! 인생 똑바로 사시오!"

화해할 것도 없이 그길로 회사를 나와 버렸다. 대신 틈틈이 공사장에 나가 막노동을 해서 푼돈을 벌어 왔다. 바르지 않은 사람 밑에서 편하게 돈을 버느니 땀 흘려 일하는 길을 택하는 사람이었다.

군사 정권이 일본과 미국에서 외채를 들여와 경제 개발 계획을 시작했다지만 아직까지는 도시마다 실업자가 넘치고 농촌은 보릿고개로 고통 받던 시기였다. 남편이 모처럼 돈벌이를 하려는가 기대했던 손일식은 이내 포기하고 거리로 나섰다. 집 근처 용산 청과물시장에서 과일을 떼어다가 좌판을 벌였다. 하루 종일 과일을 팔면 간신히 국수 한 다발 살 돈이 되었다.

경제적 어려움만 아니라 경찰의 괴롭힘도 여전했다. 부산을 벗어나면 나아질 줄 알았는데, 서울로 이사를 왔건만 경찰의 감시는 풀리지 않았다. 단지 용산경찰서로 인수인계가 되었을 뿐이었다. 이수갑이 1970년대는 통일사회당으로, 1980년대 들어서는 사회민주당 간부로 활동을 계속했으니 감시도 당연한 일이었다.

부산에 살 때는 손일식까지 미행하던 경찰이었다. 서울에 왔어도 툭하면 집으로 찾아왔다. 경찰은 이수갑이 이북에서 자금을 받는 게 아닌가 의심했다. 막노동을 한다고 아무리 말해도 소용없었다. 아이들은 집 주변 전봇대 밑에 몇 시간이고 서성이며 감시하는 형사들 곁을 지나 등하교를 했다.

가족들이 겪는 고초를 이수갑이 모를 리가 없었다. 하지만 그의 유별난 엄격함은 제일 우선적으로 자기 자신에게 해당되었다. 다음이 동지들이었다. 그리고 다음이 가족이었다. 아내나 아이들이나 그의 철두철미 꼼꼼하고도 엄한 시야에서 한 치도 벗어날 수 없었다.

"얘들아, 얼른 나와서 이 물고기들 좀 봐!"

어느 해인가는 큰아들 이은걸이 현관문을 열고 들어오면서 소리쳤다. 방 안에 있던 동생들이 일제히 튀어나오자 은걸은 의기양양한 표정으로 들고 있던 낚시 가방을 펼쳐보였다. 가방 속 그물망 안에는 팔뚝만 한 물고기가 비닐을 번득이고 있었다.

"와아, 엄청나게 큰 물고기다. 형이 잡은 거야?"

"그럼. 내가 잡지 누가 잡냐?"

용산 집은 한강과 가까웠다. 낚시가 취미인 은걸은 가끔 한강에 나가 물고기를 잡아 왔는데 이리 큰 고기를 낚기는 처음이었다. 손일식도 눈을 휘둥그렇게 뜨면서 좋아했다.

"오늘 저녁은 매운탕 끓여야겠네."

그때 안방 문이 삐걱 열리고 이수갑이 나왔다. 순간, 아이들은 얼어붙은 듯 입을 다물었다. 아버지가 집에 있을 거라고 생각하지 않았던 은걸은 당황해서 얼른 펼쳐 놓은 것들을 주섬주섬 챙기기 시작했다.

"뭘 어쨌다고? 어디 보자."

이수갑이 낚시 가방을 펼쳐보았다. 그리고는 깊은 한숨을 내쉬며 말했다.

"세상에서 제일 멍청한 놈이 낚시한다고 멍청하게 앉아 있는 놈이더라. 그럴 시간이 있으면 차라리 길거리에 나가서 종이라도 줍지. 그래 한창 일할 나이에 고작 물고기 잡는다고 시간을 허비하느냐?"

물고기 한 마리 때문에 잔칫집처럼 흥청거리던 분위기는 일시에 싸늘하게 식어 버렸다. '가족들이 모두 즐거워하고 있으니 내가 참자', 이런 건 이수갑에게 기대하면 안 되는 것이었다. 가족들이 생각할 때는 별일 아닌 것 같은데도 이수갑의 원칙에 조금이라도 어긋나는 일이면 불호령이 떨어졌다. 아내나 아이들이나 모두 이수갑을 어려워했다. 매를 때리는 일은 없었지만, 심장을 파고드는 매서운 잔소리가 무서워 슬금슬금 피했다.

이런 저런 꼴을 보다 못한 손일식의 남동생은 자식이고 뭐고 다 버리고 집을 나오라고 성화였다. 그때마다 손일식은 말했다.

"자식들 버리고 가면 내가 너한테 얻어먹고 앉았으라고? 니는 가족이 없나? 내는 그리 못 한다. 애들을 보고 사는 거지. 남편이야 뭘 하든 말든."

강단이 없으면 혁명가의 아내 노릇도 할 수 없었다. 이런저런 것 다 잊어 버리고 집을 나가 남의 식모살이로 들어가면 자기 몸 하나는 건사할 수 있지만 애들을 버리고 떠날 수는 없었다.

아무리 자식이 귀하더라도 경제적으로 힘든데다 남편까지 바가지 긁었으면 못 살았을 것이다. 돈은 안 벌어 오고 애틋한 사랑을 나누지는 않았어도 남편이 올곧은 사람이란 것을 알기에 서러움과 힘겨움을 이겨내고 함께 하는 것도 사실이었다.

남편은 자기 눈에 틀린 행동이라고 보일 때는 호령을 내리기는 해도 사소한 문제로 쓸데없는 잔소리를 하는 사람은 아니었다. 아내에게는 꼭 존댓말을 썼고, 자식들에게도 결코 매를 들지 않았다. 손일식도 가끔 남편에게 바가지를 긁어 언쟁을 자초하기는 해도, 남편에게 꼭 존대를 하고 아이들도 매 한 차례 안 때리고 키웠다. 나중에 며느리가 손자를 때리다가 손일식에게 크게 혼이 나기도 했다.

아버지의 엄한 지도 때문일까, 아이들은 제대로 뒷바라지를 못했어도 올곧게 컸다. 늘 형편이 어렵다 보니 공부든 취미 생활이든 원하는 걸 맘껏 해 본 적이 없는 아이들이었다. 자식들이 입학식을 하건 졸업식을 하건 그 자리에 아버지가 있었던 적은 한 번도 없었다. 아들 셋이 차례로 군대를 갔건만 면회 한 번 하지 않았다. 온 가족이 오순도순 나들이를 하는 건 꿈도 꾸어본 적이 없었다. 대신 집 주변에는 늘 형사들이 어른거리고 갑자기 아버지가 잡혀가거나 수배 상태로 피해 다닌다는 말을 들어야 했던 자식들은, 아버지가 무사하다는 것만으로도 가슴을 쓸어내렸다. 아버지는 그냥 그런 존재라고 생각하고 살았다.

타고난 유전적 기질도 있었을 것이다. 힘들고 어렵게 살았어도 아이들은 순하기만 했다. 큰아들 은걸은 학비가 없어 중학교를 검정고시로 통과하고 어렵사리 고등학교를 나온 후 직장에 다녔다. 다른 아이들도 무난히 컸다.

막내아들 민걸이 예외라면 예외였다. 중학교까지는 반에서 10등 안에는 드는 얌전한 학생에 속했는데 사춘기가 되면서 껄렁껄렁한 아이들과 어울려 다니며 술, 담배를 하고 별일도 아닌 일에 주먹을 휘둘렀다. 학교에서도 말이 많고 동네 사람도 좋게 보지 않는 학생이 되어 갔다. 그러나 집에서만은 흐트러진 내색을 하지 않았다. 치고받고 싸우다가 코뼈가 내려앉아 걸을 때마다 골이 흔들거리는데도 병원도 가지 않고 꾹 참았다. 그러나 아버지가 눈치 채지 않을 리가 없었다. 어느 날은 이수갑이 아들을 불러 앉혔다.

"대전 작은 집에 가서 머리 좀 식히고 오는 게 어떻겠냐?"

가타부타 따져 묻지도 않고 때리지도, 야단치지도 않았다. 이민걸은 여름방학 한 달을 작은 집에서 사촌들과 놀면서 지냈다.

이민걸이 공부에서 손을 놓은 것은 힘깨나 쓴다는 아이들에게 돈을 빼앗긴 후였다. 몇 푼 되지도 않는 돈이었다. 하지만 집안 형편도 좋지 않은데 그나마 차비 정도밖에 안 되는 돈까지 맥없이 뺏기고 보니 분한 마음에 잠이 오지 않았다. 꼬박 보름 동안 잠을 설친 끝에 내린 결론은, 굴욕적인 이 상황을 극복하려면 놈들보다 강해지는 길밖에 없다는 것이었다. 며칠 후 그쪽 패거리의 대장에게 싸움을 걸어 늘씬하게 패주고 자기가 두목이 되어 버렸다. 폭력배가 되어 거들먹거리고 다니니 공부가 될 리가 없었다. 성적이 곤두박질쳤다. 고2 때부터는 아예 시험을 포기하고 이름만 쓰고 나오는 식으로 지내다가 졸업을 했다. 학교를 졸업했으니 용돈벌이라도 해야겠다는 생각으로 용산 시외버스 터미널에서 구두를 닦았는데, 그게 뜻밖에 벌이가 괜찮았다. 흥청망청 돈을 쓰면서 디스코텍에 다니고 술 마시고 택시를 타고 다녔다. 그렇게 몇 달이 흐른 어느 날, 어머니가 이민걸 앞에서 눈물을 보였다.

"민걸아, 니가 뭐가 되려고 이러냐."

어머니 역시 욕도 않고 매도 때리지 않았지만, 눈물 한 방울이 벼락처럼 머리를 내리쳤다. 이민걸은 곧바로 공부를 시작해서 이듬해 대학에 입학했다. 3남 2녀 중 대학에 간 건 이민걸뿐이었다.

첫 입학금은 작은집에서 빌리고 나머지는 본인이 벌어서 다녔다. 막노동도 하고 야간 경비를 서기도 하고 대출도 받았다. 졸업을 하고 직장에 다닐 때는 월급을 몽땅 어머니에게 갖다 주었다. 어머니가 기뻐하는 모습을 보면 날듯이 기분이 좋았다. 고정적으로 들어오는 수입이 있다는 것만으로도 어머니가 단단해지는 게 눈에 보이는 것 같았다. 누가 시킨 것도 아닌데 자연스럽게 집안 돌아가는 형편에 대해 신경이 쓰였다. 그러자 삶 자체가 달라지는 기분이었다.

이 무렵부터 아버지의 삶에 대해서도 생각하게 되었다. 다른 형제들은 아버지를 존경하기는 해도 또 무슨 꾸중을 들을까 슬금슬금 피했지만, 이민걸은 아버지와 세상 돌아가는 이야기를 나누는 게 좋았다. 주로 아버지로부터 역사와 정치에 대해 듣는 입장이었지만, 가끔은 특정 사건에 대해 열띤 찬반 토론을 벌이기도 했다. 대학을 다닐 때 학생운동을 하지는 않았지만, 아버지와 다양한 사상가들에 대해 나누었던 이야기들은 몹시 흥미를 끌었다. 그중에서도 잊히지 않는 말들이 있었다.

"어떤 사회운동이든 배려와 희생을 바탕으로 하지 않는 것은 다 거짓이다."

아버지는 또 말했다.

"공산의 개념이 최고의 지성이다."

공동 생산, 공동 분배를 꿈꾸는 공산주의야말로 지성이 가질 수 있는 최고의 개념이라는 말은 충격이었다. 섬유공학을 전공했지만 공산주의에 관한 책들을 읽는 게 취미가 되었다.

군대에 가서도 〈공산당선언〉, 〈유물론과 변증법〉 등 좌파 서적들을 읽었다. 판매가 금지된 책들로, 소지만 해도 감방에 갈 수 있던 시대였는데 운동권이 아니다 보니 몰라서 부주의했던 것이다. 큰 체격 덕분에 헌병 보직을 받아 근무하는데 국군의 날 행사에서 대통령 전두환을 근접 경비하는 조로 차출되었다. 그런데 한창 사열 연습을 하는데 갑자기 명단에서 제외되었다는 통보를 받았다. 신원 조회에 걸렸다고 했다. 아버지의 전과가 조회되었던 것이다.

문제는 거기서 끝나지 않았다. 헌병대에서는 그의 관물대까지 수색했는데 공산주의 관련 서적이 쏟아져 나오니 난리가 났다. 일주일 간 유치장 생활을 해야 했다. 유치장에 있는 동안, 이민걸은 아버지를 원망하지 않았다. 오히려 아버지가 어떤 사람이었을까를 실감한 시간이었다. 책만 소지해도 이렇게 탄압을 하는 나라에서 평생을 사회주의자로 살아온 아버지에 대한 존경심이었다. 뒤에서 말없이 아버지를 보조해 온 어머니에 대한 감사의 마음도 들었다. 당시 일기에 이렇게 쓴다.

'우리 형제들은 물질적으로 풍요롭지는 않았지만 배를 곯으면서 살지도 않았다. 물질적으로는 부족하지만 물질적으로 넘치는 집보다 더 훌륭한 생각을 하는 게 우리 집이다, 은연중에 이런 고집스런 생각 같은 게 나의 중심을 꽉 잡고 있었던 것 같다. 존경합니다, 아버님, 어머님.'

제대 후 집회나 시위가 있을 때면 이민걸은 꼭 아버지를 따라다녔다. 결혼을 하여 자신의 가정을 꾸리게 되면서 한동안 소원해지기도 했지만, 아버지를 이해하고 존경하는 마음은 변하지 않았을 뿐 아니라 점점 커져만 갔다.

14. 통일사회당 비밀 당원

삼풍건설 박 사장이라는 별명으로 불리는 이가 용산 집으로 이수갑을 찾아온 것은 1970년대 말이었다. 부산에 살 때 손일식도 몇 번 본 적이 있는 사람이었다. 오히려 놀란 것은 이수갑이었다. 박은 부산에서 남로당 활동을 같이했던 이였다. 십 년 넘게 연락이 끊어졌던 이가 어떻게 그의 집주소를 알고 찾아왔는지 반갑기도 하고 의아하기도 했다.

두 사람은 저녁을 먹은 후 구석방으로 들어가서 문을 닫아걸고 밖에서 잘 들리지 않도록 두런두런 이야기를 나누었다. 험한 세상에 어떻게 죽지 않고 살았는지 나누던 대화가 슬그머니 남로당과 북로당으로 돌아갔다. 이수갑은 이날의 대화 내용에 대해 평생 함구하고 살았으나, 워낙 작은 집이다 보니 식구들은 대강 그 내용을 알아들을 수 있었다. 그 기억을 모아 보면 이랬다.

"이수갑 동지에 대해서 나는 실망을 많이 했네. 다른 사람은 몰라도 자네는 절대로 변절하지 않을 거라고 믿었는데."

박 사장의 말에 이수갑의 언성이 높아졌다.

"변절이라고 했나? 대체 무엇이 변절이라는 건가? 전쟁 후에 진보당과 사회당에 가입하면서 나는 내 입장을 분명하게 정리했네. 나는 진정한 사회주의자로서 공산 독재와 자본 독재를 둘 다 반대하고 평화통일 노선을 선택했네. 그것이 변절이라면 할 말이 없네만, 나는 지금까지 사회주의자로서 양심과 원칙에 어긋나는 행동이나 생각을 한 적이 없다고 자신하네."

박 사장도 흥분해서 따지고 들었다.

"북조선을 공산 독재라고 말하는 게 변절이 아니고 뭔가?"

"나는 자본주의를 반대할 뿐 아니라 모든 독재를 반대하는 정통 사회주의자네. 이북에 대해서만 기준을 달리해 이중 잣대를 들이댈 수는 없네."

"그럼 자네는 레닌 선생이 주장한 프롤레타리아트 일당 독재의 정당성을 부인한다는 말인가? 당의 영도가 없는 혁명이 어떻게 가능하다는 말인가?"

"일당 독재도 문제지만, 일인 독재와 개인 우상화는 절대 용납해서는 안된다고 보네. 마르크스도 레닌도 지도자를 우상화하라는 말을 한 적은 없네."

"역시, 수갑이 자네는 확실히 변했군? 완전히 반동이 되었어."

이수갑은 화를 벌컥 냈다.

"내가 반동이라고? 조선공산당의 대선배들을 미제 간첩이라고 누명을 씌워 죽인 건 누군가? 이승만이는 이북의 간첩이라며 조봉암 선생을 죽이고, 이북에서는 공산당 간부들을 미제의 간첩이라고 죽여? 이승만보다 나을 것도 없는 북로당을 어떻게 믿으란 말인가?"

북한에서 벌어진 조선공산당 지도부에 대한 처형과 숙청은 남쪽의 혁명가들에게 치명적인 상처가 되었다. 무언가 죄가 있으니 그랬을 거라는 이들도 있었지만, 소련에서 비슷한 일로 수십만 명이 숙청되었다는 사실을 알게 되면서 북한 정권을 불신하게 된 이가 많았다.

"그러면 자네의 평화통일 노선은 뭔가? 우리 북조선 공화국을 불신하면서 어떻게 평화통일을 하겠다는 말인가?"

박 사장의 질문에 이수갑은 단호히 말했다.

"당연히 평화통일을 해야지! 다시는 비극적인 전쟁이 나지 않도록 해야지! 평화통일을 위해서 내가 할 수 있는 모든 노력을 기울일 걸세. 단, 내 발바닥은 이북이 아니라 이남에 서 있다네. 이남 민중의 한 사람으로, 혁명가의 한 명으로 이남 정부를 상대로 투쟁하는 것이라네. 북조선 공화국의 일원이 아니란 말일세."

"그래서, 우리 조직에 들어오지 않겠다는 말인가?"

"못 들어가네. 자네가 어떻게 우리 집을 알아내서 찾아왔는지 의심스럽네만, 아무튼 이만 돌아가 주시게."

두 사람은 끝내 얼굴을 붉힌 채 헤어졌다. 가족들이 방문 밖에서 다 듣고 기억할 정도로 심한 언쟁이었다.

이수갑이 북한의 지도를 받는 지하 조직에 가담하라는 박 사장의 제안을 거부한 데는 남한 정보기관의 함정 공작일 수도 있다는 의심이 있었을 것이다. 설사 가입 의사가 있더라도 뜬금없이 등장한 박 사장의 말만 믿고 운동가로서의 생명을 의탁할 수는 없었을 것이다.

이수갑이 북한에 대해 한 말은 그러나 모두 진심이었다. 북한이 김일성 유일사상이라는 개인 우상화 작업을 본격화한 1970년대부터 그는 개인적으로 믿을 수 있는 사람들과 대화할 때는 김일성의 일인 독재, 전쟁을 일으킨 행위, 조선공산당 지도부에 대한 숙청 등에 대해 냉철히 비판했다. 동구 사회주의 국가들의 일당 독재와 지도자 우상화에 대한 시각도 싸늘했다. 아무리 좋게 보아도 레닌에게 핑계를 댄 교조주의요, 나쁘게 본다면 사회주의를 이용해 권력욕을 채우는 짓에 불과하다고 맹비판했다.

결단코 사회주의의 대의를 부정하거나 포기한다는 의미는 아니었다. 이수갑은 정통 사회주의자로서, 대의 원칙을 버리고 일인 독재 국가로 변질된 북한 체제를 비판한 것이지 사회주의 자체를 거부한 것이 아니었다. 오히려 진짜 사회주의자라면 소련이나 북한의 일인 독재 체제를 용납할 수 없어야 한다는 게 신념이었다.

하지만 노동조합 등에서 강연할 때는 북한에 대한 비판적 시각을 잘 드러내지 않았다. 왜 그러냐고 물으면 자신이 아니어도 모두들 북한을 비판하는데 굳이 보탤 필요는 없다고 답했다. 또 한편으로는 진심으로 북한을 걱정한다고 말했다. 그가 원하는 것은 북한 체제가 붕괴해 자본주의로 변하는 게 아니라, 건국 초기의 순수한 의도로 돌아가 제대로 된 사회주의 국가로 발전하는 것이었다. 그 점이 보수 우익들의 반북과 다른 점이었다.

박 사장과 언쟁을 벌이던 무렵, 이수갑은 통일사회당 당원으로 활동하고 있었다. 통일사회당은 진보 운동의 암흑기나 다름없던 1960년대 중반부터 1970년대를 관통하는 사실상 유일한 진보정당이었다. 박정희는 지속적인 탄압과 동시에 지도부 매수 등 중앙정보부를 통한 정치 공작으로 어용 정당으로 전락시키려 애썼다. 그만큼 통일사회당의 연혁은 복잡했다.

1960년 4월 혁명의 분위기를 타고 다섯 개의 정당으로 갈라졌던 혁신계는 이수갑도 참여했던 제5대 국회의원 총선에서 수치스런 패배를 맛본 후 통합 논의에 들어갔으나 분열은 오히려 가중된다. 3개의 당을 합치면 1개의 당이 되어야 하는데, 기존의 당에 잔류파들이 남는 바람에 오히려 4개의 당으로 늘어나는 식이었다. 이 와중에 사회대중당 일부, 진보당 잔류파, 한국사회당, 혁신동지총연맹, 사회혁신당이 통합해 만든 것이 통일사회당으로, 아직 군사쿠데타가 일어나기 전인 1961년 1월에 결성된다.

당시 이수갑이 울산 지구당 위원장을 맡고 있던 사회대중당이 '인디아식 민족자주 노선에 입각한 민족통일'을 표방했다면 통일사회당은 '민족적 주체성에 입각한 민주적 사회주의'를 당의 이념으로 표방했다. 내부 구성원들의 사상 편력은 다양했지만 주류는 조봉암의 사회민주주의 노선에 가깝다고 할 수 있었다. 소수였던 사회당에 비해 혁신계 인사들이 대부분 참여한 통일사회당의 창당 선언문을 요약하자면 이런 내용이었다.

'통일사회당은 국가 경제의 조속한 건설, 빈궁과 불안으로부터의 대중 해방, 민주적·평화적인 국토 통일을 실현시킴으로써 우리 조국을 통일·자주·독립의 훌륭한 민주적 복지국가로 발전시키는 역사적 대과업을 수행할 것이다. 이러한 대과업은 근로민중을 기반으로 한 이 나라의 민주적 혁신 세력의 집결체인 대혁신정당에 의해서만 완수될 수 있는 것이며, 평범한 근로민중의 국민대중적 혁신 정당이 아니면 안 된다.'

이처럼 대중적 혁신 정당을 표방한 통일사회당은 창당 몇 개월 만에 터진 5·16군사정변으로 해산되었다가 1965년 일본에 체류 중이던 국제국장 김철이 귀국해 재건한다. 그러나 총선에서 모두 낙선해 원내 진출에 실패하고 1967년 해체되었다가 박정희가 유신헌법을 선포해 영구 집권에 들어간 1972년 다시 창당 준비에 들어간다.

유신헌법은 대통령 직선제를 폐기하고 통일주체국민회의라는 어용 기관을 통한 간선제를 택하고 대통령의 임기 제한을 없애는 등 박정희가 죽을 때까지 집권할 수 있도록 했으며 이 헌법에 관한 논의 자체를 금지시키는 대통령 긴급조치라는 희대의 악법이 만들어졌다.

이에 저항한 대중적 지도자들은 전직 대통령 윤보선, 야당 지도자 김대중과 김영삼, 종교 지도자 함석헌과 문익환 등이었는데 이들의 사상은 어디까지나 반공과 자유주의에 기반하고 있었다. 통일사회당은 그들의 한계를 넘어 보다 근원적인 변혁을 지향했다. 민중 문제, 통일 문제에 대한 진보적 견해는 야권과의 차별성을 명백히 했다. 어느 쪽이 옳은가 와는 상관없는 태생적 차이였다.

모순적인 것은 통일사회당이 주로 사용하던 민족, 통일, 민주, 자주, 주체 등의 단어야말로 자신들의 주적이던 박정희가 애용하던 용어들이었으며 동시에 북한이 현재까지도 애용해 오는 구호라는 점이다. 거슬러 올라가자면 식민지 시대 막바지 전시 상황에서 이광수 같은 친일파들의 구국 연설에서 가장 많이 등장하는 단어들이었다. 민족, 통일, 민주, 자주, 주체 같은 말을 애용했다는 것은 독재와 반대해 투쟁했던 통일사회당 역시 시대적 한계 속에 갇혀 있었다는 뜻이기도 했다. 전체주의와 싸우기 위해 전체주의를 채택한 셈이었다.

통일사회당은 1973년 명동에 있던 흥사단 본부 건물인 대성빌딩 강당에서 창당식을 갖고 출범하는데 지도자인 김철이 국가보안법 전과로 당 대표를 맡을 수 없어 안필수가 당 대표로 지명되었다. 중앙당 사무소는 종로구 낙원동 파고다 공원 근처에 두었다가 나중에 이수갑의 집에서 멀지 않은 용산구 갈월동으로 이사했다.

박정희 정권이 공개적으로 사회주의를 천명한 통일사회당을 용인한 것은 국제 사회에 진보정당의 존재를 입증해야 하는 부담 때문이었다고 전해진다. 대신 박정희 정권은 통일사회당의 고위 실무선까지 정보원을 투입해 감시하고, 당세가 확장되지 않도록 철저히 억눌렀다. 때문에 통일사회당은 독재 정권이 만들고 보호하는 어용 정당이라는 오명을 쓰기도 했다.

각 도와 시의 통일사회당 지구당 창당대회는 당원보다도 많은 중앙정보부 요원들과 경찰, 국군보안대 요원들이 자리를 차지하기 마련이었다. 그들은 출입자들을 일일이 검문하고 확인한 다음 모든 발언을 녹취해 무슨 트집을 걸어서라도 형사 처벌하려 들었다. 대전에서 열린 충남도당 결성식에서 박정희 정권이 김일성 정권보다 더 나쁘다고 발언했던 여성 당원 정효순이 바로 그날로 구속된 사례도 있었다.

이수갑은 인생의 황금기라 불리는 40대를 통일사회당 활동으로 보낸다. 당직은 맡지 않았다. 외부에 공개되는 공식적인 당원 명부에도 이름을 올리지 않았다. 당비는 내고 모임에는 꼭 참석했다. 비밀 당원이었다.

공개 합법 정당에 비밀 당원이라는 내부 약속이 만들어진 것은 1970년을 관통하는 살벌한 유신 체제를 버텨내기 위함이었다. 당시 통일사회당 청년 당원으로 이수갑과 절친했던 조원균의 증언에 따르면 비밀 당원은 통일사회당의 공식적인 제도에 속했다. 언제 어떤 누명을 쓸지 모르니 과거 경력이나 이념적으로 보아 문제가 될 만한 당원들은 대외적으로 공개하지 말자는 내부의 약속이었다.

이수갑도 남로당 출신이라느니 과거에 옥살이를 했다는 사실 같은 이야기는 당원들에게 일체 말하지 않았다. 당비도 남몰래 냈다. 서울역 서부역 근처에 고물상을 하던 사람이 있었는데 당시에는 고물상이 상당한 부자에 속했다. 그 사람도 남로당 출신의 비밀 당원이라 조원균이 당비를 받으러 간 적이 있었다.

조원균이 보기에 이수갑은 굉장히 점잖은 사람이었다. 나이 차이가 스무 살이 나는데도 친구처럼 친하게 지낼 수 있던 것은 두 사람 다 이름난 원칙주의자였기 때문이었다. 이수갑은 본인도 늘 궁핍하면서도 후배를 만나면 술을 사 주는 게 일이었다. 한번은 조원균과 시내에서 술을 마시고는 자기 집에 가서 2차를 하자고 광명시까지 데려갔으나 집 앞 구멍가게에서 소주를 마시고 헤어진 적도 있었다. 가족들 앞에서 술에 취해 흐트러진 모습을 보이기 싫었을 것이다.

통일사회당은 비밀 당원 제도를 둘 정도로 경찰과 중앙정보부의 지속적인 감시 아래 놓여 있었고, 툭하면 무더기로 끌려가 몇 명씩 구속되어, 면회를 가야 할 구속자가 끊이지 않았지만, 널리 대중적인 지지를 받지는 못했다.

사회주의를 전면에 내세우며 사회주의국가인 북한과의 평화통일을 주장하는 통일사회당의 강령은 일반 국민들의 정서와 괴리가 컸다. 대개 국민들의 공감대는 주류 야당이던 신민당과 재야인사, 종교계가 주장하는 일반 민주주의까지만 열려 있었다.

1970년대는 보다 급진적일 수 있는 대학생들조차도 반공, 반북의 틀 안에서만 자유로웠던 시대였다. 대전교도소 등지에는 북한에서 내려온 공작원이나 간첩단 사건 관련자들이 수감되어 있었는데 학생들이나 재야인사들은 이들을 공산주의자라 하여 배척하고 경원한다. 통일사회당 당원들도 같은 취급을 당하기도 했다.

심지어 학생운동을 하던 이들은 국시가 반공인 나라에서 사회주의를 내세우는 통일사회당을 관제, 어용 정당이 아닌가 의심스러운 눈으로 바라보기도 했다. 그러나 실제로 통일사회당 관계자들을 만나 본 이들은 선입견을 버리게 된다.

유신이 한창이던 때, 신림동에 차린 통일사회당 지구당사에 찾아갔던 서울대생들이 통일사회당 간부와 당원들의 투쟁성에 감명을 받았다는 증언이 있다. 1980년 5월, 전두환의 신군부가 광주 학살을 저지르자 통일사회당의 청년 간부들이 서울에서 열린 미스유니버스 대회장에 다이너마이트를 터뜨리려다가 체포된 사건도 있었다. 사람까지 살상할 계획은 아니었다. 미스유니버스 대회가 전 세계에 실황 중계될 때를 노려 요란하게 폭탄을 터뜨려 전두환의 학살을 국제 사회에 폭로하겠다는 계획이었는데 다이너마이트 구입 과정에서 체포된 탄광 노동자가 실토하면서 실패한다.

이수갑은 다른 정당에서는 다양한 직책을 맡았으나 비밀 당원으로 활동하던 통일사회당에는 일체 그에 대한 기록이 남아 있지를 않고 본인의 증언도 미미하다. 따라서 통일사회당에서 구체적으로 어떠한 역할을 했는가에 대해서는 추측할 수밖에 없다.

유신 시대 중앙정보부 요원의 숫자가 15만 명이라는 주장이 있다. 정보 기관원보다 당원의 수가 훨씬 적다 보니 일대일, 밀착 방어 수준의 감시를 당하던 엄혹한 시절이었다. 학생운동조차도 서울대나 고려대, 경북대 정도에서나 간혹 수백 명 단위의 시위가 일어날까, 사실상 모든 운동이 마비된 상태에서 통일사회당이라 해서 돌출적인 활동을 할 수는 없었다. 유일하게 진보 사상을 표방한 정당으로서 존재만으로도 의미를 갖고 있었다고 해도 자기합리화만은 아닐 것이다.

이런 상황에서 이수갑이나 동료들은 경찰의 추적을 따돌리고 만나서 시사 토론을 하고 울분을 토하는 것만도, 한 명 한 명 당원을 늘려 나가는 것만도 소중한 저항 운동이라 할 만했다. 삼십대 초반에 벌써 진보당 발기인과 중앙위원, 사회당 지구당 위원장을 했던 이수갑이었다. 본인과 관련자들이 모두 사망한 이제 와서 확인할 방법은 없지만, 통일사회당에서도 비공식적이지만 비중 있는 역할을 했으리라 추측된다.

유신 체제의 종말과 동시에 통일사회당의 20년 역사도 끝나가고 있던 1970년대 말에 박 사장이 찾아와 북한 정권의 지도를 받는 조직에 가담하라고 제안했을 때, 이수갑이 완강히 거절할 수 있었던 것도 통일사회당 내의 조직적 기반을 가진 자신감의 반영이 아니었을까, 추측이 가능하다.

15. 명동성당의 두 거인

서울 중구 명동성당에 가톨릭노동문제상담소가 설치된 것은 유신 독재 말기인 1978년 10월이었다. 성당 부지의 가장자리, 대로변의 가파른 축대 위에 세워진 4층짜리 옹색한 건물을 사용했는데 식민지 시대에 지어져 나름대로 운치가 있었다. 김말룡과 같은 대구 출신인 김수환 추기경의 배려였다.

소장은 김말룡으로, 한국 노동운동사에 빼놓을 수 없는 문제적 인물이었다. 이수갑보다 두 살 적어 1927년생인 김말룡은 해방 정국에서는 대한노총에 가담해 허리에 권총을 차고 다니며 전평 파괴에 앞장선 반공주의자였다. 사회주의자로서 노동운동을 시작한 이수갑과는 정 반대편에 서 있었다.

두 사람은 그러나 양심가라는 공통점을 가지고 있었다. 김말룡은 1946년 8월에 노동운동으로 첫 구속된 이래 1954년에는 이승만에 반대해 싸우다가 구속되고 1961년에는 박정희의 군사쿠데타를 비난했다가 구속되는 등 총 6번이나 구속된다. 이수갑도 5·16 군사쿠데타까지 5번이나 체포되어 고초를 겪는데, 김말룡은 1980년 5월에 한 번 더 구속된 됨으로써 기록을 늘린 것이다.

김말룡의 사상은 그가 이승만 정권 말기인 1959년 대한노총의 어용성에 대항해 만들었던 전국노동조합협의회, 약칭 전국노협의 목적으로 압축된다.

'이 땅에 진정 자유롭고 민주적인 노동조합운동의 발전을 기한다.'

장차 민주노동운동이라 불리게 될, 보다 전투적으로 노동자의 자유와 권리를 위해 싸우지만 사회주의는 유보하고 자본주의를 인정하는 노동운동이었다. 여전히 굳건한 사회주의자로서 노동계급을 이끌어 갈 전위정당의 복원을 꿈꾸는 이수갑과는 대척점에 서 있는 운동이었다. 그런데 이수갑은 김말룡과 손을 잡기로 결심한다.

남로당이 사라지면서 선 떨어진 혁명가가 된, 아니 북한 조선노동당의 지도를 거부함으로써 선 자체가 존재할 수 없는 외로운 혁명가가 된 이수갑이었다. 통일사회당 당원들과의 비밀 모임은 계속하고 있었지만 상부와의 연계나 하부 조직은 없는, 말 그대로 독립 조직으로 존재하고 있었다. 그런 이수갑이 김말룡의 손을 잡은 것은 대한노총의 후신인 한국노총을 민주화하는 일에 김말룡이 역할을 할 수 있다고 보았기 때문이었다.

두 사람은 오래 전부터 안면이 있었다. 1960년 전국노협을 건설할 때부터 친한 사이였다. 그러나 김말룡은 이수갑이 조선공산당과 남로당, 그리고 전평 출신이라는 사실은 모르고 있었다. 이수갑도 자신의 과거 배경에 대해서는 일체 밝히지 않았다. 김말룡만 아니라 다른 운동가들에게도 마찬가지였다. 굳이 남로당 출신이라는 선입견을 주어 거리감을 만들고 싶지 않아서였다.

김말룡이 상담소를 열면서, 이수갑은 1980년대 중반까지 거의 매일이다시피 그곳에 드나들었다. 별도로, 부산 출신 활동가 김종배 등 자신과 가까운 두 사람을 김말룡의 조직 안으로 들여보내 활동을 보고 받았다.

근본이념은 달라도, 한국노총 민주화라는 목표에 관한 한, 김말룡과 이수갑은 죽이 잘 맞았다. 한국노총 내에도 천영세, 김금수 등 바른 의식을 가진 간부들이 있어 내밀한 교류를 했다. 천영세와 김금수는 대학교 학생운동 출신으로 노동운동을 위해 한국노총에 취업한 사람들이었다. 1970년 11월 13일 분신한 전태일의 뜻으로 세워진 청계피복노동조합과의 교류도 활발했다.

쉬운 일은 아니었다. 상급 간부들의 거대한 이권 쟁투장이 되어 버린 어용 노총을 몇 사람 간부의 힘으로 바꾸기는 어려웠다. 나라 전체를 뒤흔드는 정치적인 계기가 필요했다.

1979년 10월 26일, 독재자 박정희가 중앙정보부장 김재규가 쏜 양심의 총탄에 맞아 죽은 직후, 잠깐이지만 민주화의 봄이 열렸다. 박정희의 경제 정책이란 일본과 미국에서 폐기되는 굴뚝 공장들을 들여와 저임금 장시간 노동으로 만든 제품을 값싸게 수출하는 것이었다. 덕분에 산업 기술이 발달하고 자본의 축적이 이뤄져 경제 선진국으로 가는 길은 열렸으나 그 밑에서 일하는 노동자들의 고통은 투쟁으로 확보하지 않는 한 보장 받을 수 없었다. 유신 독재는 정치민주화만이 아니라 이러한 노동운동을 억누르는 강력한 장치이기도 했다. 박정희의 죽음은 억눌렸던 노동자들의 목소리가 터져 나오는 계기가 되었다.

1980년 4월 21일 강원도 사북의 동원탄좌 노동자들이 일으킨 격렬한 파업농성이 그 시발이었다. 점거농성을 진압하는 과정에서 경찰 한 명이 광부들의 투석에 맞아 숨지기도 한 큰 사건이었다. 박정희의 뒤를 이어 전두환, 노태우의 신군부가 전권을 장악하고 있던 계엄령 치하였지만 이수갑과 김말룡은 즉시 사북으로 달려가 사태 해결을 도왔다.

두 사람은 탄광 사건 직후에는 한국노총 내 김금수, 천영세 등의 도움을 받아서 청계피복노동조합, 원풍모방노동조합, 콘트롤데이타노동조합 등 몇몇 민주노조들과 함께 한국노총 점거농성을 벌이는 등 활약했다.

그러나 민주화의 봄은 짧았다. 사북 파업 후 한 달만인 1980년 5월 17일 박정희의 양자로 알려진 전두환이 또 다시 군사쿠데타를 일으켰다. 5·16쿠데타의 재현이었다. 전국에서 9천여 명의 재야인사와 정치인, 대학생들이 연행되어 고초를 치러야 했다. 삼청교육대라는 이름으로 수만 명의 전과자와 불량배들을 군대에 끌고 가서 혹독한 구타와 강제 노동을 가한 것도 양아버지 박정희와 똑같았다.

파쇼 집단의 재집권으로 민주화는 몇 년이 더 늦춰지게 되었으나, 김말룡과 이수갑의 노동운동의 후원자로서 역할을 계속했다. 가톨릭의 보호를 받는 명동 상담소는 그 어려운 시절 노동운동가들이 반드시 들리는 곳 중

하나였다.

한편, 광주에서의 학살을 목도한 대학생들은 민주주의 요구를 넘어 사회의 근본적인 변혁을 요구하게 되었다. 학생운동에는 급속히 사회주의 이념이 도입되어 번져 나갔다. 수천 명 이상의 대학생들이 사회주의 혁명의 대의를 품고 노동 현장에 취업해 노동운동을 부흥시키려 애썼다.

이들의 활동은 1984년이 되면서 가시화되어 노동쟁의가 전국의 주요 공업단지를 휩쓸었고 수많은 해고자가 쏟아져 나왔다. 명동의 가톨릭노동문제상담소에도 도움을 청하는 해고자며 현장 활동가들이 폭증해 매일 쉴 새 없이 찾아왔다. 이수갑은 이들에게 훌륭한 상담자이자 선생이 되어 준다. 늘 친절하게 생글생글 웃는 얼굴과 구체적이고도 세부적인 지도가 그의 특징이었다.

해고 노동자의 복직투쟁 지원 외에도 1980년대 중후반 큰 사회문제가 되었던 원진레이온 산업재해 진상조사 활동을 하고 철도 및 지하철 파업이 벌어졌을 때는 대책위원으로 활동하는 등 두 사람이 관여하고 도와준 사건은 헤아릴 수 없이 많았다.

명동의 두 거인은 1987년 여름에 6월항쟁과 대파업이 터질 때까지 매일이다시피 함께하는데 이수갑이 민족정기수호협의회를 결성해 활동 영역을 넓힌 후에는 조금 뜸해졌다. 그래도 가장 가까운 사이였다. 1996년 김말룡이 아차산 등반을 하던 중 69세의 이른 나이로 심장마비를 일으켜 사망하기까지 김말룡과의 인연은 40년에 이른다고 본인 입으로 술회하기도 했다.

두 사람의 관계가 늘 좋은 것만은 아니었다. 김말룡이 이수갑의 큰아들과 두 딸의 주례까지 섰지만 두 사람의 서로 다른 정치적 색깔은 변치 않았다. 김말룡이 자본주의를 옹호하고 개량적인 노선을 택할 때마다 이수갑은 사회주의자로서 노동계급적 입장을 강조해 부딪쳤다.

"우리는 자본주의를 분쇄하지 않으면 노동자계급의 전선을 확보할 수 없다. 우리의 주적은 자본주의다."

이수갑이 이런 식으로 말할 때마다 김말룡은 부담스러워 했다. 평생 반공주의자였던 김말룡은 자본주의를 기초로 한 점진적 개량과 개혁을 원했기 때문이었다.

현실 정치에 있어서도 김말룡은 진보정당들과는 거리를 둔 반면, 민주당과 가까이 지냈다. 민주당의 전신인 신민당에서 최고위원을 지냈으며 1992년 김대중의 제안을 받아들여 민주당의 전국구 의원이 되었다. 제14대 국회의원으로 김말룡이 한 일은 대단히 많은데 이수갑과의 거리는 오히려 더 멀어져 갔다. 이수갑이 민주당의 한계를 지적하며 그 맹주인 김대중을 격렬히 비판했기 때문이다.

이수갑이 택한 정당은 언제나 진보 쪽으로, 1980년대에 그가 택한 정당은 사회민주당이었다.

피에 절은 군홧발로 광주항쟁을 짓밟는데 성공한 전두환은 1980년 8월 통일주체국민회의에 의한 간선제로 대통령에 당선되었다. 이로써 정국 주도의 자신감을 얻자 금지시켰던 정치 활동을 풀어 주었다. 1980년 11월에 취해진, 이른바 제1단계 정치 활동 자유화 조치였다.

정치 활동 자유화와 함께 1981년 3월의 제11대 국회의원 총선을 맞은 진보 계열 인사들은 또 다시 이합집산에 들어갔다. 잇달아 민주노동당, 사회당, 민주사회당 등이 창당되었는데, 가장 많은 이들이 모여든 것이 민주사회당이었다.

민주사회당은 1981년 1월 창당대회를 개최, 고정훈을 당수로 선출하고 3월 총선에서 2명의 국회의원을 배출하는 데 성공했다. 한 지역구에 두 명의 의원을 뽑는 중선거구제일 때였는데 전두환이 독재 정권이라는 국제적 질타를 벗어나고자 고정훈 등이 당선될 수 있도록 제1야당이던 민한당 후보에 사퇴 압력을 가했다는 후문도 있었다. 고정훈 자신도 굳이 이 사실을 숨기지 않았다. 욕은 자신이 먹을 테니 자신이 확보한 합법 공간을 마음껏 활용하라는 식이었다. 굳이 숨길 필요도 없었던 것이, 당의 강령 자체가 정통적 사회주의와는 거리가 멀었다. 민주사회당은 창당 대회에서 의회 민주주의 정치체제 확립, 경제 산업민주주의의 제도화, 혼합경제체제 실시, 승공에 입각한 민주적 평화통일을 내세운다.

"승공, 혁신의 노선이 잡귀들한테 먹혀 버리게 해서는 안 됩니다."

민주사회당 간부들이 하던 말이었다. 진보, 혁신계에는 진짜 붉은 사회주의자들이 있으니 조심해야 한다는 뜻이었다. 직설적으로 말하자면 이수갑 같은 이들의 접근을 금지시키라는 뜻이었다. 이에 대한 반발 때문이었는가, 과거에 혁신계 정당을 했던 이들은 대부분 민주사회당에 들어갔으나 이수갑은 이에 가담하지 않는다. 그가 북한을 비판하는 것과 노골적인 반공주의는 전혀 다른 이야기였다. 그야말로 반공이 고조되던 1981년부터 2~3년 간, 이수갑은 일체의 정당 활동을 하지 않고 명동 상담소에 드나들며 가끔씩 대전의 집 짓는 공사장에 내려가 막노동으로 돈을 벌어왔다.

이수갑이 다시 진보정당에 나선 것은 1985년 3월 1일에 창립된 사회민주당에 당기위원장으로 취임하면서였다.

이번에 창당된 사회민주당은 통일사회당을 이끌었던 김철이 주도했는데, 민주사회당의 후신인 신정사회당을 흡수하면서 몸집을 불리기도 했으나 과거의 진보정당들과 다름없이 양당제에 익숙한 대중의 무관심과 진보사상에 대한 불신이라는 두 가지 한계를 벗어나지 못했다.

일반 대중은 소련식이든 유럽식이든 진보정당들이 내세운 범 사회주의 노선에 대해 경계심과 무관심을 동시에 보여준다. 심지어 야당의원들의 시각도 다르지 않았다. 박정희 시대의 제1야당이던 신민당의 어떤 의원은 당시 제2야당이던 통일사회당 국회의원을 두고, 북한에 군사기밀을 누설할 위험이 있으니 비밀 안건을 다룰 때는 통일사회당을 배제해야 한다고 주장하기까지 했다. 그때 통일사회당 의원은 이렇게 개탄했다.

"내가 흰 토끼인데 포수가 붉은 토끼라고 총을 들고 쫓아오니 내가 흰 토끼임을 어떻게 증명해야 할까, 참으로 답답하다."

과거 통일사회당에 대해서 그랬듯이, 사회민주당에 대해서도 관제 정당이라는 의심도 제기되었다. 일반 민주주의를 요구하는 야당과 학생들을 그토록 탄압하는 전두환 정권이 왜 사회주의를 내세운 이들은 용인하는가 하는 의심이었다. 국제적 체면을 위해 살려두는 관제 정당이라는 이 의구심은 어느 정도는 사실이기도 했다. 하지만 몇몇 간부가 권력에 욕심을 내어 독재 권력과 타협을 했을지 몰라도, 대다수 당원들은 충실한 사회민주주의자들로서, 넓은 의미의 사회주의자들이었다.

세간으로부터 별다른 주목을 받지 못한 큰 이유에는 투쟁성이 약한 점도 있었다. 대다수 당원들이 환갑을 넘어 칠순, 팔순이 넘어가니 실질적인 투쟁에 나서지 못했다. 사회민주당이 창당된 1985년이면 이수갑도 환갑일 때로, 그보다 연로한 간부들이 다수였다. 다들 이루지 못한 꿈을 위해 살아가는 세월이 그리도 길었다.

투쟁을 못하면 이론적으로라도 앞서야 하는데 사회민주주의 이론으로는 대학가에 밀려오는 스탈린식 사회주의의 열풍을 지도할 수가 없었다. 국제적으로는 벌써 파탄 나 버린 소련식 사회주의를 금과옥조처럼 받아들이고 있던 학생운동가들에게 사회민주주의 노선은 경멸의 대상이었다. 사회민주주의 노선 자체가 점진적이고 온건하다는 측면에서 젊은 세대의 불만을 사기도 했지만, 레닌과 스탈린의 모든 저서들이며 북한의 교시에 사회민주주의가 자본주의보다 더 나쁜 개량주의 사상이라고 맹비난해 놓았기 때문이었다. 소련에서 나온 러시아혁명사에 레닌과 스탈린의 저서 몇 권을 읽고, 혹은 북한에서 만든 주체사상 관련 서적 한두 권을 읽고 자칭 혁명가가 된 이들에게는 그 이상의 진리가 필요가 없었다.

과연 이수갑이 스탈린주의에서 얼마나 벗어난 사람인가를 판단하기는 어렵다. 사망할 때까지도 자신은 조선공산당 당원이요 사회주의자임을 자부했지만, 그가 꿈꾼 사회주의의 미래상이 어떤 형태인가에 대해 깊이 고민하고 써 놓은 글이 없다. 얼마 안 되는 그의 글들은 해방 직후의 상황에 대한 증언과 매 시기마다 당면한 노동운동의 과제에 대한 것들뿐이다.

확실한 것은 설사 이수갑이 관념적으로는 스탈린주의에 경도되었다 할지라도, 현실에서의 그의 행보는 옳았다는 점이다. 자신을 지도하고 이끌어 줄 전위정당이 없는 상황에서 스스로 하나의 결정 기관이 되어 창의적으로 활동했다는 점이 그렇고, 경직된 이론보다는 구체적 실천에 역점을 두었다는 점도 그랬다.

명동 상담소에서 김말룡과 함께한 것도 그렇고 사회대중당, 사회당, 통일사회당에 이어 사회민주당에 들어가 활동한 것도 마찬가지였다. 누구는 반동이니, 어느 당은 개량적이요 지지 대중도 없다느니 하는 식으로 타인의 단점만 끄집어내며 결국은 아무것도 하지 않는 '자기 혼자 혁명가' 또는 '말뿐인 혁명가'가 아니라 조금이라도 희망이 보이면 자신의 정체를 숨기고 들어가 열심히 함께하면서 사회주의의 대원칙을 퍼뜨린다는 점에서 이수갑은 진정한 혁명가의 자격을 가진 사람이었다.

이런 실천적 자세로 이수갑이 직접 만든 단체가 '민족정기수호협의회'였다. 이 역시 세상이 바뀌었음을 인지하고 서둘러 만든 단체였다. 결성일은 1987년 7월 30일이었다. 정통파 사회주의자가 돌연 민족주의 단체를 결성한 이유에 대해 이수갑은 2009년 국제단체인 '국제공산주의흐름'의 회원인 남궁원과의 대담에서 말한다.

"이제 단체를 만들어서 표면적으로 활동을 해야 되겠다는 생각이 1987년도에 들었습니다. 일제 때 조선공산당 노동운동 선배들이, 친일파 척결을 최우선 과제로 생각했습니다. 이것을 계승해서 나가야 한다는 생각이었습니다. 민족 반역자들이 일본 제국주의자들에게 결탁을 해서 조선 노동자들을 억압했기 때문입니다. 이들을 숙청하는 것을 과업으로 생각했습니다."

이수갑이 말한 선배들과 그들의 사상을 대표하는 이가 박헌영이었다. 이수갑이 한 말은 1946년 11월 5일 전평 결성대회에서 박헌영이 대독시킨 연설과 거의 똑같음이 이를 입증한다.

한편, 보수 야당은 군부의 후계자 노태우가 대통령 직선제를 수용한 6·29선언이 떨어지자마자 권력 쟁투에 돌입했다. 7, 8, 9월 내내 전국을 휩쓴 노동자대파업은 그들의 안중에도 없었을 뿐 아니라, 오히려 군부에게 또 다른 빌미를 준다며 노동자들이 자제를 바라는 형국이었다.

대통령이라는 떡밥이 생기자마자 야당의 두 거물 김영삼과 김대중은 순식간에 진흙탕 싸움에 뛰어들었다. 이 난장판을 만들어 낸 중심은 김영삼이라기보다, 김대중과 운동권이었다. 6월항쟁 이전까지 합법 영역에서 야당을 대표했던 것은 사실상 김영삼으로, 김대중은 광주항쟁의 주모자라는 누명을 쓰고 정계 은퇴를 선언하고 있었다. 그런데 6월항쟁으로 분위기가 바뀌자 운동권의 다수이던 민족해방 계열이 김대중을 지지하고 나서면서 두 사람의 경쟁에 불을 붙여 버렸다. 그들은 김대중의 보수적 측면은 비판하고 진보성은 취한다는 명목으로 '비판적 지지'라는 신조어까지 만들어 냈지만 누가 보아도 숨길 수 없는, 김대중에 대한 절대 지지였다.

12월 대통령 선거의 결과는 참담했다. 야당 표를 갈라 먹은 양 김 씨는 떨어지고 군부와 보수들이 내세운 후보 노태우가 직선제로 대통령이 되고 말았다. 국민들이 투쟁으로 얻어낸 기회를 두 야당의 거물과 소위 운동권이 말아먹은 셈이었다.

이수갑은 김영삼이든 김대중이든 야당 지도자들의 기회주의와 이념적 한계를 지적해 온 좌파였기에 이 일로 충격까지 받지는 않았으나 야당 지도자들에 대한 불신은 더 커질 수밖에 없었다. 나중에 김말룡이 김대중과 손을 잡고 국회에 진출했을 때 이수갑이 보여 준 불신의 근원도 거기에 있었다.

민족정기수호협의회를 결성한 것은 막 유월항쟁이 끝난 직후, 아직 양 김 씨의 대통령 후보 문제가 부각되지 않았을 때였다. 사회주의자에게는 모든 인류가 하나의 형제자매였다. 굳이 사회주의자가 아니라도, 서구인들에게 민족이란 보수 우익들이 편협한 종족 이기주의를 부추기는 데 써먹는 혐오 단어로 인식되고 있었다. 사회주의 혁명가를 자임해 온 이수갑이 돌연 수구, 보수적인 어감을 풍기는 민족, 정기, 수호 같은 단어를 모아 단체를 세우자 주변 사람들은 평소의 그를 믿고 동조하면서도 의외라는 말을 잊지 않았다.

이수갑이 돌연 이 단체를 결성하기로 결심하게 된 원인은 그 무렵 일본

동경에서 열린 한일협력위원회에 대한 신문 보도였다. 회담에서 일본 대표단이 한국 측에 제안한 내용이 기가 막혔다. 한반도에서 공산주의를 척결하기 위해서 일본군이 다시금 한국에 주둔하기를 희망한다는 것이었다. 이것이 일본 아사히신문에 대서특필되었다.

어이가 없는 일이었다. 공산주의를 척결하기 위해 일본 군대가 주둔해야 한다니, 게다가 그런 논의를 하는 자리에 우리나라의 학계, 정계, 경제계의 대표자들이 참석해 아무런 반박도 하지 않았다니! 아무리 이해를 해 보려고 해도 이해가 되지 않았다. 그래서 급히 만든 것이 민족정기수호협의회였다.

선진 자본주의 국가들과 달리, 한국은 남북으로 분단된 데다 남한은 미국의 신식민지 지배 아래 놓여 있으니 민족 문제를 피해 갈래야 피할 수가 없고, 그렇다면 사회주의자들이 앞장서서 민족 문제 해결에 나서자는 생각이었다. 민족 문제가 목적이라기보다, 사회주의 운동의 한 가닥으로 민족 문제를 설정한 셈이었다. 이에 대해 그는 결성 3년 후인 1990년의 한 대담에서 말한다.

"내 삶은 언제나 노동운동이 중심입니다. 노동자들이 자본가에게 억압받지 않고 인간답게 일하는 세상, 노동이 존중받는 세상이 이루어지는 걸 내 눈으로 꼭 보고 싶어요. 해방 후에 전평의 삐라를 처음 보았을 때 감격에 떨리던 심정은 지금도 똑같아요. 그건 반드시 이루어야 할 인류의 과제입니다. 그런데 그때도 청산되지 못한 친일의 잔재들, 그리고 미 제국주의자들의 간섭을 떨쳐 내지 못해서, 그것들 때문에 운동이 좌절되고 가로막혔는데, 그게 여전한 거예요."

또한 민족정기수호협의회 의장 명의로 쓴 글을 보면 민족 문제에 대한 이수갑의 견해를 일목요연하게 볼 수 있다.

역사는 과거와 현재 그리고 미래를 향하여 맑은 물결로 이어져야 한다. 과거의 민족정기가 현재로 이어지고 현재의 민족정기의 맑은 물결이 미래로 이어져야 한다. 과거 외세에 의존하던 친일파 민족 반역자들의 반역사적인 썩은 물결은 현재에 깨끗이 걸러냄으로써 맑은 민족정기의 물결이 고이지 않고 미래로 향하여 순조롭게 흘러내려 역사를 발전시키는 것은 필연적인 법칙이다.

민족정기수호협의회 사무실은 영등포 교차로 뒷골목의 소규모 철물 공장들 사이에 있는 낡은 건물 3층에 얻었다. 골목에 들어서면 먼저 기름 냄새가 훅 끼치고 용접 소리와 각종 철제들이 쩔렁쩔렁 부딪치는 소리로 귀가 부산했다. 사람들이 찾아오기도 힘들고, 온다 해도 비좁은 공간에다가 소음 때문에 대화를 나누기도 정신 사나운 곳이었다.

가진 돈이 없어서 가장 싼 곳을 찾다 보니 이곳까지 오게 되었지만, 아침 출근길에 보이는 공장의 모습들은 추억을 자극했다. 20대 초반의 청년기를 보냈던 부산 철도 공장도 언제나 기름 냄새가 풍기고 쇳덩어리들이 굴러다녔다. 그곳에서 가장 뜨거운 청년기를 보낸 게 엊그제 같은데, 어느새 40년이 흘러 버린 것이다.

독립이 되었다고 기뻐하던 일이며, 어려운 시절을 잘 극복해서 모두 잘 사는 나라를 만들어 보겠다고 노동운동에 뛰어들고 남로당원으로 활동했던 일, 그리고 한국전쟁의 비극까지 모두 어제 일처럼 생생했다. 독립의 기쁨도 잠시, 소련과 미국에 의해 국토가 두 동강이 나버리고, 그대로 분단이 고착되리라고는 당시의 그 누구도 상상하지 못했다. 휴전선이 그대로 국경이 되어 버리는 게 아닌지, 점점 무신경해지는 사회 분위기가 안타깝고 무심하게 흐르는 세월이 야속했다.

결성식을 마치자마자 아사히신문 기사를 수천 장 복사해서 전국의 언론사와 시민단체에 보냈다. 민족정기수호협의회 이름으로 한일협력위원회에 참석한 각계의 반민족 분자를 척결한다고 선언했다. 호응은 좋았다. 전국 주요 도시에 지부를 설치하고 민족단체들을 규합했다. 자진해서 연락해 오고 동참하는 이가 줄을 이었다.

독자적인 사무실을 낸 뒤로는 명동 대신 주로 영등포로 출근했다. 아침에 나가면 조간신문부터 펼쳐 그날그날의 주요 기사들을 정리하고 협의회 차원에서 대응해야 할 활동을 기획했다. 전국 주요 도시에 설치된 지부들에 연락해 기관지 〈민족정기〉의 원고를 모으고 이를 편집, 제작하는 일도 바빴다. 아무리 먼 도시라도 주기적으로 방문해 모임을 갖는 일도 빼놓을 수 없었다. 이렇게 바쁜 시간을 보내는 중에도 김말룡으로부터 노동쟁의가 있다고 연락이 오거나 연대 집회할 일이 생기면 만사 제치고 명동으로 달려갔다.

가끔 강연의 기회가 오면 그는 해방 직후에 벌어진 일들에 대해 열변을 토했다. 그 내용은 남한의 학교에서 가르친 거짓 역사관을 뒤집어 버릴 뿐 아니라 소위 운동권들이 가진 남로당에 대한 왜곡된 인식도 바꾸는 것이었다. 남아 있는 강의록의 일부다.

"여러분은 그때 태어나지도 않았으니 모르겠지만, 나는 일제시대에 태어나서 광복과 분단의 비극을 온몸으로 겪었단 말이지요. 그 현장을 이 두 눈으로 똑똑히 보지 않았습니까? 그런데 그때 분단이 되는 걸 막지 못한 것이 지금에 와서 이렇게 뼈아플 줄 몰랐습니다. 아니, 그때도 뼈아팠지요. 신탁통치 문제로 서로 갈라져서 싸우지만 않았어도 분단이 되지는 않았을 거예요. 그러나 이를 두고 우리가 좌우로 갈라져 대립하는 바람에 잘못되었다고 보는 것은 너무 단순한 이분법적인 사고예요. 해방 후에 여운형이 주도한 인민위원회를 보면 좌우가 없었어요. 부르주아 민족주의자들이 대거 참여하고 있었어요. 한민당 송진우 같은 친일파들까지 포함시켰어요. 좌익이 전폭적으로 양보했거든요. 미소가 물러가지 않고 또 다시 식민 체제가 되면 곤란하다고 판단하고 우익들을 대거 인민위원회에 참석시킨 거예요. 그래서 우리 민족끼리 힘을 합쳐서 국난을 극복하고 조국 건설을 해나가자고 한 거지요. 이승만은 위원장으로 추대되었잖아요. 박헌영은 거기에 위원장 안 됐어요. 당시에는 박헌영이 조선인민공화국의 중요한 간부도 아니었어요. 이렇게 전 조선 민중이 힘을 모아서 좌우합작으로 만든 인민위원회를 해체하라고 미군정에 청원한 게 누굽니까? 이승만 아닙니까? 이승만은 김구를 최대한 이용해서 좌파를 탄압한 거예요."

김구가 깡패 김두한이니 이철승 같은 극우 학생들을 동원해 수많은 좌파를 타살한 것은 사실이었다. 문제는 민족을 가르고 인명을 살상한 이 테러리즘을 두고도 공산주의를 막아낸 영웅적 행동이라고 찬양하는 이들이 많다는 점이었다. 이수갑은 김구가 상해 임시정부를 지킨 민족주의자의 면모를 존중하면서도, 해방 후 이승만에게 이용당한 것을 못내 안타까워했다.

"그 당시 김구 선생만이라도 현실을 냉정하게 바라보았다면 어땠을까, 싶지요. 김구 선생이 신탁통치를 반대한 것도 따지고 보면 임시정부에 불리하다고 생각했기 때문이거든요. 나중에야 그게 아니란 걸 알고 어떻게든 남한만의 단독선거를 막아 보려고 북한에도 가고 그랬지만, 결국 암살되셨잖아요. 신탁통치 정국에서 국민 대다수가 삼상회담 결과를 찬성하고 있는데 그걸 제대로 파악하지 못한 한독당의 책임이 엄청나게 크지요. 돌아보면 아쉬운 일이 너무 많아요. 그때 잘못한 것들이 많아요. 그 결과로 이렇게 분단이 고착화되어 버렸으니, 통탄할 일이지요."

풀릴 기미가 보이지 않는 남북 갈등과 통일에 대한 질문에는 이렇게 대답한다. 1990년대 중반의 강의록이다.

"분단이 고착화되어 갈수록 남북 모두 민족 자주성은 심각하게 위협받고 있어요. 북한의 핵 의혹 때문에 미국의 간섭이 심각해지고 있습니다. 7·4남북공동성명에서 내세운 3대 원칙, 자주·평화·민족 대단결을 근본으로 한 남북합의서의 실천이 가로막힌 채 중단된 상태예요. 북한 동포들은 그 어느 때보다 경제적으로 어려운 처지에 놓여 있고, 남쪽은 세계화라는 명분에 밀려 모든 수입품을 개방해야 하는 거대한 물결에 휩쓸리고 있습니다. 북한은 북한대로 남한은 남한대로 혹심한 외세의 압박이 휘몰아쳐 오고 있는 거지요. 그 어느 때보다 남북이 힘을 합쳐 슬기롭게 대처해 나가지 않으면 안 될 중대한 시련에 놓여 있습니다. 한 민족 간에 상호협조가 절실합니다. 그 어느 때보다 절실합니다. 1995년이면 분단 50년이 됩니다. 이제부터라도 통일을 준비해서 2000년이 되기 전에는 통일을 완수해야 한다고 생각합니다. 남북합의서에 명시된 대로 북은 남한의 자본주의 체제를 존중하고 우리는 북의 사회주의 체제를 존중한다는 원칙을 충실히 실천해야 합니다. 그러기 위해서는, 서로 간에 남북합의서에 위배되는 법적 질서가 있다면 이를 즉각 폐지해서 남북 간에 신뢰를 회복하는 게 우선이겠지요. 이를 위해서는 서로를 적대시하는 냉전 이데올로기부터 걷어치워야지요. 좌익이니 우익이니 반공이니 용공이니 하는 냉전 논리는 민족 단결을 방해하고 조국통일을 가로막는 반민족적 행위라는 걸 분명히 인식해야 됩니다."

민족정기수호협의회는 경술국치일인 1992년 8월 29일 탑골공원에서 한국민주청년단체협의회 등과 결합해 200여 명이 모인 가운데 '한일협정 무효', '정신대 문제 배상' 등의 구호를 외친 뒤 일본 해상자위대의 깃발을 불태운다.

영등포 사무실을 '맥이민족회'라는 민족주의 단체와 같이 쓴 적도 있었다. 민족운동 쪽에는 여성이 드문데 맥이민족회를 이끈 이는 여성인 경영숙이었다. 경영숙이 보기에 이수갑은 활발하고 열정적이고 올바른 사람이었다. 인간적으로는 아버지 같고 선생님 같고 선배 같았다. 두 단체는 역사 바로 세우기, 친일 청산, 민족정기 회복 등의 활동을 함께했는데, 예를 들어 일본 군국주의의 잔재인 국민학교라는 명칭을 초등학교로 바꾸는 일에 연합해 활동한다.

이수갑이 명동과 영등포 사무실을 오가며 집회마다 참석하느라 바쁜 사이, 세계사적으로 큰 변동이 일어나고 있었다. 동구 사회주의 정권들이 붕괴하기 시작한 것이다.

소련, 동독, 루마니아 등 사회주의 국가의 공산당 정권이 무너지고, 중국과 베트남 등에서는 공산당이 주도하는 가운데 자본주의 경제로 급선회했다. 70년 전 레닌의 혁명으로부터 시작되었던 사회주의 실험이 실패로 끝나고, 세계는 신자유주의라는 이름의 보다 강화된 자본주의 시대에 접어들었다.

레닌과 스탈린으로부터, 혹은 북한의 주체사상으로부터 사회주의를 전수 받은 남한의 운동권은 큰 혼란에 빠져 버렸다. 많은 사람이 노동운동을 포기하고 귀농하거나 환경운동이나 시민운동 같은 주변 운동으로 빠져나갔다. 수십 개에 달했던 구로공단의 노동상담소가 2, 3년 만에 거의 다 문을 닫아 버렸다. 독자적인 민중정당을 주창했던 이들이 무리 지어 보수정당에 투항하는 사태도 벌어졌다. 가장 충격적인 것은 주체사상의 전도사로서, 북한 정권을 따르지 않으면 박헌영처럼 미제의 간첩으로 처단할 것이라며 공공연히 협박하던 이들이 앞 다투어 전향을 선언하고 극우파로 몰려가는 모습이었다.

이수갑은 그러나 동요하지 않았다. 진보당, 통일사회당, 사회민주당 활동을 통해 현실 사회주의 국가들의 문제점을 충분히 인지해 온 그였다. 동구 사회주의는 물론이요, 특히 북한은 사회주의의 대의를 훼손하고 있다고 비판해 온 그였다. 사회주의를 내세웠으니 우리 편이니 오류를 용인하는 식의 이중의 기준을 그는 갖고 있지 않았다. 이미 오래 전부터 비판해 온 잘못된 체제가 무너지는 것은 필연이라 보았다.

일반 사람들은 사회주의라면 소련과 북한을 떠올리기에 그들의 붕괴가 사회주의 자체의 붕괴로 오해되는 것은 안타까웠지만 한 번은 겪고 지나가야 할 바람이려니 했다. 이수갑의 판단대로, 바람은 바람일 뿐이었다. 동구가 잘 되든 못 되든, 북한이 잘하든 못하든, 남한 민중이 직면한 모순은 그대로였다. 그 해결책 역시 그대로였다. 흔들리는 것은 학교에서 선배들을 통해 이론으로 사회주의를 배우고 사회주의자요 혁명가라고 자칭하던 일부 지식인들뿐이었다.

동구 사회주의 정권의 몰락과 상관없이 남한의 민중운동은 빠르게 성장해 갔다. 그리고 이수갑은 속속 만들어지는 전국 단체의 지도부에 피선되었다.

1989년에는 전국민족민주운동연합, 약칭 전민련이 결성되었다. 극심한 갈등과 분열을 겪었던 민족민주운동 단체들이, 5공 청산, 광주학살 책임자

처단 투쟁, 반민주 악법개폐 투쟁, 반독재 민주화운동과 조국통일운동에 매진하겠다는 목적으로 설립한 단체였다. 이수갑은 민족정기수호협의회 이름으로 전민련과 연대해 투쟁하고, 나중에 전민련이 전국연합으로 바뀔 때는 운영위원에 피선되었다.

1990년에는 북한과 해외의 모든 민족 성원이 조국통일이라는 민족적 과제를 실현하기 위해 사상과 이념, 정견을 초월해 통일 방안과 실천 과제를 논의하자는 목적으로 조국통일범민족연합, 약칭 범민련이 발족되었다. 이수갑은 범민련 실행위원으로 참가해 활동을 시작해 문익환, 천영세와 함께 공동의장으로 선출되었다.

범민련 실행위원은 사실 원로들을 안배하기 위한 형식적 자리로 거의 활동의 여지가 없었다. 공동의장이 되고 나서도 마찬가지였다. 이에 대해 오랫동안 이수갑과 함께했던 조원균은 범민련을 주도한 친북적인 인사들이 이수갑을 남로당 출신이라고 따돌렸으리라고 추측한다. 그런데 애초에 반공, 민주주의자였던 문익환 목사도 따돌려지기는 마찬가지였다.

문익환 등 범민련에 참여했던 다수 인사들은 자주적인 평화통일을 주장했지만, 북한의 지시를 따른다거나 북한 체제를 지향하는 이들이 아니었다. 이수갑도 마찬가지였다. 당시 통일운동 핵심 활동가의 한 명이던 함운경의 증언이다.

1989년 3월 북한을 무단으로 방문하여 김일성을 만났고 합의서까지 체결했다는 점 때문에 우익들에게는 종북 목회자라며 비난을 받고 있다. 물론 허가 없이 불법으로 북한을 방문한 것 자체는 사실이며 현행법상으로 불법이긴 하다. 그러나 문 목사가 북한 체제를 옹호하거나 북한 주도의 적화통일을 바람직한 것이라 여겼다는 근거는 그 어디에도 없다. 오히려 문 목사는 북한의 주체사상과 북한 체제에 대해서 비판적 입장을 취했다. 때문에 문 목사가 본인이 만든 범민련이 해당 항목에서 보듯 북한에 무비판적으로 끌려 다니기만 하는 경향을 보이자 범민련을 해체하고 새로운 통일 운동 기구를 만들고자

한 것이다.

감옥의 문익환 목사는 이수갑을 포함한 바깥의 동지들에게 편지를 보내 자신의 통일관을 피력하곤 했다. 그 내용은 북한의 체제도 사회주의의 이상과는 거리가 있으며 남한 체제와 마찬가지로 문제가 있는 체제이기 때문에 북한은 평등을 자유에 이르기까지 추구해야 하고, 남한은 자유를 평등에 이르기까지 추구함으로써 자유와 평등 모두가 온전히 실현된 진정한 민주주의를 실현하도록 해야 한다는 것이었다.

문 목사나 이수갑 같은 이들의 입장을 북한이 받아들일 리 없었다. 물론 남한 당국도 마찬가지였다. 게다가 범민련 주류는 북한의 요구에만 충실하면서 반대파들을 매도했다. 범민련 안에서도 안 되는 남북통일을 국가적 차원으로 이끌어 간다는 건 얼마나 어려운 일이 될 것인가. 결국 감방에서 나온 문익환 목사는 범민련을 탈퇴하고 '자주평화통일 민족회의'를 결성했다. 편협성이나 종파성을 띠지 않은 상식적 민족주의자들을 중심으로 통일 운동을 해 나가자는 마음이었을 것이다.

이수갑은 기꺼이 문 목사의 뜻에 동의해 '자주평화통일 민족회의'의 공동의장을 맡았다.

그러자 북한은 이들을 공개적으로 비난하기 시작했다. 북한은 심지어 문익환 목사가 안기부 프락치라는 내용의 팩시밀리까지 보내왔다. 문익환 목사는 바로 얼마 후 사망하는데, 그 충격 때문이라는 말까지 돌았다.

이런 사태를 겪으면서, 말로만 민족통일을 외칠 뿐, 실제로는 권력욕과 분열과 아집으로 뒤엉킨 통일운동가들의 행태에 염증을 느낀 이수갑은 다시 노동운동에 집중하게 된다. 70살이 다 된 나이임에도 그의 활기는 멈출 줄을 몰랐다.

1990년대 중후반까지 존재하던 사회민주청년당에 강사로 가서 혁명론을 전파했고, 민주노동당 준비 과정에 동참한다. 2001년부터는 민주노총, 전국농민회, 민주노동당 등 39개 단체가 참여하여 만든 연대 기구인 전국

민중연대의 공동의장으로 선출되어 활동했다. 전국민중연대는 민중 생존권과 민주주의, 민족 자주권 쟁취를 목표로 한 단체로, 신자유주의의 폐해를 막기 위한 투쟁에 앞장선다.

16. 민주노동당 창당 발기인으로

이수갑은 89년 생애 중 68년을 변혁운동가로 산 사람이다. 그 기나긴 혁명가의 생애 동안 소속되었던 조직의 명칭과 직책만 나열해도 숨이 가쁘다.

조선공산당 당원으로 시작해 조선노동조합전국평의회 철도노조 부산지부 분회장, 남로당 부산시당 조직책, 진보당 발기인 겸 경남도당 조직 차장 및 중앙위원, 사회대중당 울산지구당 위원장, 통일사회당 비밀 당원, 사회민주당 당기위원장, 민족정기수호협의회 의장, 전국연합 운영위원, 범민련 실행위원 및 공동의장, 자주평화통일민족회의 공동의장, 전국민중연대 공동의장, AWC 한국위원회 대표, 민주노동당 고문, 한국정신대문제대책협의회 고문, 철도노동조합 고문으로 활동했다. 그밖에 국보법철폐투쟁위원회 공동대표 등 진보운동을 하다보면 자연히 맡게 되는 직책까지 모두 나열하자면 너무 많다.

이 많은 운동 조직 중에도 이수갑이 특히 애착을 가진 것은 역시 노동운동 조직이었다. 1995년 11월 11일에 결성된 민주노총이 그 절정이었다. 민주노총에서는 어떠한 직책도 맡지 않았으나 전평이 되살아났다며 한없이 기뻐했다.

민주노총이 결성되기까지 과정은 한국 노동운동사의 가장 역동적인 장면들의 연속이었다. 1987년 6월의 전국적 시위로 민주화의 바람이 불면서 잇달아 7월과 8월에 전국의 주요 공장 지대에서 대파업이 일어났다. 2천여 개가 넘는 공장에서 터진 격렬한 파업과 농성은 그동안 일방적으로 자본에 기울었던 저울추를 노동자의 편으로 끌어당겼고, 이후 수년 간 거의 모든 기업들이 파업으로 몸살을 앓았다. 노동조합이 없던 수많은 공장에 노동조합이 결성되었고, 어용노조들은 집행부가 교체되었다.

이 힘을 모아 1990년 1월 22일, 신생 민주노조 456개 소속 12만 명의 노동자들이 전국노동조합협의회 약칭 전노협을 결성했다. 전노협은 주로 중소기업 중심의 전투적 노동조합들의 결사체로, 재벌그룹 산하 대기업 노조들과 사무 금융 등 전문직 노동조합들은 결합되지 않은 상태였다. 규모 면에서 훨씬 큰 이들 노조들은 전노협과 별도로 업종별, 기업별 연합조직을 만들었다. 그리고 마침내 세 갈래 흐름이 모여 1995년 11월 11일 전국 민주노동조합총연맹, 약칭 민주노총을 결성한다.

민주노총의 결성으로 어용 한국노총의 독점은 반세기 만에 깨지고 양대 노총 체제가 시작되었다. 결성 당시 민주노총의 조합원은 862개 노조 42만 명으로 한국노총의 절반 정도였지만 전투성과 순수성에서 진정한 노동자의 대표 자격을 갖고 있었다.

민주노총 조합원들은 잘 몰랐을지라도, 이수갑은 민주노총이야말로 전평의 부활이요, 조합원들은 그 후계자임을 믿어 의심치 않았다.

인간으로 볼 수가 없던 대한노총 깡패들에 의해 전평 노조들이 파괴된 이래 반세기 동안, 그야말로 단 하루도 복수의 집념을 망각해 본 적이 없는 그였다. 4·19 혁명 직후에 전평의 재건을 도모하다가 5·16 군사쿠데타로 실패했지만 포기하지 않았던 그였다. 자신의 과거사를 숨기고 명동 상담소에 출근하다시피 한 것도 오로지 대한노총의 후신인 한국노총의 기득권 세력을 내부로부터 무너뜨리기 위함이었다. 내부로부터 무너뜨린 것이 아니라 별도의 노총을 세우는 방식이기는 했으나 어쨌든 그의 오랜 숙원이 이뤄진 것이다.

1987년 대파업 이후 수천 개 민주노조들이 건설되면서 모든 추진력이 현장 노동자들에게 가 버렸기 때문에 이수갑과 같은 외부인의 역할은 거의 없었지만, 이보다 더 기쁠 수는 없었다. 그의 나이 71세 때였다.

총탄이 날고 살해와 암장이 일상이던 전평의 수난에 비교할 수는 없지만, 1990년대 전노협의 길도 순탄치는 않았다. 군부 독재의 마지막 계승자인 노태우 정권 시대였다. 전노협은 출범 초창기에 벌써 2천여 명이 구속되는 등 가시밭길의 연속이었다. 법이란 기득권자들이 만들어 놓은 것이니 이를 어기지 않고 싸우기는 힘들었다. 법을 어기니 당연히 구속될 수밖에 없었다. 이는 노태우 정권만이 아니라 그 후에 잇달아 등장한 민주 정권에서도 마찬가지였다. 전노협을 이어 받은 민주노총도 탄압을 받아야 했다.

구속자가 많다는 것이 반드시 비관적인 것만은 아니었다. 감옥은 노동자의 학교였다. 감옥살이를 하고 나온 간부나 조합원들의 의지는 더 단단해지고 직업 운동가로 발전하는 경우가 많았다. 해마다 거의 아무런 피해도 입지 않는 한국노총과 달리, 민주노총 간부들은 쉴 새 없이 구속이 되니 노조의 집행력이 떨어질 때가 많았다. 그럼에도 노동자들은 줄기차게 싸워 영역을 넓혀 나갔다. 투쟁으로 단련되고 투쟁으로 조직되었다. 그 결과 조합원은 갈수록 늘어 한국노총과 비슷해졌다. 1천만이 넘는 노동자 중 노동조합으로 조직된 인원은 한국노총과 민주노총을 합쳐도 175만을 겨우 상회하는 형편없는 수준이었지만 주요 대기업은 대부분 조직이 되어 노동자의 사회적 영향력을 크게 확대해 나갔다.

다음으로 등장한 과제는 정치세력화였다. 정치권력을 보수 여당과 보수 야당의 양대 정당이 잡고 있는 상황에서는 노동자 권익 투쟁에 한계와 제약이 불가피하다고 보고, 노동자가 직접 정치권에 진출해야 한다는 요구가 높아졌다.

인천지역민주노동자연맹 등 노동운동 내의 좌파라 할 수 있는 민중민주 계열은 이미 1987년 대통령선거 때부터 민중 후보를 내세워 노동자의 독자적인 정당을 추진하고 있었다. 그러나 민주화운동의 다수파를 차지한 민족해방 계열이 김대중을 적극 지지하면서 독자 후보로 나섰던 백기완은 야당 후보 단일화를 호소하며 중도 포기하고 말았다.

독자후보론이 본격적으로 재등장한 것은 1997년에 치러진 제15대 대통령선거 때였다. '국민승리21'이란 명칭의 신당을 창당해 민주노총 위원장 권영길을 대통령 후보로 내세운 것이다. 국민승리21은 민주노총을 중심으로 운동권 내 좌파인 진보정치연합과 우파인 전국연합이 모처럼 결합한 정당이었다.

그러나 권영길 선거대책본부가 '일어나라 코리아!'를 주된 구호로 내세우면서 좌파들로부터 노동자의 계급성과 민중의 전투성이 거세된 선거라는 비판을 받는다. 게다가 전국연합은 형식상으로만 권영길을 내세웠을 뿐, 공공연히 김대중을 지지했다. 그들은 권영길 선거 운동에 소극적일 뿐 아니라, 진보정당에서 후보를 내는 것은 김대중의 당선을 막아 민주화를 교란시키는 것 아니냐는 반성론까지 내세워 김대중에게 표를 몰아 줄 것을 호소했다.

이 작전을 두고 원칙에 어긋난다고만 할 수는 없었다. 권영길이 당선될 가망성은 전무한 상황이고 김대중도 아슬아슬한 판이니 김대중에게 표를 몰아주어 일단 부르주아민주주의 정부를 세우자는 것이었다. 그런 다음 부르주아민주주의가 보장하는 자유와 민주주의를 토대로 사회주의 운동을 확장시켜 혁명에 이른다는 것이 좌파 이론의 기초이기도 했다. 이를 위해 부르주아민주주의 세력과 선거연합을 하는 것도 결코 정도에서 어긋난다고 할 수 없었다.

이수갑은 그러나 이런 논리를 용납할 수 없었다. 부르주아민주주의 다음에 사회주의라는 식의 단계론도 다 좋지만, 어디까지나 이를 추동하고 통제하는 전위정당 내지 전위 지도부가 있을 때* 유효한 방식이라고 생각했다. 북한 노동당에서 남한 혁명을 지휘하기를 원하는 이들이라면 모를까, 이미 독자 후보까지 내세운 사람들이 할 말은 아니라고 보았다.

이런 논쟁이 아니라도, 김대중 지지자들은 근본적으로 사회주의 혁명에 관심이 없는 부르주아민주주의자들이며, 사회주의적 관점이 없기 때문에 북한의 체제에 대해서도 이중 잣대를 가지고 용인한다고 보아온 이수갑이었다. 말로만 비판적 지지니 단계론을 주장하면서 실제로는 부르주아민주주의가 최종 목표일뿐이라고 본 것이다. 이야말로 매서운 지적임은 후세로 갈수록 드러날 것이었다.

집회나 회의 때면 늘 사람 좋은 웃음을 띠고 큰소리 한번 내지 않던 이수갑이었다. 그러나 김대중 지지 문제가 나오자 발끈했다.

가장 심하게 부딪힌 곳은 범민련이었다. 조국통일을 위해서는 진보정당보다는 민주당을 지지하자는 게 범민련 회원 다수의 입장이었다. 정통 사회주의와 더 가까운 운동권 내 좌파들은 대체로 북한 체제에 비판적인 데 비해, 민족통일을 앞세우는 그들은 북한 체제를 옹호하거나 최소한 용인하는 성향이 강했다. 남한에는 핵발전소나 군사기지를 짓지 못하게 투쟁하면서, 북한이 핵을 보유하면 우리 민족의 것이니 민족의 영광이라고까지 주장했다.

이수갑은 이를 용납하지 못했다. 범민련 남측 의장인 신창균을 찾아가 따졌다.

"우리가 이렇게 모여서 활동하는 이유가 뭡니까? 노동자 민중을 대변하자고 모인 것 아닙니까? 그런데 김대중의 정책은 무엇입니까? 그 사람이 주장하는 세계화, 신자유주의 경제 논리는 고도의 자본주의를 교묘하게 포장하고 있는 겁니다. 노동자, 민중의 제일 적은 바로 자본주의입니다. 자본주의를 깨부수지 않고는 노동자계급의 전선을 확보할 수 없습니다. 그런데 어떻게 김대중을 지지하자는 말이 나옵니까?"

"이수갑 위원의 뜻을 우리가 모르겠습니까? 하지만 전략적으로 접근하자는 취지입니다. 우리에게는 통일이 우선 과제가 아닙니까?"

"노동자 후보를 밀겠다고 하더니 언제 그렇게 바뀌었습니까? 김대중 지지자 명단에 신창균 의장님 이름이 들어가 있는 걸 확인했습니다. 신창균 의장님은 범민련 의장으로서 아무런 합의 과정도 없이 자신의 의사를 이렇게 표시하실 수 있는 겁니까?"

신창균 의장은 그런 의사를 표명한 적이 없으며, 자신도 명단에 들어가 있는 걸 나중에 발견했다고 해명했다. 이는 거짓말이 아니었다. 신창균은 일본 식민지 시절에는 김구와 함께 임시정부에서 일했고 해방 후에는 사업을 크게 하면서 조봉암을 도와 진보당 재정위원장을 했던 인물이었다. 범민련을 했다지만 친북 인사라기보다는 민주주의를 기반으로 한 민족주의자라 할 수 있었다. 설사 개인적으로 김대중을 지지하더라도 단체의 의장 이름으로 김대중 지지 명단에 들어간 것도 본인은 모르고 있던 게 사실이었다. 하지만 이수갑은 납득할 수 없었다.

"이해할 수 없는 일입니다. 이것은 저 혼자만의 의견은 아닐 거라고 생각합니다. 처음의 노선이 이렇게 바뀐 것에 대해서 의장은 책임을 져야 할 것입니다."

이수갑의 강력한 문제 제기로 범민련 내부에서는 한동안 잡음이 끊이지 않았다. 이수갑의 항의를 계기로 신창균은 의장 자리를 내놓고 말았다.

김대중의 노선과 정책에 대한 이수갑의 비판적 시각은 그때가 시작은 아니었다. 노동계급의 독자적 정치세력화와 적대적 계급투쟁을 강조하는 이수갑의 원칙이 언제나 옳은 전략과 전술로 나타나는가에 대해서는 의문을 가질 수 있지만, 누군가는 해야만 할 지적이었다.

제15대 대통령선거는 김대중의 신승으로 끝났다. 여권 후보가 분열된 덕분에 이뤄진, 사실상 대한민국 정부 수립 이후 최초의 야당 집권이었다. 김대중의 네 번째 도전의 승리이기도 했다. 자기 입으로 세 번이나 정계에서 은퇴하겠다고 선언했다가 번복한 끝에 얻은 대통령이었다. 권영길은 그러나 1.2%의 득표에 그쳤다. 참패였다.

남북한 교류 등 민주당의 집권이 가져온 수많은 긍정적인 효과에도 불구하고 이수갑은 부르주아민주주의 세력에 대한 불신과 견제의 시선을 버리지 않았다.

이수갑을 분노케 한 가장 큰 실정은 경제 정책, 노동 정책이었다. 김대중은 국가 부도 위기를 막는다는 명분으로 사실상 무방비상태로 신자유주의를 도입해 급속한 빈부 격차를 불러오는 한편, 고용의 유연화라는 명분으로 정리해고와 비정규직의 문을 열어줌으로써 노동자들을 생존의 위기로 몰아넣었다. 이 부분에서 이수갑은 김대중으로 대변되는 부르주아민주주의자들과 조금도 타협할 의사가 없었다.

　김대중 정권이 잘한 일로 꼽히는 것은 대북 문제였다. 햇볕정책이란 이름으로 남북 대화를 통해 금강산 관광길을 열고 개성에 공업단지를 세워 남쪽 자본을 투입하는 등, 분단 이후 최대 규모의 남북 교류가 이뤄졌다. 이 공로를 인정받아 김대중은 노벨평화상까지 받았다. 그러나 이수갑은 그의 대북 정책도 신뢰하지 않았다. 반대하고 나설 일은 아니었지만, 적극 지지는 할 수가 없었다.

　민주 정권으로 바뀌었다고 하지만 여전히 정부는 노동자들이 정치 세력화하는 것에 대해 알레르기 반응으로 보이고 있었다. 김대중 정권이 들어서고 나서도 구속 노동자의 숫자는 오히려 늘어났다. 이에 따라 민주노총도 노동운동을 탄압하는 김대중 정권과 비타협적으로 투쟁해야 된다고 선언하고 있었다.

　이수갑은 이렇듯 김대중이 국내의 노동 문제를 도외시하면서 북한과 교류하는 데 정권의 명운을 거는 것을 못마땅하게 보았다. 나아가 자국의 노동자들을 굶주림과 억압으로 통제하고 있는 북한 정권을 용인함으로써 장기 집권을 보장하려는 결과가 될까 우려했다. 활발한 남북 교류가 그에게는 좋게만 비치지 않은 이유였다.

　1999년 평양에서 '남북한 노동자 축구대회'가 열렸다. 북한에서는 조선직업총동맹 위원장 림길순이, 남한에서는 민주노총 이갑용 위원장이 축구대회 개최에 합의했다. 민주노총 대표단과 축구단 27명은 김일성 경기장에서 20만 명의 관중이 지켜보는 가운데 북한과 축구 경기를 펼쳤다.

　이 대회를 정점으로 민간 차원의 남북 교류가 획기적으로 진전되어 2000년 6월에는 남한의 김대중과 북한의 김정일이 평양에서 분단 이후 최초의 남북정상회담을 가졌다. 두 사람은 6월 15일에 발표한 공동선언에서 남북관계의 기본 방침을 확인하였다. 공동선언의 골자는 남북의 평화통일을 이루기 위해서는 남한의 흡수통일론과 북한의 대남 적화통일론을 지양

하며 공존 번영을 위한 노력이 필요하다는 데 있었다.

6·15선언을 시작으로 금강산 관광 사업, 이산가족 고향 방문단, 경의선 복구 사업, 개성공단 건설 등 경제문화 교류가 활성화되기 시작했다. 또한 정부가 주도했던 통일 정책을 민간에게 개방하고 통일 추진에 관한 사회적 합의가 필요하다는 데 공감하고 민간 차원의 남북 교류가 획기적으로 진전 되었다. 금강산 관광과 아리랑축전 등을 다녀온 남쪽 사람들이 백 만을 헤아렸고 각종 학술 행사가 열리고 시민사회문화 단체가 북한을 방문하고 교류했다. 그 시절에 북한을 다녀온 사람들의 숫자는 연인원 250만을 헤아렸다.

이수갑은 그러나 이 행렬에 끼지 않았다. 통일운동 단체의 활동가들은 물론이고 노동자들도 축구교류를 하고 민간인들도 북한으로 관광을 가는데, 그는 가지 않았다. 많은 이들이 고개를 갸웃거렸다. 누구보다 먼저 민족통일에 대한 입장을 천명했고 그리하여 민족정기수호협의회를 결성했으며 1990년대가 통일 원년이 되어야 한다고 주장하던 그가 아니었던가. 그랬던 그가 거대한 물결처럼 흘러가는 방북의 흐름에서 저만큼 비켜서 있는 것이었다.

이수갑을 잘 알고 있는 사람들은 당연히 그가 북한에 다녀왔을 거라고 생각했다.

"북한에 안 가셨다고요?"

"내가 왜 거길 가야 된다고 생각합니까?"

"저는 당연히 다녀오셨을 거라고 생각했습니다."

"저는 북한의 일인 독재 체제를 인정할 수 없습니다. 주체사상은 또 뭡니까? 저는 북한 정권과 사상에 동의 못합니다."

주체사상이 등장하기 전까지만 해도 이수갑은 북한의 체제에 대해 옳고 그름에 대한 판단을 유보하고 있었다. 1985년 이후 민족해방 계열의 운동권에 널리 퍼진 주체사상이란 문건을 읽어 보니 대중을 중심에 두고 활동하라는 등 조직가라면 당연히 갖춰야 할 기본 태도를 써 놓은 상식적인 내용에 지나지 않았다.

더 큰 문제는 주체사상의 결론이었다. 주체사상의 마지막 장인 수령론을 간단히 요약하자면 한국인은 주체성을 가지고 한국인에 맞는 지도자를 가져야 하며 그것이 바로 김일성 수령이라는 내용이었다. 돌이켜 보면 남한의 독재자 박정희가 만들어낸 '한국적 민주주의'니 '영구 총통제도'와 똑같은 내용이었다. 사회주의는커녕 서구 민주주의의 근처에도 못 갈 이 반역사적이고 유치한 주장을 성서처럼 모시는 북한 정권이나 남한의 일부 운동권이 한심하게 여겨졌다. 주체사상이니 유일사상이니 하는 북한의 이념은 이수갑을 설득하기는커녕 북한에 대해 분명하게 선을 긋게 만들었다.

만일 주체사상이니 유일사상을 보고 감동했다면 그는 과거에서 오늘에도 사회주의자인 적이 없던, 잘 봐준다 해도 병적인 배타적 민족주의자 이상도 이하도 아니었을 것이다. 토지와 공장을 국가에서 관리한다는 이유로 북한을 사회주의라 부른다면 기본적인 역사 공부도 안 한 사람이었다. 봉건 시대야 말로 모든 토지가 왕의 소유였고 산골짝의 대장간까지도 국가가 관리했기 때문이다.

나아가, 어떤 사회가 가진 사회주의의 수준은 생산수단을 누가 소유하느냐 이상으로 인간 사이의 자유와 평등이 얼마나 보장되어 있느냐로 측정해야 할 것이었다. 봉건제로부터 경제제도뿐 아니라 왕가의 독재까지 이어받았다면, 어떤 논리로도 그것을 사회주의라고 말할 수는 없었다. 본인들은 그것을 사회주의라고 주장하며 자본주의에 포위된 특수한 사정을 이해해 달라고 애원한다 해도, 실은 왕보다 선비들이 더 강했다고 말해지는 조선 시대보다 못한 봉건제 국가에 불과하다고 말할 수밖에 없다. 구성원 누구에게나 같은 수준의 의식주를 보장한다고 해서 군대나 감방을 이상사회라고 부를 수는 없듯이, 자유와 평등이 없는 경제적 평등이란 인간을 억압하는 또 다른 제도에 지나지 않을 것이다.

이수갑의 큰 원칙 중 하나는 이중 잣대는 없다는 것이었다. 민주주의 문제, 인권 문제, 여성 문제 등 모든 가치의 기준을 누구에게나 어느 집단에게나 똑같이 적용했다. 남자라고 해서 용인하고, 자기편이라 해서 용서하는 일은 없었다. 이러한 엄격성은 남과 북의 양대 정부에도 똑같이 적용되었다. 남한에서는 일체 허용되지 않는 일들이 북한이라고 해서 허용되는 건 그의 기준에 맞지 않았다. 대학생 박종철과 이한열의 죽음이 6월항쟁을 불러일으킨 남한이었다. 남한 권력층의 개인적인 언행까지 공박하고 시위를 벌이면서 북한에서는 어떤 일이 벌어져도 눈감고 외면하고, 심지어 북한 인권을 말하는 이들을 오히려 공격하는 운동권의 이중적인 행태를 이수갑은 용납하지 않았다.

그렇다고 해서 그가 반북 운동을 내세운 적은 없었고, 그럴 수도 없었다. 실은 김대중, 노무현 같은 야당이나 민족해방 계열 운동권 다수도 이수갑과 다름없이 북한의 일인 독재를 비판적으로 볼 것이었다. 그러나 또 다시 남북 전쟁을 할 수는 없기에, 남북 화해와 교류라는 방법 이외에는 선택할 여지가 없기에 남북정상회담과 개성공단, 금강산 개발을 할 수밖에 없었을 것이다. 이수갑도 북한 정권에 대한 불신과 대북 정책 사이에 괴리를 가진 한 사람이었다. 북한 정책과 사상을 비판하지만 교류 방식에 있어서는 김대중, 노무현 정권에 찬성할 수밖에 없었다.

다만 다른 점이 있다면, 희희낙락 웃고 떠들며 평양에 다녀오는 짓은 하지 않겠다는 것이었다. 북한에서도 특권자들인 평양 사람들을 만나고 와서 북한이 얼마나 선량한 사람들로 이뤄진 국가인가를 선전하는 것이 싫었다. 설사 평양이 아닌 지역의 보통 주민을 만난다 해도 마찬가지였다. 그들의 순박한 모습을 평양의 지배자들과 동일시하고 북한 체제의 순수성을 보여주는 것이라 생각하는 것도 어리석어 보였다.

이런 이야기를 터놓고 할 수 있는 몇 안 되는 사람이 단병호였다. 전노협 위원장부터 시작해 민주노총을 이끌어온 대표적인 노동자 단병호를 이수갑은 누구보다도 신뢰했다. 이수갑은 단병호를 탄압당하는 노동자의 상징이라고 생각했다. 실제로 1997년 민주노총 총파업을 주도하여 구속된 이래 밖에 나와 있는 시간보다 감방 안의 시간이 훨씬 많은 단병호였다. 이수갑은 구치소로 그를 찾아가서 답답한 속내를 풀어 놓곤 했다.

"세상은 마치 내일이라도 당장 통일이 될 것 같은 분위기라오."

"기업들은 호기를 만난 듯이 앞다투고 있는 분위기더군요."

"그렇다오."

"선생님은 왜 안 가십니까?"

"나는 말입니다, 이렇게 중구난방으로 서로 한몫 잡으려고 달려드는 식이라면, 지배 계급끼리 서로 주고받으면서 주도하는 식이라면, 노동자 민중이 주인으로 앞장서서 이루는 통일이 아니라면, 그런 통일이라면 차라리 안 되는 게 낫겠다 싶습니다."

이런 이수갑이기에, 남한의 민주당과 다르고 북한의 노동당과도 다른, 독자적인 노동자의 정당에 대한 집념을 잊은 적이 없었다. 그리고 마침내 2000년 1월, 민주노동당이 창당되었다.

민주노동당은 국민승리21을 함께했던 민족해방 계열인 전국연합이 공식적으로 이탈해 버린 가운데, 민중민주 계열인 진보정치연합과 민주노총이 중심이 되어 만든 정당이었다. 초대 당 대표는 권영길, 부대표는 노회찬이 맡았다.

이수갑은 15인의 창당 발기인에 포함이 되었고 창당하면서는 초대 고문으로 위촉되었다. 그의 나이 76세 때였다.

이전에 결성되었던 '민중의 당', '민중당', '국민승리21' 등이 임박한 선거에 대비해 급조된 정당이었다면 민주노동당은 민중민주주의 계열인 인민노련의 노회찬, 황광우, 주대환 등이 십여 년이나 준비해 온 조직이었다. 40년 전에 강제 해산된 조봉암의 '진보당'을 이어받았다고 자부할 만했다. 진보당 해산 후에도 여러 진보정당이 등장했고 이수갑은 그때마다 고위 간부를 맡았지만 민주노동당 고문만큼 그를 기쁘게 한 직책은 없었다.

초창기 민주노동당의 고문직은 형식적인 자리가 아니었다. 대부분 처음 해 보는 진보당이라 모르는 것이 많았다. 이수갑을 비롯한 원로 고문들은 매주 열리는 상집회의에 참석해 역사적 경험에서 우러나는 원칙을 상기시 컸다. 고문들의 공헌은 컸고, 그중에도 이수갑은 큰 역할을 했다.

　민주노총과 민주노동당의 관계에 대해, 이수갑은 과거의 전평과 남로당의 관계를 떠올렸다. 그는 철도 노동자를 대상으로 한 글에서 이렇게 주장한다.

　　전평노조는 남로당과 밀접한 관계를 맺고 있었다. 이것은 남로당은 노동자, 농민, 청년, 학생, 지식인 등 대중단체의 전위정당으로서 민중을 대표하는 목소리와 희망과 염원을 반영하여 정책을 수립하고 노선을 결정하였기 때문이다. 그리고 이 과정을 통해 결정된 당의 노선은 철저하게 전평을 비롯한 대중단체를 통해서 실천했다. 인민이 주권을 되찾아야한다는 남로당의 노선을 실천하며 전평 노조원들은 제국주의와 어용노조에 대해 적극적이고 단호하게 투쟁을 하였다. 노동자 계급의 정치의식을 강화하고 조합주의를 극복한 노동운동을 강화하는 투쟁의 전통은 오늘날에도 지속적으로 노동운동 활동가들에게 이어져야 한다.

　하지만 여전히 운동권 내의 소수파인 민주노동당의 한계는 금방 증명되었다. 2000년 4월에 치러진 제16대 총선에서 민주노동당 후보는 한 명도 당선되지 않았다. 출마한 지역의 경우 평균 득표율은 13,1%로 예상보다 많았지만, 1등 아니면 모두 탈락인 소선거구제라 참패를 면할 수 없었다.

　창당 2년 만인 2002년에 치러진 제16대 대통령선거에서 민주노동당은 권영길을 후보로 내세웠다. 권영길은 '일하는 사람들의 세상', '평등한 세상, 줏대 있는 나라', '미국에 할 말을 하는 대통령' 등을 구호로 열성을 다했으나 3.9% 득표율로 낙선했다. 당선자는 민주당 후보 노무현이었다.

　적합한 평가인가는 알 수 없으나 민주노동당은 이번 선거에 대해 텔레비전 토론 등을 통해 진보정당은 과격하다는 이미지와 선입견을 다소 해소시켰으며 대중적인 인지도를 높이는 기회가 되었다는 의견이 많았다. 그러나 당원들 사이에서도 노무현을 찍었다는 말이 떠돌자 이수갑은 더할 나위 없이 허탈했다. 대중들의 지지도에서 밀려 떨어지는 거야 어쩔 수 없다지만, 당원이 되어서도 노무현을 지지한다는 게 도무지 납득이 되지 않았다. 할 수만 있다면 도대체 누가 노무현을 찍었는지 하나하나 붙잡고 그 이유를 물어보고 싶은 심정이었다. 그러나 이미 모두 끝난 일이었다.

가까운 당원들은 이수갑이 왜 그렇게 예민하게 반응하는지 모르지 않았다. 이수갑은 처음부터 끝까지 노동자가 중심이었다. 노동자에 대한 그의 애정은 이성을 넘어 편애에 가까웠다. 평소에는 말수 없이 조용히 앉아 있다가도 노동문제에 대해서 토론할 때면 다혈질이 되고 원색적이 되어 언성을 높이면서 밀어붙였다. 타협이란 없었다. 거기에 개인의 사리사욕이 개입한다든지, 패를 가르는 일은 없었다. 노동자에 대한 그의 애정은 마치 신앙과도 같아서 노동자들과 얼굴을 붉히며 언성을 높여 싸우다가도 회의가 끝나면 싱글벙글 웃으며 진솔한 애정을 갖고 대했다. 때문에 누구하고도 원수지는 일은 없었다.

모든 사고의 기준을 노동자, 노동계급에 두고 있기에 76살 나이에 민주노동당 창당 발기인 겸 고문으로 열심히 뛰어다녔건만, 당원들의 다수가 민주당 노무현 후보를 찍고 이를 공공연히 자랑하고 다니다니 불쾌하고 허무했다. 김대중에 이어 노무현이 대통령이 되어 문화적으로나마 민주주의가 보다 널리 자리를 잡은 것은 사실이었다. 하지만, 사회주의자 이수갑에게 부르주아민주주의의 공간이란 계급투쟁을 확대시킬 수 있는 보다 나은 조건, 그 이상도 이하도 아니었다. 그러기 위해 창당한 것이 민주노동당이었다. 당원들이 스스로 당의 정체성을 부인하고 민주당을 지지한다면, 이런 당은 도대체 왜 존립해야 하는가, 그는 의심했다.

공교롭게도, 이 무렵 민족해방 계열의 운동가들이 조직적 결의를 거쳐 밀물처럼 민주노동당에 가입했다. 애초에는 민주노동당 측에서 먼저 끌어들이려 애썼던 운동권의 주류였다. 그러나 무려 3만여 명이 쏟아져 들어오면서 주객은 전도되어 버렸다. 당원의 다수를 차지하게 된 그들은 노골적으로 김대중의 보수 야당을 지지하고 중소자본가들도 포용해야 한다고 주장했다. 심지어는 현대그룹 회장 정주영이 소떼를 몰고 방북했다고 해서 현대그룹의 쟁의를 멈춰야 한다는 식이었다. 당의 주요과제로 계급투쟁보다 통일운동이 부상했고 예산도 이에 집중되었다.

급속한 당의 우경화를 경계하는 당내 좌파들은 퇴출되었다. 지하철노조위원장 출신인 정윤광이 대표적이었다. 이미 민주노동당 당원들에 대한 회의와 실망에 빠져 있던 이수갑이었다. 지금까지 많은 당을 해 봤지만 탈당계를 내고 나오기는 처음이었다. 민족주의자들과 대놓고 논쟁을 벌이거나 조직 투쟁을 한 적은 없지만, 좌파를 밀어내려는 당내의 조직적 흐름은 잘 알고 있던 그였다. 이제 노선까지 우경화 된다고 본 그는 냉정히 탈당계를 제출했다.

이에 대해, 당시 민주노동당 고문을 함께했던 구속노동자후원회 회장 조영건은 이렇게 평가한다.

"민주노동당을 같이했는데 왜 나왔나? 당 내에 여러 계열이 있는데 그들과 싸워서 나온 것은 아닙니다. 노동운동을 강조하던 당내 좌파가 노선 싸움에서 지고 퇴출되면서, 이런 당이 어떻게 노동운동과 노동자의 계급투쟁과 노동해방을 위해 추동할 수 있겠나 의문을 가진 것이죠."

자진 탈당을 했으나 민주노동당 고문 활동은 이수갑 인생의 정점이라고 해도 좋았다. 민주노동당 시절의 이수갑에 대해 조영건은 말한다.

"늘 웃는 분이었습니다. 말은 좀 어눌했어요. 제도권의 정규 교육을 받지 않은, 그야말로 진짜 노동자였습니다. 이론이나 이런 건 잘 내세우지 않았지만, 투지와 노동자에 대한 애정은 다혈질적이고 원색적이었죠. 그럴 땐 소리소리 고함을 치고, 야단을 쳤습니다. 특히 노동자 문제가 나오면 밀어붙이는 게 대단했지요. 민주당 김대중 대통령의 신자유주의 정책이 나오면 아주 비타협적으로 회의석상에서도 마구 화를 내셨어요. 그런데도 워낙 인품이 좋은 분이라서 원수지는 일은 없었습니다. 회의석상에서는 얼굴을 붉히며 할 얘기 다 해도 끝나고 나면 언제 그랬냐는 듯 싱글벙글 웃는 분이었어요. 고문들 중에도 가장 애정이 많은 분이라고 할까, 모든 사람들에게 말이죠. 이런 게 바로 노동자의 품성이구나 생각이 되었죠. 개인의 사리사욕을 채운다든지, 패를 가르고 그런 사람이 아니라, 온몸으로 전력을 다해서 노동자의 심부름꾼으로 사는 분이라, 논리 정연한 이론으로 상대방을 제압하거나 설득하기보다 불같이 화를 잘 내기도 했습니다. 이수갑 선생은 진짜 노동자입니다. 지식인들은 감히 그에게 범접할 수 없습니다."

조영건은 결론적으로 이수갑에 대해 이렇게 표현한다.

"이수갑 선생은 지하투쟁에 단련된 사람, 목표 의식이 뚜렷한 사람, 속은 얼음같이 차고 밖으로는 웃을 수 있는 사람이었습니다. 웃으면 사람이 따르지 않겠습니까? 사람은 죽으면 그 사람을 알게 됩니다. 이수갑 선생도 그렇습니다. 본인이 자랑을 하지 않아서 그렇지, 뚜껑을 열면 열수록 새로운 면모가 나오는 분입니다. 그래서 훌륭한 분이라고 저는 생각합니다."

17. 아시아의 별

AWC는 '미일 제국주의 아시아 침략과 지배에 반대하는 아시아 공동행동'(Asia-Wide Campaign against the U.S.-Japanese domination and aggression of Asia)이라는 운동권 식 긴 명칭의 약자로, 1992년 10월에 결성된 아시아인들의 반전, 반제국주의 단체이다.

제2차 세계대전은 세계의 자본가들로 하여금 출혈이 너무 많은 식민지 쟁탈전의 효율성에 의심을 갖게 했다. 지구의 절반이 사회주의 국가로 바뀌면서 약소국에 대한 무력 침략도 어려워졌다. 사회주의 국가들은 자국 내의 경제적, 정치적 모순을 극복하지는 못했어도 세계적으로는 반제국주의 전선을 형성했다. 자본은 새로운 길을 택하지 않을 수 없었다. 군사적 침략으로 식민지를 확보하기보다 자본의 이동만으로 이윤을 내는, 이른바 신제국주의 시대가 온 것이다.

일본은 세계대전의 패배를 딛고 빠르게 경제 강국으로 돌아갈 수 있었다. 한국전쟁에 필요한 군수물자를 공급하는 생산 기지 역할을 하면서 엄청난 부를 축적한 덕분이었다. 한국은 일본 때문에 분단되어 처절한 전쟁과 이산가족의 아픔을 겪고 있는데, 일본은 또 다시 한국인의 혈관에 빨대를 들이댄 것이다. 한국 덕분에 부를 축적한 일본의 거대 자본들은 자본의 국가 간 이동이 보다 자유로워진 1980년대 들어서는 필리핀, 태국 등 아시아의 여러 개발도상국에 진출해 노동자들을 착취, 세계 2, 3위를 다투는 경제 대국으로 부상했다.

경제 동물이라고 조롱 받을 정도로 돈벌이에만 몰입하던 사회 분위기 탓에 일본 국내에는 제국주의에 대한 반성의 목소리는 작아지고, 일본의 보수 우익들은 과거의 영광을 재현할 군사 대국의 꿈을 키우기 시작했다.

이를 도운 것은 미국이었다. 아직 공산당의 지배를 받던 소련과 중국에 대응할 아시아의 방위비를 일본에 분담시키려는 미국의 계획은 일본 우파들의 욕망에 정당성을 부여해 주었다. 미국의 묵인 아래, 자위대는 급속히 확대, 성장한다. AWC는 이에 대한 문제의식에서 시작되었다.

일본의 현대 진보 운동은 크게 공산당 계열, 사회당 계열, 트로츠키 계열로 나뉜다. 노동조합도 공산당 지지는 전국노동조합총연합, 사회당 지지 노조는 일본노동조합총연합회로 모인다. 트로츠키스트 연맹은 주로 비정규직 유니온과 일본 철도노조를 지도하고 있다고 본다.

AWC는 위의 세 분류에 들어가지 않는 독자적인 조직으로, 아시아에 대한 일본의 경제적, 군사적 영향력의 확산을 막고, 과거의 침략 전쟁을 반성하도록 하자는 목표로 만들어졌다. 그 시작은 일본공산당의 변화였다.

일본공산당은 동구 사회주의 정권들이 붕괴하기 직전인 1987년 민족주의 노선으로 대전환을 한다. 국내의 계급투쟁보다는 반미 민주주의 혁명을 지향하면서 북한을 독재 국가로 규정하고 조선노동당과도 결별을 선언했다. 좌파들은 이를 우경화라고 비판하며 1989년 12월 전국노동조합연락협의회를 창립했고, 이것이 AWC의 대중적 기반이 되었다. 조합원 숫자는 20만 명 수준으로 다른 노총에 비해 매우 적지만 투쟁적인 측면에서는 어느 노총보다 강경하다고 평가된다.

AWC를 조직한 직접적 계기는 자위대의 해외 파병이었다. 선진국들 사이에는 일본이 이제 잘 살게 되었으니 가해 국가에서 벗어나 세계에 도움을 주는 국가 역할을 해야 한다는 요구가 있던 게 사실이었다. 일본 우파들은 이를 이용해 유엔 평화유지군이라는 이름으로 자위대를 분쟁 지역에 파견함으로써 해외 진출의 초석을 놓고자 했다.

일본 좌파들은 이를 저지하기 위해 1992년 10월, 일본을 포함해 필리핀, 대만, 말레이시아, 인도네시아 등 아시아 12개국의 활동가를 초청해도쿄와 오사카에서 국제회의를 개최했다. 대회 참석자들은 일본 정부가 아시아인들의 반대를 외면하고 캄보디아에 자위대 파병을 강행한 것을 맹비판하면서 이번 기회에 좌파의 전열을 새롭게 가다듬어 반전평화운동을 조직하고, 아시아 각국과 연대하여 싸워야 한다고 결의했다. 그리하여 상호 연대와 단결, 국경을 넘는 공동투쟁을 위한 국제 네트워크, AWC를 결성했다. 그러나 한국은 명단에 없었다.

제2차 국제회의가 개최된 것은 그로부터 3년 후였다. 교토에서 열릴 2차 회의에는 한국을 참가국으로 초대했으나 회의 개최일이 다가오도록 한국에서는 대표를 결정하지 못하고 있었다. 그때 마침 일본을 방문 중이던 이수갑과 AWC 공동대표 시라마츠 데츠오와의 만남이 이루어졌다. 민족정기수호협의회 상임대표 시절이었다.

당시 이수갑이 일본을 방문한 이유는 탈핵운동 때문이었다. 아직 한국은 민주화에 매진하느라 탈핵에 대한 사회 분위기가 고조되지 않고 있었다. 그러나 일찍부터 핵 문제에 주목하던 이수갑이 탈핵운동 관련 회의에 참석하고자 방일하던 중 AWC 대표를 만나게 된 것이다. 한국과 달리 일본의 사회단체 활동가들이라면 누구나 탈핵, 반핵 운동에 관련이 있으므로 두 사람이 만난 것은 우연이라고만 할 수는 없을 것이다.

시라마츠 데츠오는 이수갑을 만난 자리에서, 일본 제국주의의 아시아 침략, 특히 한반도의 식민지배에 대해 반성하고 사죄한다며 머리를 깊이 숙였다. 그리고는 AWC의 설립 취지와 활동을 소개하며 참여를 요청했다.

이수갑은 그의 요청에 귀가 번쩍 열렸다고 술회한다. 우선은 미국과 일본의 제국주의에 반대하는 단체가 일본에 있다는 사실이 놀라워서였다. 일본인들은 함께 탈핵운동을 하면서도 일본의 제국주의 문제를 토론에 올리지 않았다. 조직의 명칭에 미일 제국주의 반대를 명시한 데다 아시아 12개국의 사회운동가들이 모였다니 반갑지 않을 수 없었다. 비록 일본 운동권 중에서도 소수 좌파이고, 파병 반대 투쟁에도 실패해 자위대를 캄보디아에 보내고 말았으나 이길 때까지 지는 게 운동이라는 게 소신이었다.

"그런 취지라면 대단히 좋습니다. 내가 알고 있는 한 현재 일본에서 가장 선진적인 민중운동이라고 생각합니다. 적극적으로 함께하겠습니다."

갑작스런 제안이었지만 이수갑은 선뜻 그 취지에 동의하고 회의 참석을 약속했다. 시라마츠 데츠오는 내심 놀랐다. 어떤 성향의 사람들이 모인 단체인지도 잘 모를 텐데 조금의 경계심도 없이, 자신의 설명만 듣고 흔쾌히 동참을 약속하고 격려까지 하는 이수갑의 대범함에 대해서였다..

제2차 국제대회가 열린 곳은 교토부에 있는 자립노련 노동회관이었다. 이번 대회에는 8개국 회원이 참가했는데 참가자들은 한국인 참가자가 올 것이라는 사전 통보를 받은 바가 없었기에 이수갑을 초빙한 이가 AWC 대표라는 사실을 잘 몰랐다. 그래서 나중까지도 이수갑이 혼자 자기 발로 대회장에 찾아온 것으로 오해하는 이도 있었다.

일본은 경제대국이 된 70년대 후반부터 진보 운동이 정체되고 있었는데 동구 사회주의 국가들이 몰락한 1990년대에 들어서며 더욱 폭이 좁아졌다. 특히 노동운동은 일본공산당이 계급투쟁 노선에서 반미 민족주의로 전환하면서 악영향을 받았다. 연합, 전노련, 전노협의 세 개 노총 중 연합은 원래가 한국의 한국노총에 비교되는 보수적인 조직이라 그랬다지만, 공산당 산하인 전노련까지 민족주의로 우경화되면서 전노협만이 좌파 노총으로 남았다. AWC에 가입한 노조는 모두 이 전노협에 소속된 일반노조들로, 조합원이 20만 정도밖에 되지 않았다.

노동운동에 뿌리를 두지 못했으니 일본의 진보 운동이 고립되는 것은 불가피했다. 일본도 한때는 전공투 같은 극좌파까지 활약하던 사회주의 사상의 천국이었으나 이제는 조용한 나라가 되어 버렸다. 1995년 민주노총이 건설되어 해마다 총파업을 벌이고 거의 항상적으로 최소한 수십 사업장에서 파업이나 농성이 벌어지고 있던 한국의 역동성과 비교가 되었다.

이런 상황에서 한국의 원로 노동운동가가 동참해 왔으니 다들 대환영을 하지 않을 수 없었다. 더구나 그는 조선공산당과 남로당의 당원이었고 이후 만들어진 여러 진보정당의 지도자 중 한 명이었다. 여성으로, 일본 좌파

운동의 핵심 활동가 중 한 명인 나가야 유키코는 이렇게 술회한다.

"아주 인상적인 분이었습니다. 그 세대 사람치고는 키가 크고 단정한 노인 분이었어요. 일본어로 일본 활동가들을 격려하며 제국주의와 싸우는 동지로 대해 주신 모습. 여성 활동가를 아주 존중해 주시는 모습도 인상적이었어요."

나가야 유키코의 증언대로, 이수갑은 그날따라 큰 키에 잘 어울리는 긴 코트를 입고 나타났는데, 그 태도가 무척 당당하고 품위가 있었다. 피해 당사자의 나라에서 왔음에도 분노의 감정에 휩쓸리지 않으면서 동시에 엄중한 태도를 잃지 않았다.

단상에 올라간 이수갑은 유창한 일본어로, 자신이 식민지 시절 일본 군대 밑에서 운전사로 일할 때 위안부로 끌려가던 조선인 여학생을 구해 준 이야기부터 했다. 그가 겪은 식민지의 경험담은 일본에서는 듣기 어려운 산 역사였다. 생생한 옛날이야기에 일본과 아시아의 활동가들은 숙연해졌다. 이수갑은 경험담을 들려주는 것을 넘어 위안부 문제 등 한일 간의 역사적 갈등을 어떻게 접근하고 풀어나가야 하는지에 대해서도 허심탄회하게 자신의 입장을 밝혔다. 또한 주한미군과 한국군이 맺은 한미상호조약의 불평등에 대해 성토했다.

국적을 넘어 인류애적인 연대감을 보여준 이수갑의 태도에 참석자들은 깊은 인상을 받았다. 식민지 시절에 보통학교와 상업학교를 다닌 이수갑은 일본어를 자유롭게 구사할 수 있었지만 해방 이후에는 써 본 적이 없었다. 더구나 일본인들 앞에서 일본어를 쓸 생각은 없었다. 그러나 AWC 활동가들을 만나면서 마음의 문을 열었다. 일본인이라도 이런 사람들이라면 서로 소통이 쉬운 일본어를 사용해도 되겠다고 판단한 것이다.

이에 호응해 일본인 활동가 중에도 한국어를 배우는 이들이 생겼다. 사코다 히데후미, 나가야 유키코였다. 두 사람은 한국에서 이수갑이 보내주는 문건들을 일본어로 번역하거나 일본어로 된 문건들을 한국어로 번역하는 일부터 시작해 한국의 진보 서적들을 번역, 출간해 일본에 알리는 일들을 꾸준히 하게 된다.

교토에서의 제2차 국제대회에서 이수갑은 AWC의 활동에 공감하며 연대를 약속했다. 이에 호응한 회원들은 그를 한국위원회 의장으로 선출했다. 아직 회원이 없는 상태로 의장부터 뽑은 것이다. 이후 이수갑은 한국과 아시아의 여러 국가, 지역의 노동자 민중운동의 단결과 연대를 이어나가기 위해 지속적으로 노력했다.

한국위원회라 해서 거창한 조직이 만들어진 것은 아니었다. 개별 국가의 AWC 조직은 대중조직이 아닌 위원회 체제이기 때문에 실제 인원은 몇 명 되지 않았다. 일본과 필리핀 같은 나라에는 산하에 소속된 노동조합들이라도 있지만, 한국은 운영위원 몇 명이 전부였다. 외국 활동가들과의 교류 등 크고 작은 일은 거의 이수갑 혼자서 처리해야 했다.

한국은 AWC 한국위원회라 불렀으나 일본 조직은 AWC 일본연락회의라고 불렀는데 여러 군데 지부를 둔 일본연락회의도 운영은 단출했다. 별도의 사무실을 갖추거나 간판을 내걸지 않고 개인들의 연결망으로 움직였다. 각자 간사나 각 분과에서 역할과 직책을 맡고 있었지만 월급을 받는 상근자는 없었다. 회의비 등 운영비나 기관지 발간 비용은 필요할 때마다 갹출했다. 평소에는 각자 자기 자리에서 생업을 이어가면서 필요시에 모였는데 직장도 간호사부터 교사, 회사원, 시급 아르바이트까지 다양했다.

구성원 한 사람, 한 사람의 경륜과 헌신성은 상당했다. 다들 고등학교 때부터 혹은 청년 시절 직장에서부터 학생운동이나 노조운동의 이력을 가지고 있었다. 한국처럼 자기 이익이 걸렸을 때나 몇 년 격렬하게 싸우다가 사라져 버리는 것이 아니라 평생을 진보 운동가로 살았다. 10년 된 활동가는 초보이고, 보통 20~30년의 경력을 가졌으며 70~80살이 넘어서도 포스터를 붙이고 유인물을 나눠 주러 다니는 게 자연스러웠다.

국제연대를 위해 타국을 방문할 때도 자비로 해결해야 하는데 다들 가난하니 기차역 근처의 싸구려 숙소를 얻거나 노조 사무실 같은 곳에서 잤다. 몇 달간 열심히 아르바이트를 하여 모은 돈으로 국제 행사에 한 번 다녀오면 끝이었다.

일정은 살인적이었다. 이수갑은 매년 두세 번은 일본을 방문했는데 70대 후반의 나이임에도 갈 때마다 10여 개 도시를 순회하는 빡빡한 일정이 기다리고 있었다. 일본인 활동가들도 자주 한국을 찾아왔는데 그들의 일정도 마찬가지였다.

일본인들은 첫 발제는 꼭 이수갑에게 맡겼다. 이수갑의 한국 정세 보고가 끝나고 나서야 일본의 현안들에 대한 발제와 토론이 이어졌다. 아베 정권의 전쟁법 통과나 평화헌법, 역사 교과서에 대한 문제가 상정되기도 했다. 히로시마에서는 피폭 2세들의 발표가, 홋카이도에서는 원주민들과 동조 투쟁을 벌이는 식이었다. 미군 기지 반대를 위해 오키나와로 날아가기도 했다. 한반도와 가까운 거리에 위치한 이와쿠니에 동양 최대의 미군 해병대 기지가 들어서는 것에 대한 반대 투쟁도 중요한 싸움이었다.

수많은 활동 중 한국과 관련된 몇 가지만 뽑아 보면 2000년 11월에는 서울에서 '6·15 남북공동선언 실천과 미군 철수, 신자유주의 반대 국제대회'를 연다. 2001년에는 일본 정부의 역사 왜곡 교과서 채용을 반대하는 성명을 한국, 일본, 대만 위원회가 공동으로 발표한다. 2004년에는 서울에서 '미일 군사 패권주의 및 신자유주의 반대, 한반도 평화와 자주통일을 위한 국제회의'를 민주노총, 민주노동당과 공동으로 개최한다. 2008년에는 빈발하는 미군 병사에 의한 성폭력을 규탄하며 미군 철수를 요구하는 국제대회를 한미군사훈련장 확장 반대 투쟁이 벌어지고 있는 한국 파주 무건리에서 개최한다.

국제대회가 아니라도, 해마다 많은 일본 활동가들도 한국을 찾아 왔다. 제주도 강정에 건설하는 해군 기지 반대 투쟁에 동참하고, 휴전선 비무장지대를 방문해 한반도의 현실을 견학했다. 매년 11월에 열리는 전국노동자대회와 민중총궐기대회에도 여러 일본인 활동가들이 참석해 연대의식을 키웠다.

한국에서든 일본에서든 한 도시의 집회가 끝나면 저녁을 먹으면서 밤늦게까지 토론을 벌였다. 국가 별로, 지역 별로 현안이 다르므로 발표 내용도 매번 새로 준비하는 만큼, 저녁의 토론도 매번 내용을 달리하며 치열하게 벌어졌다. 자정을 훌쩍 넘기고도 열띤 토론이 계속되기 일쑤였다. 잠시 눈을 붙였다가 일어나 곧바로 다음 도시로 이동했다. 예산이 넉넉하지 않으므로 일정이 촘촘해서 매번 강행군이었다. 강인한 체력이 요구되는 일이었다.

이수갑의 등장은 일본의 좌파 활동가들에게는 한 명의 활동가가 추가된 것 이상의 의미가 있었다. 식민지 시대 이후 수십 년 간 연결이 끊어졌던 한국과 일본의 좌파가 만났다는 상징적 의미만이 아니었다. 혁명가 생활 반세기의 경험이 녹아든 이수갑의 평소 언행은 어떤 면에서는 지루하고 평온한 세월을 보내온 일본 활동가들에게는 놀라운 충격이었다. 그들은 일본 식민지 시대를 경험한 원로 활동가를 만나면서 예상하지 못했던 인식의 전환을 경험하곤 했다.

한국의 운동권 집회에서 잘 쓰는 구호가 단결, 투쟁, 승리라면, 일본에서는 '불굴'이란 구호를 많이 썼다. 아무리 어려워도 무릎 꿇지 않고 끝까지 싸우겠다는, 장기적인 구호였다. 단칼에 끝을 내려는 한국인들 특유의 성급함과 직설적인 성품과 달리, 길거리 우동 가게도 백 년의 전통을 잇는 일본 특유의 끈질김의 표현이라고 할 만했다. 그러나 다른 측면에서 보자면 그만큼 일본의 진보 운동이 침체되어 역동성이 떨어졌다는 뜻이기도 했다.

히로시마 집회 후, 피폭 2세회 대표인 데라나카 마사키는 이수갑과의 만남에서 큰 깨달음을 얻었다고 고백한다. 일본인들은 자신들이 한국과 중국, 베트남 등 아시아인들에게 준 고통에 대해서는 눈과 귀를 닫아 버린 채, 미국의 원자탄으로 인한 피해만 말하는데, 이를 반성했다는 고백이다.

"우리 원폭 피폭 2세들이 미일 제국주의 전쟁에 대한 책임을 물을 때, 동시에 아시아와 조선을 침략한 것에 대한 책임을 자신에게 묻지 않으면 아시아 민중과의 연대를 만들어낼 수 없다는 것을 이수갑 선생님을 통해 자각했습니다."

이수갑을 만난 후 열정적인 한국통이 되어 유학까지 온 사코다 히데후미는 언젠가 일본 노동자대회에 참가한 이수갑이 사무실 바닥에 신문지를 깔고 자겠다고 해서 몹시 놀랐다. 대규모 집회여서 토론 등 뒤처리를 하고 나니 밤이 깊어버렸는데 숙소 예약이 잘못 되어 잘 곳이 없는 상황이었다. 그러자 이수갑이 아무렇지 않게 말했다.

"사무실에서 자면 되지 않겠어요? 아까 보니 충분히 잘 수 있겠던데요. 소파도 있고."

이수갑은 칠순이 넘은 나이에도 집 나가면 노숙할 수도 있다는 생각으로 다녔다. 대접받으러 다니는 게 아니므로 당연한 일이었다. 한국의 다른 원로 운동가들이 다 그런 건 아니었다. 승용차로 모시러 가지 않으면 집 밖에 나오지도 않고, 맛난 음식과 좋은 숙소를 아무렇지 않게 받아들이는 이들도 있었다. 이수갑은 이런 문제에 대해서 무엇보다 자기 스스로에게 엄격했다. 이중자대는 없다는 가장 큰 원칙의 첫 번째 대상은 자기 자신이었다. 그는 말하곤 했다.

"아무리 미세하고 작은 틈이라도 양보를 하게 되면 그것은 반드시 틈을 더욱 벌리게 되고 결국 둑이 무너질 수 있습니다. 항상 나 자신부터 한 점 나태함이 없도록 경계하고 타협을 거부해야 합니다."

이중자대는 없다는 원칙의 두 번째 대상은 동지들이었다. 일본 활동가들이 한국을 방문했을 때도 이수갑의 원칙은 변함없었다. 한국어 통역사이자 AWC 국제사무국 소속인 나가야 유키코는 처음에는 좀 너무하지 않나 싶었지만 결과적으로는 이수갑이 옳았다고 생각하게 된다.

"아무리 스터디 투어라고 해도 어느 정도 관광도 하고 맛있는 것도 먹는데, 이 선생님은 완전 스파르타 식이예요. 언제가 원불교의 절 방에서 자게 해 주신 적도 있어요. 우리는 폐 끼칠까 봐 여관을 구하려고 했지만 그런 거 안 된다고 하셨어요. 하지만 덕분에 정말 좋은 경험을 했어요."

이수갑은 비싼 호텔 숙박은 절대로 허락하지 않았다. 일본의 우익 노조인 일본노동조합총연합회, 약칭 연합의 집행부들은 한국에 오면 고급 호텔에 숙박하며 고급 음식에 도취되기 마련인데, 이수갑은 그들이 하는 것은 연대가 아니라고 못 박았다. AWC 활동가들은 한국에 오면 반드시 저렴한 모텔에 숙박했다.

독방 문화에 익숙한 일본인들에게 가장 큰 고역은 한 방에 여럿이 자는 것이었다. 한국에서는 한 방에 여럿이 자야 된다는 이수갑의 말을 거부할 수가 없었다. 온돌방이라면 다섯, 여섯 명이 같이 자도 괜찮지만, 더블 침대는 정말 힘들었다. 일본에서는 남자끼리 한 침대에서 같이 자지 않기 때문이었다. 하지만 일본인 활동가들은 이수갑이 하라는 대로 했다. 사코다 히데후미의 고백이다.

"이수갑 선생님의 지시니까, 힘들었지만 따랐어요. 한국과 일본의 역사적 관계가 있으니까, 이게 문화 차이구나 하면서 참았어요. 한국 사람들 다 그렇게 자는 줄 알았어요. 나중에야 이불을 하나 더 달라고 하면 된다는 걸 알고는 바닥에서 따로 잘 수 있었어요."

이수갑의 철두철미한 원칙주의는 조직 문제에서는 더욱 가차가 없었다. 일본 AWC가 한국위원회 의장인 이수갑에게 상의도 않고 한국의 통일운동 단체인 '평화와 통일을 여는 사람들' 약칭 평통사 소속 활동가를 일본에 초청했을 때 그랬다.

일본연락회의의 주된 활동 중 하나가 이와쿠니 미군 기지 반대 투쟁이었다. 한국에서도 평통사가 전라북도 군산에서 미군 기지 반대 투쟁을 한다는 사실을 알게 된 일본연락회의는 해당 평통사 활동가를 일본으로 초빙했다. 나중에 이 사실을 알게 된 이수갑은 호되게 야단을 쳤다.

"조직 일이라는 게 계통이 있는 건데 어떻게 한국위원회 결정도 없이 초대를 할 수 있습니까? 그런 식으로 일을 처리하면 조직이 다 무너집니다."

한국의 좌파들은 마치 한국의 모든 모순들이 분단 때문에 빚어진 듯 주장하는 민족해방 계열을 우파라며 비판적으로 보았다. 그들의 주장대로라면 남북통일만 되면 모든 문제가 해결되어야 했다. 하지만 유일한 분단국인 한국을 제외한 나라의 민중들이 마음껏 민주주의와 평등을 누리고 있노라고 말할 수는 없는 게 현실이었다. 계급 문제를 해결해 주는 것은 '민족 대단결'이니 '민족 통일'이 아니라, 노동자들의 비타협적인 단결 투쟁뿐임을 좌파들은 잘 알고 있었다. 이러한 역학관계에 무심한 채 평화통일만 주장하는 통일운동을 공허하다고 보았다. 굳이 따지자면 평통사도 그런 단체의 하나라고 이수갑은 보았다.

그러나 이수갑이 호되게 AWC 일본연락회의를 야단친 것은 이러한 노선 차이를 무시하고 평통사와 직접 교류했다고 해서는 아니었다. 본인 스스로 말했듯이, 만일 일본 활동가들이 사전에 평통사 활동가를 보내달라고 요청했다면 당연히 자기가 먼저 주선했을 것이다. 그는 평통사 소속 활동가들 누구에 대한 개인적 불만도 없었을 뿐더러, 반제국주의운동을 공감한다면 어떤 단체와도 손을 잡을 수 있다고 말해온 사람이었다. 문제는 조직적 절차였다. 전평이 무너지는 과정을 지켜본 이래 수많은 조직들이 붕괴되는 걸 지켜본 그였다. 조직의 일은 계통에 의해 이뤄져야 한다는 경험이었다.

평통사 건만이 아니었다. 일본 조직이든 대만 조직이든, 큰일이든 작은일이든, 이수갑의 예리한 지적을 피할 수는 없었다.

이수갑은 일본연락회의에서 보내오는 한국 방문단의 면면이 매년 똑같다는 점을 지적하기도 했다. 늘 같은 사람들끼리 만나는 건 자기 만족일 뿐이며 조직 활동에 게으르다는 반증이라는 거였다. 그에게는 조직 활동이 최우선 과제였으므로 조금이라도 게으르거나 발전이 없는 부분, 돌파하려는 노력이 없이 느슨해지는 것 같으면 그걸 예리하게 집어내고 지적했다.

일본으로부터 배울 점도 많다며, 훌륭한 점은 본받아야 한다고 강조했다.

이수갑이 가장 부러워한 점은 정해진 순서와 규칙대로 움직이는 일본의 문화였다. 일본에서 순회 활동을 할 때면 미리 일정표가 오는데, 아침 기상 시간부터 취침 시간까지 시간 단위로 적시되어 있어 공연히 허비하는 시간이 없었다. 한 지역에서 다른 지역으로 이동할 때 몇 번 플랫폼에서 몇 번째 기차를 타면 도착지의 몇 번 플랫폼에 내리게 되는데 그곳에 그쪽 지역 활동가가 마중을 나와 있을 것이다, 라는 식이었다. 점심은 기차에서 도시락을 먹고 저녁은 어느 식당에서 무엇을 먹을 것이며 어떤 차편으로 숙소로 이동한다는 것까지 치밀했다. 약속 시간을 어기는 것이 예사이고 세부적인 계획이 없이 행사를 진행해 다중을 헤매게 만드는 일이 다반사인 한국에서는 보기 힘든 모습이었다. 일본연락회의만의 문화라기보다는 일본사회의 철저함을 보여주는 것이었지만, 이수갑은 이런 것을 우리 활동가들도 본받기를 바랐다.

일본 원로 활동가들의 인식 수준이 높은 것에 대해서도 놀라워하고 본받고자 했다. 그 이유는 나이가 들었다고 해서 뒷전에 물러나 있지 않고 청년들과 함께 필기를 하면서 배우려는 자세 때문이라며 존경의 마음을 표했다. 그는 강연 기회가 있을 때마다 한국의 후배들에게 말했다.

"일본인들은 집회나 시위가 끝나면 그 내용을 수첩에 적어 놓고 또한 밤늦게까지 평가회를 갖습니다. 우리가 반드시 배워야 하는 좋은 습관이라고 봅니다."

사실 이 원칙을 이수갑은 진작부터 스스로 실천하고 있었다. AWC 일본 활동가들이 한국을 처음 방문한 것은 이수갑이 교토에서 열렸던 제2차 국제회의에 참가한 다음 해인 1996년이었다. 용산 미군 기지 반환을 요구하는 시위에 동조 투쟁하기 위함이었다. 이때 이수갑은 공항 마중에서부터 민주노총과 노동조합 사무실, 반전평화 운동하는 사람들과의 만남과 여러 투쟁 장소를 방문하는 일까지 나흘간의 일정을 모두 기획하고 조율하고 직접 진행한다. 자신의 사무실에서 커피를 직접 타 주며 자상하고 세심하게 신경 쓰는 모습에 일본 활동가들은 크게 감동받았다. 무엇보다 일흔이 넘은 나이에 뒷자리로 물러나 원로로 대접받기를 거부하고 일선에서 움직이는 모습이 깊은 인상을 남겼다.

매번 반복되는 경험이지만, 일본 활동가들이 한국을 처음 방문했을 때 결코 잊을 수 없는 곳은 서대문 형무소와 안중근 기념관이었다. 서대문 형무소를 둘러본 일본인들은 머리를 한 대 얻어맞은 것처럼 충격을 받는다. 사쿠다 히데후미는 말했다.

"너무 놀라서 말이 안 나옵니다. 우리 조상이 정말 죽을 죄인입니다. 이게 인간인가? 지금 한국에서 '이게 나라냐' 하는 것과 비슷한 말입니다."

반제국주의 활동가들조차 이런 것에 충격을 받을 정도로 일본의 역사 왜곡은 심각했다. 위안부 문제에 대해서 사죄는커녕 강제성이 없었고 이미 배상이 끝났다고 밀어붙이는 일본이었다. 일본 학생들은 왜곡된 교과서로 인해 제국주의 시절의 만행에 대해 배울 기회가 거의 없었다.

이수갑은 일본에서 새로운 활동가가 올 때마다 서대문 형무소를 거쳐 안중근 기념관으로 안내했다. 일본인들은 그곳에 가면 비로소 마음 깊은 곳에서 우러나는 반성으로 진심 어린 묵념을 올렸다. 그때마다 이수갑은 말했다.

"일제시대의 일은 여러분들이 직접 한 일은 아닙니다. 하지만 후손들이 역사를 바로 알고 사죄해야 화해가 이루어지고 비로소 새로운 관계를 정립할 수 있습니다. 제가 여러분들에게 이곳을 보여주는 이유는 이런 믿음 때문입니다. 저는 해방 후에 미군정의 탄압 속에서 동생을 잃었습니다. 이제 다 지나간 역사라고 말할지 모르겠지만 저에게는 아직도 역사가 되지 못한 기억입니다."

왜곡된 역사 교육을 받아온 것에 대한 분노와 부끄러움에 더해 이수갑의 개인적 아픔은 일본의 활동가들을 더욱 각성하게 했다. 일본인 활동가들은 두 기념관을 가 봄으로써 처음 AWC 운동을 시작할 때의 마음가짐으로 돌아가게 되었다고, 한시도 잊을 수 없는 기억으로 남을 것이라고 고백한다.

이수갑의 가르침은 또 있었다. 일본인들은 타인의 삶에 개입하는 것은 예의가 아니라는 개인주의에 익숙했다. 그러나 이수갑은 이를 넘어서는 더 중요한 원칙을 그들에게 보여준다.

일본의 시위 문화는 실내 집회가 대부분이고, 가두 행진은 어쩌다 한 번씩 했다. 그나마 참가자의 절반이 사복형사라 해도 과장이 아니었다. 참가자 수가 50명이면 사복형사도 50명이라는 식이어서 시위 규모를 두 배로 불려 주어 고맙다고 할 정도였다. 한국은 경찰이 사진 채증을 맡지만. 일본은 노동부, 경찰, 검찰, 행정부, 정보기관 등 정부의 거의 모든 기관에서 나와서 일대일로 마크를 하며 사진을 찍고 메모를 했다. 그들의 숫자까지 행진에 보태지니 초대 받지 않은 이들이 시위대의 절반이 넘을 수도 있었다. 게다가 경찰이 행진 대오를 완전히 에워싸고 경찰차 스피커로 마구 떠들어대는 통에 시위대의 주장이 일반 시민에게 제대로 전달되지를 않는 경우가 많았다. 그러니 시민들은 무슨 일이 벌어지는지조차 알 수가 없었다. 여기에 가혹한 벌금과 폭행 혐의를 뒤집어씌워 구속시켜 버리니, 제도나 법 체제 안에서 점점 손발이 묶여 가고 힘이 약해져서 어쩔 수 없이 실내 집회나 하는 식이 되어버린 것이다.

자기들끼리 조용하게 실내 집회만 하고 해산하는 걸 몇 번 목격한 이수갑은 마음먹고 이를 비판했다.

"일본의 운동 방식은 이불 안에서 활개치는 꼴입니다. 시위를 하는 이유가 뭡니까? 사람들에게 우리의 주장을 알리려는 겁니다. 우리들끼리 차나 마시면서 떠드는 게 무슨 의미가 있습니까? 어떻게든 공개적으로 더 많은 사람들이 알 수 있도록 방식을 강구해야 됩니다."

오랜 세월에 걸친 탄압의 결과이기는 했지만, 그만큼 자신의 모습을 제대로 인식하지 못하고 있던 일본인 활동가들은 이수갑의 비판을 따끔하게 받아들였다.

좌파 중의 좌파로 지목된 일본 AWC는 일본 정부의 주요 감시 대상이었다. 일 년에 한 번은 반드시 대대적인 수색 대상에 올랐고, 세 사람이 체포당하고 열다섯 군데가 수색 당하기도 했다. 아베 정권이 들어서면서 감시는 더욱 심해지고 방식도 더욱 간교해져서 범죄 요건도 성립하지 않는 건수를 걸고 넘어져서 끊임없이 단체의 활동을 무력화시키려고 시도했다. 그러나 이수갑의 뼈아픈 지적 이후 일본 AWC는 가두행진을 반드시 하려고 노력했다. 이수갑은 몇 차례나 일본 내에서의 시위 대열에 동참했다. 그리고 소리쳤다.

"뭐하고 있습니까? 경찰들하고 싸우십시오."

어찌 보면 남의 나라 일에 간섭하는 것으로 비칠 수도 있는 일이었다. 그러나 이수갑에게는 남의 나라 일이 아니었다. 그것은 국경과 민족을 뛰어넘어 인류 평화를 위한 외침이었다. 그의 말이나 행동은 거칠게 보일지 모르지만, 그것은 동지라는 믿음이 없이는 불가능한 언행이기도 했다.

'이 사람은 나의 동지다, 동지니까 내가 옳다고 믿는 것을 말해야 한다, 뜻을 같이하는 동지에게 진심을 숨기고 적당히 예의나 차리는 것은 오히려 동지를 모욕하는 것이다.'

일본 활동가들은 이수갑에게서 이런 뜻을 읽었고 그에게 신뢰와 호감을 갖게 만들었다. 걸음걸이조차도 이수갑은 혁명과 연결했다. 그의 걸음걸이는 너무 빨라서 한참 젊은이들도 그를 따라잡지 못했다. 특히 약속 시간이 늦었을 때 더했다. 정신 못 차리게 한참 앞서가던 이수갑은 다른 이들이 따라오기를 기다리며 빨리 오라고 성화를 하기 일쑤였다. 일본연락회의 공동 대표인 가모이 마모루가 이에 대해 물어본 적이 있었다.

"이수갑 의장님, 의장님은 왜 이렇게 빨리 걸으시는 거예요? 그리고 아까 늦게 온 사람에게 화를 내시던데 그럴 것까지는 없지 않아요?"

"가모이 씨, 투쟁하는데 약속 시간에 늦으면 동지들이 큰 타격을 받게 됩니다. 이것은 제가 한반도에서 투쟁해 오는 과정에서 배운 것입니다. 그래서 저절로 빨리 걷게 된 거예요. 투쟁하는 사람이라면 약속 시간은 꼭 지켜야 합니다."

이수갑은 전평 활동을 하던 시절의 이야기를 들려주었다.

"그때는 접선 시간에서 3분만 늦어도 선이 끊어집니다. 윗선과 아랫선밖에 모르고 있기 때문에 나 하나의 태만은 나 하나로 끝나는 게 아니고 조직을 위태롭게 할지도 모르는 해당 행위지요. 그때 하도 엄격하게 지내서 그게 그대로 몸에 배어 버렸습니다. 일흔이 넘은 지금까지도 집에 돌아가지 못할 상황이 되면 콘크리트 바닥 위에서도 잘 수 있다는 자세로 살고 있지요."

사소한 일에 과도하게 엄격한 것 아닌가 싶어 꺼낸 말이었는데 그의 사연을 들은 활동가들은 저절로 고개를 숙여졌다.

원칙에 있어서는 이렇게 엄격했지만 고압적인 태도를 보인 적은 한 번도 없었다. 늘 웃는 얼굴로, 부드러운 표정을 유지하며 엄격할 수 있다는 것이 이수갑 특유의 장점이었다. 아무리 나이가 어려도 반말을 하지 않고 존댓말을 쓰고, 부탁할 게 있으면 반드시 '바쁘시겠지만' 하며 먼저 양해를 구했다.

한국전쟁 전후로 지리산에서 공산주의 유격대를 지휘했던 이현상의 전기를 번역하고 있던 사코다 히데후미는 이수갑에게 말한 적이 있었다.

"이현상 선생도 아무리 나이가 어린 대원에게도 반드시 존댓말을 썼다고 합니다. 당시 사회주의 운동을 한 사람들의 인격 수양이 어느 정도였는가를 이수갑 의장님에게서 발견하게 됩니다."

이수갑은 고개를 끄덕이며 답했다.

"맞습니다. 뜻을 같이하는 동지들 사이에 나이가 무슨 상관입니까? 재산의 유무, 지식의 유무, 피부색이나 나이의 차이, 남녀의 성별과 관계없이 모든 인간이 평등하고 수평적이어야 한다는 게 우리의 이상 아닙니까? 제가 여성들을 배려하는 건 여성들이 약해서 그러는 게 아닙니다. 여성들이 활발하게 활동하는 게 기뻐서 격려하고 싶어서 그런 겁니다."

나가야 유키코의 어머니가 수술을 했을 때 마침 이수갑이 일본을 방문 중이었다. 딸로부터 평소에 존경하는 분이라는 말을 자주 들었던 어머니가 이수갑을 보고 싶어 한다는 말을 들은 이수갑은 바쁜 시간을 비워 병문안을 갔다. 처음 만나는 사이지만 화기애애한 자리였다. 게다가 이수갑은 한국에 돌아가서도 나가야의 어머니에게 감사와 격려의 편지를 주고받았다. 의례적이고 형식적인 편지가 아니었다. 병이 낫기를 바라는 진심이 듬뿍 담겨 있었다.

"생긴 것도 잘 생기셨는데 일본 글씨도 어쩌면 이렇게 예쁘게 잘 쓰냐?"

나가야의 어머니는 편지를 자랑하며 무척 기뻐했다. 이수갑은 나가야가 감사를 드리자 이렇게 답한다.

"동지들의 가족은 곧 나의 가족이요, 우리들의 가족입니다. 당연히 서로 아끼고 돌봐 주어야 합니다. 동지의 어머니는 나의 어머니요, 동지의 자식은 나의 자식이라 생각하고 서로서로 도와주어야 합니다. 또한 활동가에게는 가족의 지지가 무척 중요합니다. 어머니가 건강한 몸으로 나가야 동지를 지지해야 나가야 동지도 마음 편히 활동을 할 수 있습니다."

약한 자, 병든 자, 굶주린 자, 핍박 받고 버림 받은 자에 대한 사랑이야말로 진보 운동가의 밑바탕이었다. 이수갑이 AWC에 동참하던 무렵, 일본에서는 종군위안부 재판이 한창 진행 중이었다. 세계대전 당시 강제로 일본군에게 끌려가 처참하게 유린되고 종전 직후 대다수가 학살되어 버린, 악질적인 전쟁 범죄를 단죄하기 위한 재판이었다. 원고 중에는 한국인만이 아니라 필리핀 여성들도 있었다.

이수갑은 이 운동에도 적극적으로 참여하고 지원했다. 종군 위안부 문제에 깊은 관심을 갖고 공부를 하고 있던 AWC의 여성 문제 전문가 후지메 유키 오사카대학 교수는 이수갑이 징용 시절 정신대를 직접 실어 날랐다는 증언을 하며 자신의 연구를 격려해 준 것에 크게 고무되기도 했다. 한국정신대문제대책협의회, 약칭 정대협은 이수갑에게 감사하는 마음으로 고문직에 위촉했다.

이수갑은 1995년 자신이 일본군 위안부였다고 최초로 고백한 김학순 할머니의 일생을 다룬 연극대본 '노을에 와서 노을에 간다'를 간직하고 있었다. 이수갑은 일본의 활동가들에게 정신대의 실상을 보여 줄 수 있는 좋은 자료라고 생각하고, 연극 대본을 조금씩 컴퓨터로 입력해서 나가야 유키코에게 메일로 보내주었다. 연극 대본을 읽은 나가야는 이렇게 답장을 보냈다.

'울면서 번역하고 있습니다.'

이수갑은 다음 회차 원고를 보내면서 썼다.

'써 보내는 사람도 러닝셔츠에 눈물을 닦으면서….'

나가야 유키코가 일본어로 번역한 대본은 후지메 유키 교수의 주선으로 〈아시아 현대 여성사〉라는 저널에 게재되었다. 2011년도에 약 반년에 걸쳐 이루어진 작업이었다.

정신대 투쟁에 앞장서는 이수갑을 훌륭한 페미니스트라고 생각한 후지메 유키 교수는 여성운동에 대한 조언을 듣고 싶어서 교토 대학으로 초청, 강연회를 열기도 했다.

강연회에서 이수갑은 말했다. 자신의 페미니즘적 시각은 이론으로 배운 것이 아니고, 평생을 활동가로 살면서 직접 보고 듣고 겪은 것으로부터 자연스럽게 배어 나온 것이라고.

"저는 전쟁이 여자와 어린이에게 어떤 끔찍한 짓을 하는지 제 눈으로 보아 잘 알고 있습니다. 일본제국주의가 패망한 후 조선인은 말할 것도 없지만, 일본군에게 버림 받고 부산 항구를 떠돌던 일본 여인들의 모습이 생생히 기억납니다. 버려진 일본 여인들은 가해자와 피해자의 모습을 넘어 모든 여성에게 가해진 전쟁의 폭력을 적나라하게 증언하고 있었습니다. 또한 해방 후, 열악한 섬유 공장에서 여성 노동자들을 지도하고 조직화할 때는 노동 현장과 가정에서 이중으로 착취당하는 여성들의 현실을 지켜보며 크나큰 모순을 느꼈습니다. 여성이 해방되어야 인류가 해방됩니다."

이런 사람이기에 일본의 여성 활동가들은 이수갑에게서 남존여비적인 사고방식이나 태도를 조금도 느껴본 적이 없으며, 오직 사랑받고 있다는 느낌을 받았다고 말한다.

하지만, 한국과 일본의 사고방식의 차이는 한 때 이수갑과 일본 AWC 사이에 갈등과 긴장을 불러오기도 했다.

2004년 민주노총의 이수호 집행부가 노사정위원회에 민주노총이 참여하겠다고 밝혔을 때였다. 이수갑은 민주노총이 우경화하고 있으며 위원장 직선제를 통해 이를 막아야 한다고 강력히 요구했다. 이럴 바에야 민주노총을 차라리 깨부숴 버려야 된다고 할 정도로 강경했다.

이수갑은 일본 AWC 동지들에게도 한국 노동 현장의 문제점들을 소상히 알려 주고 이러한 과제를 자신의 문제로 인식하고 적극적으로 참여하고 비판해야 된다고 설득하면서 일본의 전노협은 민주노총에 대한 지지를 철회하고 연대를 파기하라고 요구했다. 이런 의견을 일본 AWC에 강력히 피력하며 전노협에 전달해 달라고 요청했다.

일본 AWC는 이수갑의 요청에 부응하려 애썼다. 하지만 일본 전노협과 한국 민주노총을 결별시키는 것은 다른 문제였다. 일본 전노협은 총장이 AWC 전국 간사였고 회원이었다. 그래서 이수갑의 의견을 건의 사항으로 제시해 보았다. 그러나 한 개인의 의견으로 두 나라 노총의 연대를 파기할 수는 없었다. 반대로 이수갑에게 '민주노총 내부에서 좌파들이 스스로 일어나는 걸 기다리자, 조금씩 좋아질 것이다, 밖에서 간섭한다고 되는 일은 아니지 않느냐'고 설득했다.

이수갑은 설득되지 않았다. 한 발 더 나가서, AWC 활동가들이 당장 민주노총 앞에서 동조 단식투쟁을 해야 한다고 주장했다. 일본 활동가들은 이 문제가 아주 민감한 사안이므로 그렇게 과격하게 대응하면 안 된다는 입장이었다. 그들은 문제를 조금 유연하게 바라보고자 했고 그것이 이수갑의 생각과 크게 다르지 않다고 생각했다. 이것이 일본 AWC의 입장이라면 입장이었다.

분석해 보면, 이수갑과 일본 AWC의 입장 차이는 한국과 일본이 어떠한 문제를 해결해 나가는 태도나 의식의 차이에서 비롯된 것인지 몰랐다. 그러나 이수갑은 망설이는 일본 AWC의 태도에 크게 화를 냈다. 사코다와 나가야가 놀라서 황급히 한국으로 달려올 정도였다.

"일본 AWC의 동지들은 전적으로 이수갑 의장님과 의견이 같지만 전노협과 관계가 있기 때문에 공식적으로 민주노총을 반대하는 건 어렵습니다."

이렇게 자신들의 입장을 설명하고 이해를 구했지만, 이수갑은 그게 다 변명처럼 들려서 실망하고 탄식했다.

"지난 십년 세월이 헛수고였군요."

입장 차이를 좁히려고 달려왔는데 이수갑이 꿈쩍도 하지 않는 것에 나가야도 은근히 화가 났다.

"선생님의 요구가 너무 무리하다는 생각은 안 하십니까? 일본 AWC 입장도 이해해 주셔야 된다고 생각하지 않으십니까?"

나가야가 이수갑에게 그렇게 화를 낸 것은 그때가 처음이었다. 그러나 얼마 후 민주노총이 직선제로 바뀌는 걸 보면서 이해가 부족했던 건 이수갑이 아니라 자신이었다고 생각하게 되었다. 나가야는 적당히 타협해서는 얻는 게 없구나, 끝까지 원칙을 주장해야 되는구나 하는 걸 배웠다고 술회한다. 큰 틀에서 보면 내용적으로 지향하는 바가 다르지 않지만, 원리 원칙을 중시하는 이수갑의 태도에서 또 한 번 배운 것이다.

어쨌든 일본 활동가들은 이 소동이 이수갑으로 하여금 AWC 한국위원회 의장에서 자진 사퇴하는 계기가 되었으리라 생각한다.

다른 사안으로 일본 활동가들과 이수갑이 부딪힌 일은 없었다. 서로를 이해하고 도우려 애썼다. 사코다와 나가야가 한국어를 배운 것도 그중 하나였다.

일본 활동가들은 이수갑이 일본어로 말하는 데 대해 미안함과 감동의 양가적 감정을 갖고 있었다. 처음 연대 활동을 시작할 때는 한국말을 할 줄 아는 사람이 없었으므로 어쩔 수 없는 일이었다. 일본 방문단이 한국에 와도 모든 안내를 이수갑이 하고 통역까지 맡아야 했고 일본에 가서도 마찬가지였다. 그는 일본 활동가들에게 미안해하지 말라고 말했다.

"나는 일본말을 버린 사람입니다. 하지만 여러분들을 만나면서 기꺼이 다시 일본말을 쓰기로 했습니다."

활동 기간이 길어지면서, 일본 활동가들은 한국말을 하는 사람이 없으면 한일 연대가 깊어지기 어렵다는 생각을 갖게 되었다. 이수갑은 한국의 정세를 이해하는데 도움이 될 만한 문건이 나오면 부지런히 일본 측과 공유했다.

"민주노총 전국해고자복직투쟁위원회(전해투)에서 이런 글이 나왔습니다."

이런 식이었다. 그러면 일본 활동가들은 팩시밀리나 메일로 온 문건을 인쇄하여 재일교포 단체에 가지고 가서 번역을 부탁했다. 매번 그러자니 미안했다. 식민지를 겪은 한국인이 식민지 시기에 배운 일본어를 쓴다는 게 어떤 의미인지 이해하게 되면서 이수갑에게 일본어를 쓰게 하는 게 더욱 미안했다.

이런 미안함과 불편함을 해결하기 위해 사코다와 나가야 두 남녀가 한국어를 배우기로 한 것은 1999년경이었다. 주부인 나가야는 장기간 출타를 할 수 없어 일본에서 학원에 다니며 한국어 공부를 시작했다. 혼자 살던 사코다는 어학연수를 결심하고 1999년 9월 한국으로 건너와 2년 간 공부했다. 누군가 해야 될 일이니 아르바이트를 하며 자유롭게 사는 자기가 적합하다고 본 것이다.

"당연히 우리가 한국말을 배워야 되는 일인데, 그동안 의장님에게 너무 미안했습니다."

늦은 나이에 시작했으나 열정을 갖고 공부한 덕분에 두 사람은 한국어와 한글에 능통하게 되어 번역과 통역을 도맡게 되었다. 그는 2년 동안 서울대에서 한국어 공부도 했지만 그보다는 이수갑에게 배운 것이 더 많았다.

일주일에 한두 번 이수갑은 그를 사무실로 불러서 한일 연대에 관련된 안건뿐 아니라 정세 평가, 운동권의 움직임과 비사, 과거의 경험 등을 몇 시간에 걸쳐 열정적으로 강의했다. 주말이면 어디에서 어떤 집회나 시위가 열리는지 정보를 알려 주고 참가하라고 했다.

"오늘은 노동자대회가 있어요, 대학로로 가세요."

"오늘은 용산기지 앞에서 미군부대 철수 요구 집회가 있습니다, 가세요."

그러면 사코다는 군말 없이 투쟁 현장으로 달려갔다. 한국말에 서툴렀지만 무조건 참석했다. 사코다는 이수갑이 일본인 활동가 중에서도 특별히 신뢰할 수 있는 사람을 찾고 있으며, 자신을 훈련시키는 것도 그 이유 때문이라고 짐작했다. 그래서 이수갑의 명령을 한 치의 의심도 없이 따랐다. 그러다보니 자연스레 대표적인 한국통이 되었다. 한국에서 진보 운동을 좀 했다면 사코다를 모를 수가 없게 되었다. 일본 진보 운동과 한국 진보 운동의 징검다리가 되어 많은 일을 하게 된 사코다는 살아생전의 이수갑을 이렇게 기억한다.

"이수갑 의장님과 함께하면서 저는 아, 꽹장히 전략적으로 생각하시는구나 라고 생각했습니다. 의장님은 자기 속마음을 잘 털어놓는 사람이 아닙니다만, 제가 의장님 말을 이해하고 있는지 못하는지 아셨을 겁니다. 사코다, 지금 잘못된 생각을 하고 있구나, 그건 아니다, 도대체 뭘 생각하고 있나? 이런 감각이 대단하셨습니다. 그분은 진짜 혁명가예요. 신념을 끝까지 포기하지 않고 지키겠다는, 이런 마음이 그대로 느껴졌으니까요. 노동자가 주인 되는 참세상을 만들겠다는 의지, 반드시 자주평화통일을 이루어야 한다, 이런 굳은 의지를 가진 분이시다, 그렇게 느꼈어요. 흔들리는 모습을 본 적이 없어요. 반성 많이 했습니다. 제 눈앞에는 늘 선생님이 있습니다. 제 거울입니다. 사코다, 뭐하고 있나? 현장으로 가라! 네, 알겠습니다! 지금도 말씀하십니다. 소가 되새김질 하듯이 선생님 말씀을 언제나 생각합니다. 영원한 스승이에요. 유학 와서 선생님 가까이서 배울 수 있었던 건 정말 큰 행운이었습니다."

뜻밖의 견해를 접하게 될 때도 있었다. 김대중 대통령의 평양 방문과 6·15선언 이후 금방이라도 남북통일이 될 것 같이 한반도가 들떠 있을 때였다. 사코다는 이수갑의 한숨 섞인 한탄을 듣고 놀랐다.

"노동자 민중이 앞장서서 이루는 통일, 주인이 되는 통일이 아니면 차라리 통일 안 되는 게 낫습니다. 지배 계급끼리 주도하는 통일은 필요 없어요. 오히려 분단되어 있는 게 더 나아요."

"선생님은 늘 남북이 통일이 되어야 한다고 말하지 않았습니까? 그런데 왜 그런 말씀을 하시는지 잘 이해가 되지 않습니다. 교류를 많이 하면 통일에 도움이 되지 않겠습니까?"

"남쪽에서는 남쪽대로 해야 되는 임무가 있고, 북쪽은 북쪽대로 하고 있습니다. 진보 진영의 원로라는 사람들이, 나는 북한에 몇 번 가봤다, 나는 더 많이 가봤다, 누구를 만났다, 자랑하는데 그거 잘못입니다. 누구를 만났다는 게 중요한 게 아니라, 남쪽에서 무얼 하고 있으며 무얼 실천하는지 그게 중요한데, 과시나 하고 자랑이나 하고 잘못된 방향으로 가고 있어요. 그러면 안 됩니다."

이수갑의 단호한 태도에 사코다는 감명 받았다. 이수갑인들 북한에 가

보고 싶지 않을 리 없을 텐데, 옳지 않은 방향으로 흘러가는 것을 비판하면서 스스로 경계하는 것이라고 생각했다.

'선생님은 여전히 남로당원으로서 활동하고 계시구나. 나는 아직도 포기하지 않았다, 이렇게 말하고 계시는구나. 정말 놀라운 사람이다.'

이수갑에 대한 존경심으로 충만해진 사코다는 결혼해 낳은 아들 이름을 지을 때, AWC 공동의장 시라마츠 데츠오(白松 哲夫)에게서 '철'을, 이수갑(李 壽甲)에게서 '수'를 따와서 '철수(哲壽)'라고 지었다. 그는 이 두 사람을 자신은 물론이고 일본의 정신적 지도자라고 생각했다.

이렇게, AWC에서 이수갑의 존재는 거의 전설이 되었다. 누군가는 그를 조금도 주저하지 않고 '보물'로 비유하곤 했다. AWC 일본연락회의는 훗날 이수갑을 이렇게 추도한다.

"이수갑 선생이 합류하게 된 것이 AWC 활동의 큰 전기가 되었으며, 선생이 없었으면 오늘날의 AWC도 없었을 것입니다. 최초의 연대는 이수갑 선생이 AWC에 참여함으로써 이뤄졌지만 세월이 흐르면서 오히려 일본연락회의가 선생의 지도를 받으며 더욱 성장하고 깊어졌습니다. 아무도 부인할 수 없는 사실입니다."

1990년대 후반, 대만에서 AWC 국제회의가 열렸을 때였다. 일정을 마친 일본, 대만, 한국의 대표들 십여 명이 한 방에 둘러앉아 자연스럽게 이야기를 나누기 시작했다. 모두 70세를 넘긴 운동의 대선배들이자 각 나라의 AWC 운동의 지도자들이었다. 그 자리에 있던 AWC 일본연락회의 국제사무국 활동가 에나츠 고로는 이수갑이 단연 대화의 중심에 있었다고 증언한다. 그의 추도사다.

"대만 분들은 일제 식민지 지배와 그 후 국민당에 의한 백색 테러 폭풍에도 살아남아서 투쟁을 계속하시는 분들이고, 일본 분들은 2차 대전 후 노동운동과 대중운동에 몸을 던져 일본제국주의와 일관되게 싸우면서 AWC 운동에 앞장서고 계신 분들이었습니다. 그분들이 일제 식민 지배에 대해서 당시 미국과 일본 양 정부가 맡았던 역할에 대해서, 그리고 2차 대전 후 각 나라의 정치 상황과 민중운동 상황에 대해서 국적을 뛰어넘어 허심탄회하게 마음을 열고 토론하고 계셨습니다. 그 자리에 통역이 없으니 아이러니하게도 식민 지배의 잔재인 일본말로 의견을 나누고 계셨습니다. 그건 굉장히 인상적이고 감동적인 모습이었습니다. 그런 자리에 함께 할 수 있다는 것만으로도 기뻤습니다. 나는 여기에 AWC 운동의 원점이 있다고 느꼈습니다. AWC 운동은 이런 대선배들의 소원과 투쟁을 계승하고 발전시켜 나갈 사업임을 확신했습니다."

에나츠 고로는 이수갑이 그날 얼마나 돋보였는가에 대해 말한다.

"우리는 이수갑 선생님으로부터 한반도와 아시아의 정세에 대해서, 또 한국 민중운동의 역사와 교훈에 대해서 많은 걸 배웠습니다. 일제 식민지 지배와 해방 후의 가혹한 조건 하에서 진보 운동을 하며 싸워 오신 선생님은 한국 민중운동의 산 교과서입니다. 가장 깊은 가르침은, 활동하는 사람의 삶과 태도, 작풍에 관한 것입니다. 강고한 사상과 체력은 우리의 상상을 초월했습니다. 지난 18년간 받은 은혜를 갚지도 못했는데…. 하지만 선생님은 '한탄하지 마라', '전진하라' 이렇게 말씀하실 것입니다."

2006년부터 AWC 한국위원회 대표는 이수갑에 이어 민주노총 부위원장 출신인 허영구가 맡게 됐다. 이수갑에게는 AWC 활동 12년 만이자, 그의 나이 82세 때였다.

허영구는 1987년 말 한국농촌경제연구원에서 노동조합을 결성하면서 노동운동을 시작해, 1995년 민주노총 결성 때 부위원장을 맡고 2006년 노무현 정부 때 비정규직 반대 투쟁으로 구속되는 등 대표적인 노동운동가의 한 명이었다. 그의 장점은 특정 정파에 소속되지 않으면서도 좌파적인 입장을 견지하고 있다는 점이었다. 허영구는 평소에 말하곤 했다.

"내게 정파를 묻는다면, 민주노총이 나의 정파라고 말하겠다."

이수갑은 노동운동, 진보 운동, 통일운동 등 많은 사회단체들을 AWC와의 교류에 참가시키는 한편으로 갈수록 쇠약해지는 자신을 이을 후배를 물색하고 있었다. 눈에 들어온 것이 허영구였다. 운동의 원칙에 대해서는 이수갑만큼이나 깐깐하면서도 대인 관계에서는 세심하고 예의 바른 데다 글을 잘 쓴다는 장점도 돋보였다.

허영구와는 운동 노선도 잘 맞았다. 이수갑은 당시 민주노총 위원장 직선제를 주장하고 있었는데, 허영구를 비롯한 민주노총 내의 좌파들도 같은 의견이었다. 이수갑은 또한 민주노총이 과거 전평이 그러했듯이 모든 조합원이 대등한 입장에서 참여하는 평의회 형태의 조직이 되라고 주문했다. 조선공산당과 전평을 함께했던 대구 출신 이일재도 같은 의견이었다. 이수갑은 철도 노동자를 대상으로 한 글에서 이렇게 주장했다.

전평노조의 조직 형태의 주요한 특징은 평의회와 산별노조였다. 전평노조는 모든 노동자 계급이 대등한 입장에서 참여할 수 있는 평의회로서 구성되었기에, 조합원들의 의사를 집약하여 의사 결정을 내릴 수 있었다. 이와 같은 조직체계는 노동조합이 소수 지도부에 의해서 좌우되는 것을 막고, 노동조합의 상층부가 선두에서 노동자계급 전체의 의사를 집약한 투쟁 방향을 좇아 실행하는 것을 가능하게 하였다. 결국 노동조합의 상층부가 노동자 계급의 의사를 반영하여 선도적으로 투쟁을 이끌어나가는 본연의 역할을 하기 위해서는, 모든 단체의 기본원칙인 민주주의가 확립되어야 한다. 지속적으로 제기되고 있는 민주노총 조합원들의 직접 비밀 무기명 투표를 통한 지도부와 대의원 선출은 이러한 측면에서 반드시 시급하게 달성되어야 한다.

허영구는 조선공산당 출신 두 선배의 주장을 전폭적으로 지지하는 한 명이었다. 이듬해인 1996년 일본 AWC 활동가들이 한국에 처음 왔을 때도 용산 미군 기지 이전 문제 집회장에서 처음 만나 함께 행진을 했고 이후 AWC 활동에 깊숙이 결합하게 됐다. 하지만 이수갑이 자신에게 대표직을 제안하려 한다는 것은 모르고 있었다.

어느 날 문득, 이수갑은 허영구에게 대만에서 열리는 AWC 회의에 동행하자고 제안했다. 마침 이수갑의 팔순 생일을 맞았을 때였다. 잔치가 끝나고 가족여행을 가려고 자녀들이 모은 돈을 여행 경비에 보탰다. 허영구와 동행한 이수갑은 대만의 주요 활동가들에게 그를 소개했다.

일본에 가서도 일본인 활동가들에게 허영구를 소개했다. 일본 순회 일정이 끝난 후 그곳 활동가들과 숙소에 모여 앉았을 때였다. 이수갑은 배낭에 넣고 온 까만 비닐봉지를 열어 사진 몇 장을 꺼냈다. 1996년 용산 미군 기지 철수 시위 때 허영구가 일본 AWC 활동가들과 함께 찍은 사진이었다. 액자에 넣어 영등포 사무실에 늘 걸어두었던 것을 빼서 가져온 것이었다. 이를테면 그것은 허영구란 사람에 대한 인증 사진 같은 것이었다. 그 자리에서 허영구에 대해 간략하게 소개한 후 말했다.

"이제 국제연대 활동은 허영구 동지에게 부탁하고 저는 노동 현장으로 돌아가려고 합니다. 그렇다고 국제연대 활동을 딱 끊는다는 건 아닙니다."

82세의 나이에 노동 현장으로 돌아간다는 말은 뜬금없어 보일 수 있었다. 그러나 허사가 아니었다. 그는 이 무렵 철도노조 명예 조합원에 위촉되었다. 비록 직접 노동은 못하는 명예직이라도, 60년 만에 철도로 돌아가게 된 것이다. 자신이 맡았던 크고 작은 직책 어느 하나도 소중하지 않은 게 없지만, 모든 일의 시발점이던 철도 노동자로 돌아갔다는 게 그렇게 뿌듯하고 자랑스러울 수가 없었다. 그는 더 늙기 전에, 아직 몸을 움직일 수 있을 때 철도 노동자를 위해 무어라도 해야겠다는 결심이 섰다고 고백한다. 민주노총 문제로 일본 AWC 활동가들에 대한 분노의 앙금이 남아 있을 수도 있겠지만, 더 늦기 전에 노동운동으로 돌아가고 싶은 순수한 마음이 더 컸을 것이다.

허영구는 이수갑이 자신을 새로운 한국위원회 대표로 추천하는 방식에서 매우 독특한 느낌을 받았다. 이수갑이 워낙 입이 무겁기는 하지만, 본인에게는 한 마디 사전 언질도 없이 대만과 일본의 활동가들에게 자기를 새 의장으로 추천한 것은 점조직으로 운영되던 옛 사회주의자들의 방식을 떠올리게 했다. 전평과 남로당이 해체된 후로 반세기가 넘도록 혼자서 오르그로 활동해 온 관성일지도 모른다고 생각했다.

AWC 한국위원회 운영위원회에서 반대하는 사람은 아무도 없었다. 이미 오래전부터 허영구와 함께해 온 이들이었다. 다들 동의했다. 허영구로서는 82세나 된 대선배의 짐을 덜어준다는 의미도 있었다. 기꺼이 승낙했다. 이렇게 하여 허영구는 AWC 한국위원회의 대표가 되었다.

18. 구속된 노동자들을 위하여

 이수갑이 구속노동자후원회의 고문을 맡게 된 것은 허영구에게 AWC 한국위원회의 대표직을 인계한 이듬해인 2007년 1월이었다.

 구속노동자후원회, 약칭 구노회는 현대자동차노조 활동으로 구속된 정동석과 단국대 학생들이 감옥에서 만나면서 시작되었다. 1994년이었다. 정당한 노동조합 활동, 파업투쟁, 정치 활동 등으로 구속된 노동자들을 돕자는 데 의견을 모은 이들은 출옥한 뒤 다섯 명이 단국대 총학생회 옥상에서 만나 결의를 했다.

 이때부터 을지로에 작은 사무실을 얻어 책상 하나를 갖다 놓고 수감자들에게 편지를 쓰고 면회 가고 탄원서와 서명 용지를 돌렸다. 석방을 요구하는 기자회견도 하고 영치금이나 책을 넣어주고, 교도관들의 인권 침해적인 요소를 발견하면 인권위에 제소도 했다.

 구노회가 후원한 대표적인 사건이 1995년 한국통신 파업, 1998년 만도기계 파업과 현대자동차 정리해고 반대 투쟁, 1999년 서울지하철 파업, 2000년 롯데호텔과 사회보험노조 파업, 2001년 대우자동차 정리해고 반대 투쟁과 대한항공 조종사노조 파업, 2004년 공무원노조 파업 등으로 수백 명의 구속 노동자들에게 힘과 용기가 되어 왔다.

 단체의 성격상 일체의 정부 지원이나 기업의 후원을 받지 않고 회원들의 회비로만 운영하다 보니 재정 상태는 늘 어려웠다. 을지로에 있던 사무실을 영등포로 옮기게 된 것도 민주노총 근처인 동시에 사무실 임대료가 싸기 때문이었다.

이수갑과 구노회가 만난 것은 우연이었다. 구노회 사무국장 이광렬은 영등포교차로 인근의 부동산중계소에 돌아다니며 월세가 싼 곳을 찾고 있었다. 구석구석 다니던 중 AWC 한국위원회와 투기자본감시센터가 함께 사용하는 사무실을 보고 인사를 하려고 들어갔다가 이수갑을 만나게 되었다. 서로 알 만한 사이라 반갑게 인사를 나눈 후, 이광렬이 구노회 사정을 설명하고 사무실을 얻으러 다니고 있다고 말하니 이수갑은 흔쾌히 말했다.

"잘 오셨습니다. 지금 같이 쓰는 투기자본감시센터가 곧 나가니까 그 자리를 쓰십시오. 월세는 내지 않아도 됩니다."

이렇게 우연한 만남이 필연이 되었다. 당시 사무실 월세는 45만 원이었는데 투기자본감시센터가 분담했던 월세를 못 받으면 그만큼 AWC 한국위원회에 부담이 되었다. 그럼에도 이수갑과 AWC 한국위원회는 구속 노동자를 위한 단체에서 돈을 받을 수는 없다며 무상으로 이용하라고 강력히 말했다. 100명도 안 되는 후원회비로 재정난에 허덕이고 있던 구노회 실무자들로서는 고마운 제안이었다.

그런데 이수갑은 혼자이고 구노회는 많은 활동가들이 들락거리며 회의를 하다 보니 점점 구노회 사무실에 AWC 한국위원회가 얹혀 있는 꼴이 되었다. 이수갑은 이렇게 된 것을 매우 좋아했다. 구노회는 이수갑을 고문으로 추대했고, 본인도 기쁘게 수락했다. 그가 고문이 됨으로써 사무실은 이제 완전히 구노회 차지가 되었다.

문을 열고 들어가면 구노회 사무실이 나오고 그 안쪽에 방이 따로 있어 AWC 간판을 붙여 놓았다. 이수갑은 출근하는 날이면 자기 방에서 나오지 않고 자료를 분석하거나 글을 썼다. 점심 때 철도노조에 가서 밥을 먹고 오는 일 외에는 너무 조용했기 때문에 있는지 없는지 확인하려고 문을 두드려 보아야 했다.

철도노조 명예 조합원이자 구속노동자후원회 고문이 된 이수갑은 80대 중반으로 접어드는 나이에도 손을 내려놓지 않았다. 구노회의 가장 어려운 점은 회비 내는 회원이 적다는 것이었다. 이수갑은 어디를 가든 구노회 가입 원서를 내밀며 설득했다.

"구속된 동지들을 돕는 것은 운동의 기초입니다. 우리의 선배 운동가들은 모뿔이란 후원 조직을 만들어서 십시일반으로 돈을 모아 구속되거나 병들어 아픈 동지들을 도왔습니다. 수배된 동지들을 피신시키고, 굶주리는 그의 가족을 도와주기도 했습니다. 이러한 지원이 없었다면 혁명 운동은 오래 가지도 못하고 전수되지도 않았을 겁니다. 구속노동자후원회에 가입해 주십시오."

초기 회원 30명으로 시작해 영등포 사무실에 들어갈 때도 100명이 안되었던 구노회는 이수갑이 고문으로 있던 시기에 500명 회원을 넘게 된다. 비로소 월세를 낼 형편이 된 구노회는 자신들이 더 많은 공간을 쓰고 있으니 월세를 많이 내겠다고 했다. 이수갑은 한사코 내지 않아도 된다고 하다가 정 그러면 자신이 25만 원을 낼 테니 구노회는 20만 원만 내라고 했으나 구노회도 끝까지 고집을 피워 절반씩 나눠 내게 되었다.

오랫동안 구노회 운영위원으로서 사무실에 상근했던 배소영은 사람들이 구노회 회원으로 가입한 이유는 간단했다고, 이수갑과 한 번 대화를 나눠보면 가입하게 된다고 증언한다.

"그때 이수갑 선생님을 만나지 못했다면, 구노회는 없어졌을지도 몰라요. 100명도 안되던 회원이 이수갑 선생님이 고문을 맡아 계신 동안 500명으로 늘었어요. 지금은 700명이 되었는데 이는 전적으로 이수갑 선생님 덕분입니다."

배소영은 근로복지공단에서 일하던 사무직 노동자로, 출장 중 교통사고가 났는데 산재 처리를 받기까지 어려움이 많았다. 그 과정에서 근로복지공단은 사소한 민원서류를 빌미로 삼아 배소영을 해고해 버렸다. 배소영은 민주노총 산하 전국해고자복직투쟁위원회, 약칭 전해투에 소속되어 복직투쟁을 벌이던 중 구속노동자후원회에 가입하기 위해 찾아가게 되었다. 구노회와 이수갑이 한 사무실을 쓰기 시작한 지 얼마 안 되었을 때였다.

배소영은 첫 만남부터 이수갑에 대해 깊은 인상을 받았다. 오랜 세월 근로복지공단에 근무했던 배소영은 무척 다양한 사람을 만나 왔지만 이수갑 같은 사람은 처음이었다. 보통 연배가 어느 정도 있으면 슬그머니 반말을 하기 마련인데 이수갑은 까마득한 후배를 동지로 존중하면서 예의를 갖추어 주었다. 그동안 만나온 운동권 원로들은 인상부터 어두운데다 말이 많거나 인상을 잘 쓰고 반말을 하는 이가 많았는데 이수갑은 항상 환하게 미소 띤 밝은 표정과 탈권위적인 언행이 좋았다. 무엇보다 여성 노동자들에 대한 연민과 이해가 깊다는 것에 강한 동지애를 느꼈다. 이수갑은 말했다.

"여성 노동자들이 앞장서야 합니다. 같은 노동자라도 여성들은 더 많은 인권 침해를 당하고 저임금에 시달립니다. 여성이 해방되어야 진정한 노동 해방이 이뤄집니다. 식민지 시대와 해방 정국에서도 남자들은 앞에서 설치기만 했지 실질적인 활동은 여성들이 다 했습니다. 모든 운동 단체는 지도부에 여성들을 동등한 숫자로 배치해야 합니다. 그래야 운동이 제대로 발전합니다. 지금은 그렇지 못합니다. 이건 꼭 고쳐야 할 중요한 문제입니다. 나는 여성들의 운동과 지도부 참여를 적극 지지합니다."

이어서 이수갑은 해방 직후 전평 활동을 하며 여성들이 다수였던 직물 공장, 주물 공장 같은 데서 자신이 직접 보고 들은 이야기를 들려주었다. 여성들이 어떻게 활동을 했으며 얼마나 영웅적으로 싸웠는가 하는 이야기였다.

첫 만남, 첫 대화였음에도 배소영은 이수갑의 인품과 사상에 매료되어 버렸다. 배소영은 자기도 구노회 활동을 해야겠다고 결심했다. 당시 구노회는 조직이 너무 작아서 대표는 울산에 있고 사무국장만 있는 체제였는데, 전해투와 결합하게 되면서 배소영이 운영위원을 맡게 되었다. 배소영은 2016년에 증언한다.

"솔직히 이수갑 선생님 아니었으면 구노회 활동까지 하지 않았을 거예요. 보통 집회를 하면 주최 측에서 원로들께 제일 앞에 앉으라고 자리를 마련해요. 그런데 선생님은 절대로 거기 앉지 않고 뒤에 앉아요. 겨울에는 너무 추우니까, 선생님께 같이 나가서 커피 한 잔 하며 몸 좀 녹이고 오자고 권해요. 그러면 선생님은 아주 엄격한 표정으로, 집회 중간에 나가면 안 된다, 끝까지 참여해야 한다고 단호히 거절하셨어요. 그게 각인이 되어서 지금도 저는 집회 중간에 어디 안 가요. 우리가 보통 어른들을 보고 선생님이라고 하는데, 솔직히 배울 게 없잖아요. 하지만 이분은 선생님이 딱 맞는 사람이에요. 이수갑 선생님은 자신을 동지라고 부르라고 했어요. 그런데 제가 노 혁명가에게 도저히 그럴 수는 없으니 제발 선생님이라고 부르게 해 달라고 부탁했어요. 선생님을 보고 있으면 우리도 저절로 분발하게 돼요. 그렇게 만들어요. 이수갑 선생님 같은 분은 다시는 없을 것 같아요."

중앙정보부에서 안기부로, 다시 국정원으로 이름만 바꾼 정보부는 그가 북한의 지령을 받고 있으리라 평생을 의심해 왔다. 그래서 이수갑은 구속 노동자들에게 직접 면회를 가지는 않았다. 국정원의 보호관찰 대상인 자신이 면회를 가면 형량에 도움이 되지 않으리라는 판단이었다. 아침마다 사무실에서 많은 이야기를 나눠도 머릿속에만 기억하게 하고 기록을 남기지 못하게 했다. 그 기록이 나중에 빌미가 되어 다른 사람들에게 피해를 입힐 수 있다는 것이었다. 대신 가난한 주머니를 털어 영치금을 넣어 주라고 주거나 책 같은 것을 챙겨 주었다. 배소영의 여동생으로, 언니에 이어 오랫동안 구노회 실무자로 일해 온 배미영의 말이다.

"제가 이쪽 일을 하면서 50명 이상을 알고 있는데 이수갑 선생님 같은 분은 단 한분도 없습니다. 북한은 3대 세습 독재에 비판적이었기 때문에 끝까지 방북을 안 하신 거고요. 그런데도 국정원은 선생을 친북이라고 감시했지요. 선생님은 사회주의자이자 민족주의자셨지만 결코 종북파는 아니었어요."

다른 일들도 그랬지만, 이수갑에게 구속자를 후원하는 일은 각별한 의미를 갖고 있었다. AWC 일본연락회의의 한 명인 고토 마사츠구는 일본 철도 출신이었다. 고토 마사츠구가 한국 철도 파업을 지지, 지원하기 위해 내한했을 때, 이수갑은 그에게 구속 노동자가 왜 중요한지 설명했다.

"일제 때부터 그랬어요. 감시가 따라붙고 붙잡혀 가고 감옥에 갇히고, 그건 그 사람들이 몹시 중요한 사람이기 때문이에요. 아무나 잡아 가두는 게 아닙니다. 그 사람이 가장 위협적이기 때문에 감옥에 가두어 두려는 거지요. 따라서 우리는 그들이 석방될 때까지 끝까지 관심을 가져야 합니다. 안에서 죽어도 모릅니다. 밖에 있는 동지들이 하루도 빠짐없이 체크해야 됩니다. 우리가 구출해야 됩니다."

고토 마사츠구는 한없이 부러워하며 말했다.

"일본에도 구노회 같은 단체를 만드는 게 제 소원입니다. 그러나 일본의 분위기에서는 쉽지 않습니다. 진심으로 경의를 표합니다."

이수갑은 당당히 말했다.

"구속을 두려워하지 않고 선봉에 서서 투쟁한 노동자들이 없었다면 우리의 노동운동은 계승될 수 없었습니다. 많은 노동운동 활동가들이 있지만 자기의 이해관계를 초월해서 구속되면서까지 선봉에 서서 투쟁하는 원동력이 없다면 노동운동은 지속될 수 없는 게 솔직한 현실입니다. 오랜 노동운동의 역사가 그걸 증명하고 있습니다. 한국의 노동운동을 계승하고 발전시키기 위해서라도 구속 노동자들에 대한 동지애를 지켜나가고 구속 노동자들을 지원하는 활동을 더 강화해야 합니다."

오랫동안 실무를 맡았던 배소영이 복직된 후에는 그 여동생인 배미영이 실무자가 되었는데 언니와 똑같은 경험을 했다.

배미영은 이수갑과 일하는 동안 그가 권위적으로 지시를 하거나 인상 쓰는 걸 한 번도 본 적이 없었다. 언제나 잘 한다고 격려해 주면서 요것만 더 하시면 됩니다, 라고 방향만 알려 줄 뿐이었다.

이수갑은 구노회 고문으로 많은 활동을 하면서도 운영에는 일체 개입하거나 간섭하지 않았다. 다만 어떻게 도와 줄 것인가만 생각했다. AWC 회원국들과 연대할 일이 생기면 구속자에 대해 알리고 지지 서명과 지원금을 요청하는 메일을 보냈다. 구속자에게 편지 보내기 운동도 일본과 연대했다. 일본 전역에 있는 동지들에게 구속자 명단을 보내고 일본에서 편지가 도착하면 밤낮없이 번역해서 감옥으로 보냈다. 감옥에서 답장이 나오면 다시 일본어로 번역해서 일본으로 보냈다. 활동가들이 한국에 오면 면회 투쟁을 하도록 했다.

예를 들어 충남 플랜트노조 출신인 강성철이 구노회 실무자로 일하던 중 구속되자 이수갑은 강성철의 석방을 위해 AWC 일본연락회의 회원들로부터 지지 서명과 격려의 편지를 받아 왔다. 또한 AWC 회원들은 자체 모금으로 돈을 모아 강성철에게 가해진 벌금을 납부할 수 있게 했다.

민주노총 산하 전해투는 구노회와는 뗄 수 없는 관계였다. 구속 노동자들에 대한 이수갑의 관심과 애정이 알려지면서, 전해투는 2009년에 이수갑을 지도위원으로 위촉했다. 형식적인 자리는 결코 아니었다. 노동운동 내의 좌파들에게는 그만 한 선배가 귀했다. 당시 전해투 위원장 이영덕은 2014년 집담회에서 말한다.

"해고자에 대한 애정이 많으셨습니다. 해고자들이 민주노총 대의원이 되어야 한다는 주장도 하셨습니다. 그게 여성 할당제처럼 해고자 대의원 할당제를 이야기 하신 건지는 모르겠지만 어쨌든 상당히 독특한 주장을 많이 하셨습니다."

누구에게도 연장자로서의 권위를 내세우거나 간섭이나 잔소리를 하지 않았지만, 자기 생각을 말하는 데는 대단한 열정을 갖고 있던 이수갑이었다. 언니 배소영도 그랬듯이, 배미영은 출근해 한 잔의 커피를 마시는 시간에 이수갑으로부터 많은 것을 배웠다. 이수갑은 커피를 나누며 어제는 이런 일이 있었는데 이렇게 대응하는 게 맞는가 또는 이런 일에 대해서 어떻게 생각하는가 하는 질문을 꺼냈다. 배미영이 나름대로 생각을 말하면 이수갑은 자신의 생각을 말했다. 반세기가 훨씬 넘는 세월 동안 수많은 다양한 체험을 축적한 이수갑의 판단이 옳을 수밖에 없었다.

현 시국에 대한 허심탄회한 토론은 식탁으로 이어질 때도 많았다. 이수갑은 다른 사람이 밥을 다 먹을 때까지 자기 밥그릇에는 손도 대지 않은 채 열정적으로 이야기할 때가 종종 있었다.

"선생님, 빨리 드세요."

활동가들 재촉하면 그제야 수저를 드는데 밥과 반찬을 1분이면 먹어 치웠다. 혁명 운동 이외에는 어떤 취미도 가지지 않은 사람답게, 천천히 맛있는 음식을 음미하며 먹는 도락조차도 사치라 생각하는 이였다.

평소에는 말수가 없다가도 가끔씩 봇물 터지듯 자기 생각을 쏟아낸다고 해서 다른 노인들처럼 했던 이야기를 몇 번씩 지루하게 반복하거나 잔소리를 하는 경우는 없었다. 기억력이 좋은 만큼, 이전에 했던 이야기는 반복하지 않으려 했다. 대개는 다른 사람의 말을 경청하는 편이었다. 활동가는 자기 말을 많이 하기 보다는 경청해야 한다는 게 평소 그의 지론이었다.

19. 영원한 철도 노동자

이철의는 1997년 철도노조 민주화추진위원회, 약칭 철도노민추 대표로 활동하면서 두 명의 역사적인 인물과 인연을 맺게 되었다. 유병하와 이수갑으로, 둘 다 전평 철도노조 출신이었다.

먼저 만난 이는 유병하였다. 어느 노동연구소에서 발행하는 잡지에 유병하의 인터뷰 기사가 실렸는데, 아버지는 만주에서 독립운동을 하다가 귀국했는데 한국전쟁 때 우익에 의해 총살을 당했고 자신은 대구철도의 전평 조합원이었다는 내용이었다. 1945년 해방 후 전평을 결성하던 이야기며 9월 총파업과 10월 대구 투쟁에 대한 이야기가 생생했다. 역사 속의 전설로만 알고 있던 전평의 활동가가 생존해 있다는 사실에 흥분한 이철의는 연락처를 수소문해 유병하를 만났다.

이수갑은 노동계의 원로요, 여러 민주화운동 단체의 지도위원이나 고문이어서 이름은 전부터 알고 있었으나 직접 만난 것은 유병하보다 3년쯤 뒤였다. 이철의가 주선한 덕분에 역전의 전사 두 사람이 만나는 자리가 만들어졌다. 두 사람은 전쟁 통에 잃어버린 형제를 만난 듯 덥석 끌어안으며 반가워했다.

"반갑습니다. 대구분이시라니 10월항쟁의 주역이시겠군요?"

"부산에서 9월 총파업의 첫 기적을 울리신 분이라면서요?"

전평이 깨어지고 흩어진 후 실로 50년 만에 만난 두 전평 조합원은 곧바로 50년 전의 그날로 돌아갔다. 먼저 유병하의 질문이다.

"부산 총파업 대단했다지요?"

"노동자는 말할 것도 없고 시민들 호응도 대단했습니다. 그만큼 살기 어려웠다는 얘기지요. 더 이상 참을 수 없어서 폭발한 거 아닙니까. 앉아서 죽느니 살기 위해서 투쟁하겠다고 일어난 것이니, 그 힘을 막기 어렵지요. 하지만 합법적이고 평화적인 파업이었습니다. 그걸 테러단들이 난입해서 무자비하게 몽둥이를 휘두르고, 그때 무수하게 잡혀갔습니다. 저도 온갖 수난을 다 당했습니다만, 대구에서는 사람이 여럿 죽었다지요?"

이수갑의 질문에 유병하는 답한다.

"10월 1일 행사 끝나고 기아 대책을 세우라고 시위를 하는데 경찰이 발포를 했다 아입니까. 그게 기름을 부은 꼴이 됐지요. 다른 데도 마찬가지겠지만, 우리 대구는 더 비참했습니다. 콜레라가 돌아서 도로를 모두 폐쇄해 버려서 고립되다시피 했으니 먹을 게 없었죠. 그런 판국에 친일 출신 경찰들이 농민들한테서 쌀을 공출했으니, 그거 일제 때 하던 짓을 고대로 한 거 아닙니까? 밑바닥 민심이 부글부글 끓고 있었지요. 그런 판에 사람까지 죽였으니 폭발할 수밖에 없지요."

"그때 대구에서도 부산하고 같이 총파업하고 있었지요?"

"그럼요. 처음에는 우리도 평화적으로 시위를 했습니다. 부산에서 총파업할 때 동조 파업했지요. 400개가 넘는 공장 조합원들이 전평의 파업 투쟁은 절대로 정당하다, 미 제국주의자들은 물러나라고 시위를 했습니다."

"그런데 요즘 젊은 학자들이 써 놓은 글을 보면, 대구의 10월항쟁은 전평의 파업과는 연관성이 없다, 이렇게 설명하고 있는 게 보이더라고요."

"왜 연관성이 없어요. 우리도 전평 지도를 받아서 파업을 개시했는데요. 부산을 시작으로 서울, 마산, 진주, 광주, 대구로 들불처럼 번지지 않았습니까. 대구 10월항쟁이 민중항쟁으로 번진 건 살인 경찰의 만행 때문이고요. 너무나 굶주린 상태에서 가혹한 탄압까지 받게 되니까 억눌렸던 분노가 터져서 폭력 사태를 몰고 온 것이지요."

이수갑은 이 부분이 나올 때마다 흥분해서 말하는데 유병하와의 만남에서도 그랬다.

"진보라는 학자들은 9월 총파업으로 전평 조직이 다 와해되었다고 하는데, 그것도 틀린 평가거든요. 1946년 9월 총파업 이후, 그 이듬해 3월에도 하루 총파업을 했단 말입니다. 10월 항쟁 때 각 지역에서 얼마나 많은 희생이 생겼습니까? 그럼에도 불과 두 달 만에 남조선노동당이 창당되지 않습니까. 11월 23일에 말입니다. 그것이 바로 우리 선배들의 투쟁 아니었습니까. 탄압을 한다고 물러나는 게 아니고 더욱 강고하게 전면 투쟁하는 정신, 그걸 흐트러짐 없이 유지하는 것, 그건 확고한 계급의식에서 나오는 거 아닙니까."

"이 선생님도 남로당원이셨습니까?"

"그럼 유 선생님도?"

두 사람은 다시 한 번 반가워서 얼싸안았다. 철도노조 두 대선배의 대화를 녹음하던 이철의는 노동운동의 주체적 역량은 전평 때보다 오히려 많은 부분이 후퇴했구나 생각한다.

이날, 유병하와 이수갑은 난생처음 만난 사이지만 옛날 상황에 대한 판단은 놀라우리만큼 같았다. 누가 한 말이라는 기록이 무색할 정도로 두 사람의 기억은 똑같았다.

"맞아요. 그때 지금하고 똑같았어요. 노동자들은 일반 시민들로부터 고립 상태였어요. 신문이나 방송 같은 언론기관도 자본가들 소유니까, 노동자들 편이 아니고 정부 편이죠. 무조건 빨갱이라고 몰아붙였어요."

"투쟁 환경은 사실 지금보다 무시무시했지요. 무조건 무력 진압이니까. 그때 제일 눈부시게 활약했던 게 서북청년단이었죠. 그 사람들 기관총 들고 다니면서 농성장 밖으로 안 나오면 쏘아 죽인다고 협박했으니까요."

"시위 때마다 유혈이 낭자했죠. 목숨 걸고 투쟁했어요. 요즘은 해고도 절차가 있잖아요. 그때는 그런 것도 없어요. 경찰서에 붙잡혀 가면 고문 받다가 죽어도 몰라요. 10년, 20년 징역도 예사였지요. 그런데도 기세가 죽지 않으니까, 철도노조 가만두면 안 되겠다고 해서 대한노총 만들어서 전평 와해시킨 것 아닙니까."

"전평 깨부수고 난 후에 대한노총 사람들은 떵떵거렸죠. 그때 중소기업 사장이라 해 봤자 2층 집도 못 가지는데 노동조합 지부장 하면 3, 4층짜리 집을 지었으니까요. 왜 그런가? 노동자들이 임금 인상해라, 체불임금 달라 그 소리를 못 하게 막아 주면 자본가들이 뒷구멍으로 돈을 대주거든요. 노동조합 탄압하고 파괴하고 노동자들을 억압하는데 효과적으로 이용한 게 어용 노동조합입니다."

"무한히 착취하고 무한히 압박하는 것, 이게 자본가들 속성입니다. 어떤 수단을 써서라도 자기 자본을 축적하려는 것, 그게 자본가 계급의 본능이니까, 노동자계급과는 투쟁할 수밖에 없어요. 그건 숙명이에요. 그런데 요즘은, 투쟁을 심하게 하면 압박이 심해지니까 이걸 피하고 교섭을 해야 한다? 이렇게 되면, 탄압을 하면 저항을 못하는구나 하고 탄압과 압박은 더욱 심해집니다. 그러면 노동자들은 노예 상태로 떨어지는 겁니다."

"자본가는 노동자들이 단결하는 걸 제일 무서워해요. 이런 것에 대해서 요즘 일반 시민들이 잘 이해를 못하고 있어요. 그건 노조에서 그만큼 노력을 하지 않기 때문이에요. 우리들이나 선배들은 지금보다 훨씬 어려운 여건에서도 노동운동은 바로 일반 시민들의 이익을 위한 것이라는 걸 구체적으로 알리고 개혁하기 위해서 노력했거든요."

"보통 어려운 여건이었나요? 해고무효 소송이니 노동부 구제 신청이 어디 있습니까? 무조건 해고지요. 아니면 구속이고. 감쪽같이 사라지는 경우도 비일비재하고요."

"탄압이 거세어도 목숨까지 내놓을 정도로 강고하게 투쟁할 수 있었던 건, 역시 계급의식 확고했기 때문이었지요. 자본가의 본질을 정확히 알고 있었기 때문에 자본가에게 굴복하고 타협하는 게 아니라 더욱 가열차게 투쟁해야 자본가를 물리칠 수 있다고 믿었죠. 지금도 마찬가지입니다. 우리에게 필요한 건 노동자계급의 단결과 투쟁뿐입니다. 계급 정신이 중요해요."

세월은 두 사람을 할아버지로 만들었지만, 두 사람이 가졌던 청년 시절의 강고한 투쟁 정신은 조금도 변함이 없었다. 이철의는 그것이 신기했고 존경스러웠다.

두 원로들의 대화는 처음 만난 사람이라고 믿을 수 없을 정도로 끈끈한 동지애와 서로에 대한 존중이 밑바닥에 깔려있었다. 그것은 후배 활동가들에 대해서도 마찬가지였다. 엄격한 전평의 규율로부터 배운 것일까? 두 사람은 이에 대해서도 앞다투어 똑같이 진단하여 이철의를 놀라게 했다.

"사회주의라는 것 자체가 인류애에서 시작된 거잖아요. 계급의식은 투철해도 권위는 배척하니까요."

"전평 조직 자체도 아주 민주적인 조직이에요. 전평은 노동조합 자체가 평의회로 되어 있어요. 조선노동조합전국평의회잖아요. 조선노동조합전국평의회 철도 경상남도 지부 이렇게 되거든요. 지부 자체가 평의회에요. 산별로 다 평의회가 있어요. 그래서 중앙에서 관료적으로 통제하는 게 아니라 지역의 평의회에서 결정하기 때문에 지역 실정에 부합되는 활동을 할 수 있었지요."

첫 만남의 감격은 오래 갔다. 철도노민추 대표로서, 이철의는 철도노조 운동의 산 증인인 두 선배들과 기회가 있을 때마다 대화를 하면서 노조민주화의 전략을 모색했다. 일차적 목표는 철도노조를 조합원의 이익을 위한 노조로 만드는 것이었다. 이를 위해 제일 먼저 해야 할 일은 '삼중간선제'를 깨는 일이었다.

철도노조가 반세기 동안 대표적인 어용노조로 유지될 수 있었던 것은 삼중간선제 덕이었다. 먼저 지부에서 대의원을 뽑은 후 그 대의원들이 지방 대의원을 뽑고, 그 대의원들이 모여서 본부 대의원을 뽑은 후 다시 그 대의원들이 위원장 뽑는 식이었다. 그 한 단계마다 돈과 접대가 오갔고 더 많이 표를 매수한 자가 위원장이 되었다. 조합원들은 자신들의 노조위원장 이름이 뭔지조차 모르는 이가 대부분이었다.

이수갑의 조언 때문만은 아니지만, 삼중간선제를 깨기 위해, 노조민주화의 첫 목표는 노조위원장 직선제 쟁취로 정해졌다.

조합원이 3만 명에 이르는 데다 대표적인 공공기업인 철도노조의 민주화를 막으려는 정부와 어용 세력의 반동은 극심했다. 철도 노동자들은 철도를 따라 전국에 흩어져 있어 만나기도 쉽지 않았다. 그러나 민주화 세력은 전국의 조합원을 그물망처럼 연결하면서 직선제 주장을 알리고 노동자 권리에 대한 교육을 실시했다. 이 과정에서 징계, 해고, 구속을 밥 먹듯 당했으나 2000년 1월 14일 마침내 대법원으로부터 삼중간선제는 무효라는 판결을 받아낼 수 있었다.

이에 1월 26일 '전면적 직선제 쟁취를 위한 공동투쟁본부'가 결성되었고, 2000년 내내 위원장 직선제로의 규약 개정을 위해 전국을 뛰어다녔다. 투쟁본부 활동가들은 경북 울진 백암온천에서 열린 어용노조의 대의원대회를 저지하기 위해 달려가고, 직선제 규약 개정을 위한 조합원 서명운동을 위해 전국 각지를 누볐다. 부산 정비창의 가열찬 투쟁과 60일이 넘는 철노 본조 점거농성, 40일이 넘는 고공 철탑 농성으로 이어진 투쟁으로 징계, 해고자가 속출하고 다수의 전출자를 양산했지만 달리는 철마처럼 멈출 줄을 몰랐다. 그리하여 2001년 5월 치러진 철도노조 최초의 직선제로 김재길을 위원장을 뽑았다.

감격의 직선제 쟁취를 이룬 철도노조는 어용노조 시절과 판이하게 달라졌다. 그중 하나가 이수갑과 유병하를 명예 조합원으로 위촉한 일이었다.

먼저 이 제안을 꺼낸 이는 이철의였다. 그는 2004년 김영훈이 위원장으로 선출되자 전평의 두 선배를 명예 조합원으로 위촉하자고 말했다. 두 사람에 대해 잘 알고 있던 김영훈 위원장은 흔쾌히 동의했다.

전평의 창립기념일이기도 한 2005년 11월 5일, 용산역 앞 철도회관에서 250여 명의 철도노조 조합원이 모인 가운데 이수갑, 유병하 두 사람에게 명예 조합원증이 수여되었다. 소속은 유병하는 대구 철도노조로, 이수갑은 차량 쪽 출신이라서 차량지부로 정해졌다. 1947년에 해고 된 후 57년 만의 귀환이었다.

이수갑에게는 명예 조합원이 더욱 뜻 깊었다. 해방되던 해 21살 청년으로 철도 노동자가 된 이래 지금까지 60년간을 단 한 해도 휴지기 없이 어떤 형태로든 진보 운동에 가담해 온 그였다. 명예 조합원증을 받아 든 그는 눈물을 흘리고 말았다. 그 한 장의 증명서에는 전평의 해체와 전쟁, 기나긴 독재시대라는 역사적인 단절에도 불구하고 까마득한 후배들이 그가 걸어 온 길을 알아주었다는 의미가 담겨 있었다. 청년 시절 못 다 이룬 꿈을 다시 꾸는 기분이었다.

이수갑은 철도노조 명예 조합원이 된 것을 대단히 자랑스럽게 생각했다. 집회나 시위에 참여할 때면 꼭 철도노조 조끼를 입고 나갔다. 그 무렵 노조 조끼에는 국민 철도 사수, 철도 공공성 사수, 철도 민영화 반대 같은 투쟁 구호가 커다랗게 적혀 있어 조금 민망할 법도 했지만 개의치 않았다. 점심시간이면 영등포 사무실에서부터 용산 철도회관 구내식당까지 가서 후배 조합원들과 점심을 먹으며 이야기를 나누는 걸 큰 즐거움으로 여겼다.

이수갑은 형식적인 명예직으로 머물지 않았다. 선배 조합원 자격으로 전국 순회강연을 시작했다. 전국 각지에 산재한 지부와 지회를 돌아다니며 철도노조의 정통성이 한국노총이 아닌 전평 철도노조에 있음을 분명히 했다. 조선공산당과 남로당에 대한 운동권 내의 오해도 풀기 위해 애썼다.

80대 노인이 전국을 돌아다니는 건 쉬운 일이 아니었지만 이수갑은 편한 잠자리나 맛있는 음식은 일체 거절했다. 배낭 하나 등에 메고 노조에서 끊어준 기차표 한 장 들고 가서 강연을 한 뒤에는 지부 사무실 소파에서 잠을 잤다. 지부에서 편한 숙소를 잡아 주려 하면 완강히 거절했다.

"조합원의 피땀 어린 조합비를 나 하나 편하자고 비싼 숙소 잡는 데 씁니까? 절대 안 됩니다. 나는 여러분보다 더 건강합니다. 사무실 바닥에 신문이나 깔아 주면 됩니다."

사무실 장의자에서 자거나 그나마도 조건이 안 되는 곳은 근방의 제일 싼 숙소를 찾는 것이 AWC 한국위원회 의장 시절부터의 원칙이었다.

"선생님, 그깟 여관비가 얼마나 한다고 그러세요. 나이도 드셨는데 이 추운 사무실에서 한뎃잠을 자면 어떻게 합니까? 제발 저희를 봐서라도 편한 숙소로 가세요."

후배들이 아무리 설득해도 소용없었다. 가는 곳마다 숙소 때문에 실랑이를 하다 지친 후배들이 물었다.

"선생님, 힘들지 않으세요? 이렇게 기억력도 좋으시고 건강하게 지내시는 비결이라도 있나요? 술, 담배를 안 하시는 게 비결이신가요?"

사실 그는 술과 담배를 즐기는 편이었다. 여든이 다 되어서야 두 가지 다 끊었다.

"조직 활동 하다 보면 뒤풀이를 하게 되니까 나도 술과 담배를 참 많이 했습니다. 그러다가 술도 끊었고 몇 년 전 담배도 끊었습니다. 일본공산당 출신인 구보라는 친구가 있는데, 그 사람이 폐암으로 수술을 했어요. 바로 다음날 그 아내가 제게 전화를 하더니 제발 담배를 끊으라고 하더군요. 그래서 아주 끊었지요. 그렇지만 내가 지금도 건강한 건 현장에서 활동하는 여러 동지들을 만나는 덕입니다. 늘 계급의식을 갖고 혁명 운동을 생각하니까, 그 신념이 저를 건강하게 만드는 것 같습니다."

이수갑은 자신의 놀라운 건강에 대해 감탄하는 조합원들에게 활짝 웃으며 말하곤 했다.

"내가 부자로 잘 먹고 편하게 살았으면, 이렇게 건강하지는 못했을 겁니다."

조합원들은 이수갑의 넘치는 열정도 걱정했다. 조합 행사에서 고문 인사말 차례가 오면 몇 분만 짧게 해달라고 부탁을 하는데도 15분, 20분이 넘도록 혼신을 다해 큰소리로 말했다. 저렇게 말하다가 쓰러질까 봐 불안할 지경이었다. 더군다나 자신을 그토록 존중해 주는 철도노조에 대해서도 맹렬히 비판을 퍼부어 대니 다들 좌불안석이었다.

이런 열정은 자기 관리에도 그대로 적용되었다. 옳고 그름에 일체의 이중 잣대나 예외를 두지 않았듯이, 이수갑은 삶의 원칙에도 예외를 허용하지 않았다. 대개 나이가 들면 본인에게 더욱 관대해지기 마련인데 그는 그렇지 않았다.

한번은 철도노조에서 이수갑에게 부산 지역 강연을 요청하면서 이왕이면 부부 동반으로 다녀오시라고 고속철도 표를 두 장 끊어 주었다. 아내 손일식은, 그렇다면 오랜만에 친정 식구들을 만나 볼까 생각하고 있었는데, 나중에 그걸 알게 된 이수갑이 곧바로 한 장을 돌려보냈다. 아내는 공적인 업무로 가는 게 아니므로 개인적인 일에 공공 자금을 쓰면 안 된다는 것이었다. 노조 측에서 아무리 괜찮다고 해도 소용없었다.

후배들에게는 이런 그의 언행 자체가 교육이요, 귀감이었다. 그래서 그가 아무리 엄격하고 원칙주의적인 강연을 해도 받아들였다. 이수갑이 강연할 때마다 강조하는 것은 집행부가 관념적이고 주관적인 생각이 아닌 철두철미 객관적인 실정에 맞는 계획을 수립해야 투쟁을 성공적으로 이끌 수 있다는 것이었다. 21살에 젓가락 투쟁을 하면서 전평의 지도자로부터 훈련 받은 바로 그것이었다.

"제가 전평의 선배들로부터 가장 철두철미하게 배운 것은, 조합원들의 실질적인 의사를 깊이 파악하기 전에는 절대로 주관적으로 결정하지 않는다는 것입니다. 지금 많은 운동 조직을 보면 지금까지 이렇게 해 왔으니까 이번에도 이렇게 하자는 식이 많은데, 그거 현장에 있는 조합원들은 절대로 용납하지 못합니다. 실정에 맞는 개혁이라야 실천 가능한 건강한 개혁이지, 주관적으로 하는 것은 현장에서 받아들여지지 않습니다. 집행부 간부들은 조합원들에게 외치고 강요하고 있습니다. 현장의 조건과 동떨어진 주관적인 계획으로는 백번 해 봤자 소용없습니다. 위에서 하라니까 '응, 그런가 보다' 하고 겉으로는 지지하는 것 같지만 속으로는 '그거 안 되는데, 너희 맘대로 해 봐라' 이렇게 흘러가게 되어 있습니다. 그래서는 안 됩니다. 조합원들이 동의하고 희망하는 방향으로 투쟁 계획이 수립되어야 합니다. 그렇지 않으면 백 프로 실현될 가능성이 없습니다. 현장 실정에 맞는 주장이 대단히 중요합니다."

자기 자신이 직접 경험한 이야기도 해 주었다. 전평에서 조직 활동을 할 때 조금만 관념적이어도 과학적이지 못하니 다시 해 오라며 비판 받았던 추억이었다.

"당시 우리들은 세포 조직이 있었는데, 지금은 지부 아래 각 분회 조직이 있다고 알고 있습니다. 그런데 조합원들이 일상적으로 노조 활동에 직접 참여하지 않는 걸로 알고 있습니다. 중앙에서 결정된 계획들이 직접 조합원들에게 전달되지 않고 지부장이나 분회장을 통해 간접적으로 전달하는 식이 되어서는 안 됩니다. 분회 내에서 더욱 조직을 세분화해서 조합원들이 노조 활동에 일상적으로 참여할 수 있도록 해야 됩니다. 조합원들의 의사가 직접 반영되지 않는 방식으로는 공감대를 얻을 수 없습니다."

또한, 활동에 대한 자체 평가회도 중시했다.

"또 한 가지, 요즘 철도노조를 보면 각종 회의 때 지난 번 활동에 대한 평가를 하지 않던데, 일본에서는 평가회를 자주 합니다. 우리는 어쩌다 평가회를 하더라도 돌아가면서 각자의 감상을 짧게 말하는 것으로 그치는데, 그건 잘못입니다. 평가를 해야 됩니다. 잘 됐다, 잘못 됐다. 밤을 새워서라도 평가해야 됩니다. 일제시대 때부터 지하에서 투쟁하던 우리 전평 선배들은 평가회가 아니라 자기비판을 철두철미하게 했습니다."

이수갑은 철도노조의 투쟁에도 직접적인 조언을 아끼지 않았다. 기본적으로는 격려였지만 결과적으로 보면 투쟁의 향방을 결정하는 중요한 충고일 때도 있었다.

2006년 KTX 승무원 문제가 터졌다. 고속철도가 여성 승무원들을 고용하면서 1년 후에 정규직으로 전환해 주겠다고 약속했는데 입사 2년이 지나도 약속을 외면하자 파업에 돌입한 것이다.

마침 이철의가 철도노조 미가입자와 철도 내 비정규직을 조직하는 사업을 책임지고 있을 때였다. 그런데 여성 승무원들 문제에 앞장서다 보니 수배가 떨어지는 바람에 민주노총 사무실에 피신하게 되었다. 구속 노동자들에게 각별한 애정을 가지고 있던 만큼, 비정규직 노동자에게도 깊은 관심을 기울이고 있던 이수갑이었다. 수배된 이철의를 찾아 자주 민주노총에 들러 격려했다.

사측에서는 정규직을 요구하는 여성 승무원들에게 자회사인 코레일 유통으로 가라고 하고 그에 응하지 않자 해고를 감행했다. 철도노조는 승무원 업무는 안전과 직결되므로 위탁해서는 안 되므로 철회하라고 요구했으나 먹혀들지 않았다. 해고까지 되었으니 파업은 점점 길어졌고, 처음에 300명이 넘던 인원은 점점 줄어들어 34명만 남았다. 이에 이수갑이 고문으로서 이렇게 충고를 했다.

"싸움이 길어지면 의지는 약해지고 변질되기 마련입니다. 처음에는 강력하게 원칙을 요구하지만 탄압이 심해지면 해고 철회하라, 탄압하지 말라는 쪽으로 중심이 이동하게 됩니다. 당장 그것이 더 시급하고 현실적인 문제기 때문입니다. 사측에서 손해배상을 청구하면 고소고발 취소하라는 구호로 바뀌고, 그 다음에는 손해배상 청구를 받은 사람과 안 받은 사람으로 갈라지기 마련이지요. 그런 식으로 가다보면 처음의 투지는 약해지고 분노는 좌절로 바뀌게 됩니다. 너무 힘이 들기 때문에 명분은 약해지고 눈앞의 실리가 더 커 보이게 됩니다. 그래서는 안 됩니다. 아무리 힘이 들고 장기간 투쟁으로 가더라도 의지를 잃으면 안 됩니다. 절대 안 됩니다."

해결의 기미라곤 없이 KTX 투쟁은 점점 더 어려워져 갔다. 이수갑은 어려운 상황을 극복하는 길은 원칙을 지키는 것이라 생각했다.

"끝까지 원칙을 굽히지 않으면 그것이 대중들의 공감을 얻게 해줍니다. 원칙을 버리는 순간 명분도 함께 버리는 겁니다. 적당히 타협하면 결국 아무것도 남지 않아요."

정규직과 비정규직 노동자의 이해관계가 다를 수 있지만 노동운동은 그것을 극복하려고 노력하는 것이라 강조했다.

"내 편, 네 편을 가르는 건 노동운동이 아닙니다. 다 같이 잘 살자고 하는 게 노동운동인데, 비정규직은 나 몰라라 한다? 그게 어떻게 노동조합입니까. 벌써 70년도 전에 전평은, 해고자도 똑같은 조합원이라는 원칙을 세웠다는 거 알고 있습니까? 조선노동조합전국평의회 결성대회에서 실업 대책 투쟁과 그 조직 방침을 제안해서 결정했습니다. 전평은 취업 노동자와 실업자를 철저히 같은 노동자 계급으로 인식하고 생활 안전과 사회 복지를 위해 구체적이고 적극적인 실업 대책 투쟁과 이를 위한 조직 활동을 폈습니다. 자본주의 사회에서 흔히 취업 노동자와 실업 노동자를 구별해서 취업 노동자 자신들의 이익에만 치중하고 실업자에 대해 무관심한 경향이 생기는 것을 철저히 경계했던 겁니다."

2007년 철도노조 정기 대의원대회에서는 명예 조합원인 이수갑과 유병하를 철도노조 고문으로 위촉했다. 조합원으로 복귀한 것만도 영광인데 노동조합의 고문이 되었으니 그보다 기쁜 일은 없었다.

민주화운동의 원로들은 가만히 있어도 대접과 존중을 받으니 후배들에게 굳이 싫은 소리를 하려 들지 않았다. 이수갑도 고문까지 되었으니 체면치레나 하고 있으면 잘 대접 받을 수 있었다. 그러나 그는 달랐다. 호불호가 분명했다. 옳은 것과 그른 것, 잘잘못을 가리고 따졌다. 잘한 건 잘했다고 격려하고 잘못된 게 있으면 지적하고 비판했다. 잘못이 있으면 당사자 앞에서도 거침없었다.

쓴소리 듣기를 좋아하는 사람은 없는 법이다. 겉으로는 포용하는 듯 너그러이 웃어 보여도, 속으로는 앙심을 품고 다시 대화 나누기를 꺼리게 마련이다. 그런 점에서 이수갑은 너무 직선적인 사람이었다.

이수갑은 냉철한 이론가였다. 과거에 대해서는 약간의 긍정적인 부분을 대단한 성과인 양 과대평가하고, 미래에 대해서는 허황된 희망을 전망이라고 내놓는 다른 이들과는 달랐다. 그는 민주노총에 대해서도 거침없이 쓴소리를 했다.

"민주노총은 1987년에 만들어진 체제입니다. 그 전에는 학생들이 목적의식적으로 공장에 침투했는데 1987년 대파업 이후에는 대기업 노동자에게로 노동운동의 중심이 이동되었습니다. 1987년 체제의 한계는 무엇인가 봅시다. 가장 중요한 특징은 거대한 민주화 투쟁을 통해 형식적 민주주의는 실현되었지만, 내용적 민주주의는 실현되지 못했다는 겁니다. 노조는 고스란히 기업 내 민주주의에 머물고 사회 보편적인 의미에서 노동자 민주주의에는 이르지 못했습니다. 1990년대 초반만 해도 감동을 주면서 활동하는 조직이 있었는데 지금 현재 그런 조직이 있습니까? 집행부만 잘 세운다고 되는 게 아닙니다. 조직 전반이 위축돼 있는데 개인만 잘 한다고 되는 게 아니거든요. 오늘날 민주노총은 대단히 위기에 봉착해 있습니다. 신자유주의 구조조정 때문에 850만 비정규직 노동자가 발생했는데 계급투쟁 전선을 제대로 세우지 못하고 있습니다. 노동운동을 바로 못 세울 때 운동은 위기에 부닥칠 수밖에 없습니다. 민주노총 산별 위원장이 공공연하게 자본의 앞잡이로 활동하고 있습니다. 민주노총 임원들은 자기들은 이 문제에 책임이 없다고 발뺌할지 모르겠지만, 현장 노동자들은 공범자로 볼 겁니다. 노조 핵심이 자본과 손잡고 있다니! 전평 기준으로보자면 프락치라고 말할 것입니다. 지금 바로 이 어용들을 못 잡는다면 현장 노동자들로부터 일대 반격이 올 겁니다. 우리가 함께 책임지지 않으면 안 됩니다. 그뿐입니까? 금속노조가 반FTA 투쟁을 하고 있는데 민주노총은 관계가 없다고 말합니다. 이런 지경까지 온 것입니다. 이 현재의 상황에 심각한 위기감을 느끼지 않는다면 우리는 머지않아 중대한 문제에 부닥치게 될 겁니다."

이수갑은 어떤 자리에서도 누구의 눈치도 보지 않고 자신의 생각을 분명히 말했다. 민주노총이나 철도노조의 시위나 집회 뒤풀이 장소에서도 거침이 없었다. 집행부 간부들 앞이라고 다르지 않았다. 민주노총이 노동자들의 권익을 위한 단체인데 조직이 점점 기득권화 되고 있다며 맹렬하게 비판했다. 누구보다 민주노총의 탄생을 기뻐했던 이수갑이지만 민주노총에게 가장 듣기 싫은 소리를 많이 하고 거북한 존재 또한 이수갑이었다.

보통 원로들은 지적을 한다 해도, 지금도 잘하고 있지만 더 열심히 하라는 격려를 전제로 하지만, 이수갑은 달랐다. 비정규직 문제에 적극적이지 못하다며 맹비판을 했다.

"지금의 민주노총은 기본이 안 돼 있어요. 이대로 가다가는 민주노총 망합니다. 노동운동은 계급운동입니다. 지금 가장 치열하게 계급투쟁을 벌이고 있는 비정규 노동자를 외면해서야 되겠습니까? 자기 안위만 챙기고 타협을 좋아하는 노조는 민주노조가 아닙니다. 1946년 메이데이 당시 전평 노동자들은 민중 전체의 이익을 앞세웠습니다. 정규직만을 위한 노조운동은 노동운동을 망가뜨리는 척도라는 걸 명심해야 해요.”

자연히, 민주노총 집행부는 이수갑을 피했다. 이수갑이 나타나거나 말을 하면 분위기가 싸늘하게 식기 일쑤였다. 이수갑을 잘 모르는 노조원들은 노골적으로 이상한 노인네 다 보겠다는 표정을 짓기도 했다.

“내 이야기가 부담스러운가봐.”

이수갑은 자신을 따르는 후배들 앞에서 허탈하게 웃으며 고개를 저었다.

“전평이 파괴된 후 감옥에서 나온 나는 전평을 파괴한 대한노총을 분쇄하기로 마음먹었습니다. 몇 십 년간 그 일을 혼자서 해 왔습니다. 그런데 그게 어디 나 혼자뿐이겠습니까? 각 분야에서 나 같은 전평 출신 조직원들이 창의성을 발휘해서 현장에서 활동했을 겁니다. 나는 그렇게 믿고 있습니다. 그러니까 전노협이 결성된 건 우연이 아니란 말입니다. 우리 노동자 계급의 정신이 쭉 이어져 오고 있다는 의미지요. 그게 민주노총까지 왔잖아요. 민주노총을 개혁해야 한다는 건 바로 그런 이유 때문입니다. 여기까지 오기 위해서 얼마나 많은 동지들이 구속되고 해고되고 희생되었습니까. 민주노총을 인정은 합니다. 하지만 지금 이대로는 안 됩니다. 혁신해야 됩니다. 민주노총은 전평이 온갖 처참함을 겪으면서 사수한 것이기 때문입니다. 최근에 단체행동, 파업 같은 거 할 때 대체 근로를 할 수 있게 만든 거, 우리 선배들 정신으로 볼 때 절대로 용납할 수 없는 겁니다. 이런 점에서 다른 분들이 민주노총을 보는 거 하고, 나처럼 치열한 역사를 거쳐 온 사람이 민주노총을 보는 것과는 다를 수밖에 없습니다. 진정한 민주노동조합으로 다시 태어나야 합니다.”

이수갑은 민주노총이 다시 태어나려면 우선 위원장 직선제로 내부를 민주화해야 한다고 말했다.

“대통령도 직선제로 뽑는데 노조위원장을 직선제로 못 뽑는다는 게 말이 됩니까? 권력은 현장으로부터 나와야 됩니다. 그래야만 제대로 투쟁할 수 있습니다. 조합원들의 견제로 변절하지 않고 현장의 요구를 지도부가 제대로 받을 수 있기 때문입니다. 철도노조는 이미 경험했잖아요?”

이런 상황에서 간선제로 민주노총 위원장에 당선된 이수호 집행부가 2004년 노사정대표자회의에 참여하겠다고 발표했다. 민주노총은 6년 전인 1998년 김대중 정부 출범과 함께 창설된 제1기 노사정위원회에 참여했으나 정리해고제에 합의하면서 맹렬한 비판을 받은 이후 불참해 오고 있었다. 그런데 이수호 위원장이 노무현 정부 아래 이름만 바꾼 노사정대표자회의에 참석하겠다고 선언한 것이다.

그러나 이수갑의 생각은 민주노총이 노사정대표자회의에 참여해서는 안 된다는 것이었다. 노동과 자본의 역학 관계가 일방적으로 자본에 유리한 데다 정부의 노동정책도 친 자본 일변도로 흐르는 상황에서 노동자, 사용자, 정부라는 삼자 회의를 열어봐야 노동자에게는 아무런 이익이 오지 않는다는 판단이었다.

이즈음 공교롭게도 전 한국통신(KT)노조 위원장 유덕상이 민주노총 사무실 앞에서 천막을 치고 단식농성을 벌이는 사태가 벌어졌다. 한국통신노조가 해고자인 유덕상을 제명 처리한 데에 대한 투쟁이었다.

유덕상은 한국통신 노조위원장이던 1995년 한국통신의 상급단체를 한국노총에서 민주노총으로 변경한 당사자였다. 당시 김영삼 대통령은 국가 기간산업인 한국통신의 노동조합이 민주노총 산하에 들어간 것을 국가 전복 기도로 간주하고 집중 탄압을 가했다. 사측은 어용 세력을 지원해 노조 집행부를 장악해 버렸고 신임 집행부는 해고자인 유덕상을 징계했다. 이로써 한국통신노조는 민주노총 내의 어용노조라는 오명을 얻게 되었고 민주노총 산하 공공운수연맹에서도 한국통신노조에 대한 징계를 검토하는 등 사태는 점입가경으로 비화되었다.

이수갑은 한국통신 사태를 두고 자본이 대리인을 내세워 노동자를 관리하고 통제하는 일본형 관리노조의 특징을 잘 보여주는 사례라고 생각했다. 자본은 특정 세력에게 표를 몰아주고 그 힘으로 당선된 집행부는 구조조정과 현장 통제에 소극적으로 대응하여 결과적으로 자본 측의 이해를 대변한다는 것이다. 이것은 명백하게 자본과 노조의 유착에 반대하고 자주성과 민주성을 지켜내려고 헌신한 조합원들에 대한 징계이며, 이를 통해 노조를 길들이려는 의도라 보았다.

이수갑은 유덕상의 제명 사태는 개인의 문제를 넘어 민주노총을 민주노총답게 지탱해 준 자주성과 민주성에 대한 중대한 도발이라고 보았다. 그는 말했다.

"민주노총은 이 사태에 단호하게 대응해야 합니다. 또다시 이런저런 사정을 들어 묵인하거나 굴복한다면 더 이상 민주노총이라고 말할 수도 없습니다. 이대로 문제가 확산된다면 결국 한국노총과 같은 처지로 전락하고 말 것입니다. 그것은 노동자계급에 대한 배신입니다."

이수갑은 민주노총이 노사정대표자회의 참여를 거부해야 하며, 유덕상을 지지하고 동조 투쟁을 해야 된다고 주장했다. 민주노총이 우경화하고 있다고 맹비판하고 직선제 등 민주 제도를 도입하라고 요구했다. 그러지 못할 바에야 차라리 민주노총을 부숴버려야 된다고 할 정도로 강경했다. 민주노총 위원장을 직접 찾아가 이야기를 나누기도 했다.

"단결권, 단체교섭권, 단체행동권, 이 노동 3권은 세계적으로 메이데이 정신으로 쟁취한 것입니다. 노동 3권은 천부적인 권리, 절대적인 권리예요. 이것은 투쟁으로 쟁취한 것입니다. 단결권은 조합을 만드는 순간 생기는 겁니다. 그런데 교섭권은 자본가에게 접근하고 붙어 가지고 교섭해서 얻는 게 아니고, 노동자들이 단결해서 요구 조건을 제시하는 것입니다. 노동자의 기본적 권리를 요구하는 것입니다. 자본가를 타일러서 교섭을 잘하는 게 운동을 잘하는 것이라고 생각하는 건 왜곡이고 착각입니다. 요구조건을 제시하는 것, 그것이 바로 교섭권입니다. 그리고 우리의 요구를 들어주지 않으면 단체행동권을 발동해서 투쟁하는 것입니다."

이수갑은 답답했다. 노동자의 요구를 자본가와 투쟁해서 쟁취하는 것이 교섭인데, 너무나 당연한 권리를 교섭으로 얻어내는 것이 투쟁인 것처럼 오해하고 있다고 보았다. 노동운동의 기본도 모르는 활동가들이 너무나 많다고 보았다. 조합원들에 대한 태도도 마찬가지였다. 교섭의 실리주의, 교섭 위주의 사고방식을 가지고 계급전선에서 이탈된 운동 방식으로 조합원들에게 "나는 오랜 경험으로 다 알고 있다, 그러니 나를 따라오너라." 이렇게 조합원들을 다독이는 듯한 태도가 못 마땅했다. 이 무렵 그는 주변 사람들에게 강력히 말했다.

"그런 식이라면 과연 어떤 조합원들이 집행부를 믿고 따르겠소? 파업 투쟁하자고 선두에 섰다가도 언제든지 파업을 중단할 수 있다고 생각한다면, 이런 불신임을 받는다면 어떻게 조합원들로부터 노동자계급의 단결을 끌어낼 것이며, 이런 조건 아래서 어떻게 노동자들을 지도할 수 있겠습니까?"

노사정대표자회의 문제로 민주노총 내 논란이 거셌지만 이와 관계없이 이수호 집행부는 강승규 수석 부위원장의 비리 사태로 인해 임기 1년을 남긴 채 총사퇴하고 말았다. 한국통신노조는 공공운수연맹을 탈퇴해 별도 산별연맹을 만들었고 민주노총은 이를 조정하지 못했으며, 몇 년이 지나 결국 한국통신노조는 민주노총을 탈퇴하고 한국노총으로 복귀하고 만다.

이 문제 외에도 민주노총과 민주노동당 내부에서는 수많은 논쟁이 벌어졌고, 이수갑은 그때마다 운동권 내의 좌파 내지 강경파 쪽에 손을 들어주는 편이었다. 굳이 그에게 정파를 묻는다면 허영구와 마찬가지로 '민주노총파' 아니면 '민주노동당파'라고 할 정도로 정파 의식을 갖지 않았고 종파주의와 파벌주의를 맹비판했는데 결과적으로는 대부분 강경파의 의견에 동의한다. 굳이 규정하자면 구노회, 전해투가 강경파의 대표적인 단체라 할 수 있었는데 이수갑은 전해투의 지도위원도 맡았으니 떼려야 뗄 수 없는 관계였다.

같은 맥락으로, 민족해방 계열이 주류인 민주노동당과 그 후속 정당인 통합진보당을 뛰어넘어 진정으로 노동자 계급을 대변하는 정당을 만들자는 흐름에도 이수갑은 강력한 지지와 성원을 보냈다. 다만 강경 좌파들 특유의 원칙주의 때문에 강령상의 사소한 문구 같은 것을 이유로 결별하고 서로를 비난하는 모습에 대해서는 우려와 질책을 아끼지 않았다.

그의 판단이 모두 옳았다고 할 수는 없겠지만, 80대 중반이 넘어서도 젊은 후배들과 열띤 토론을 벌이는 이수갑의 모습은 청년 혁명가의 모습 그대로였다. 갈등이 생기면 깊은 고민 없이 다수파의 손을 들어줌으로써 대세에 편승해 버리는 보통의 원로들과는 다른 모습이기도 했다. 확실히 그는 마지막까지 혁명의 전사로 산 사람이었다.

20. 마지막 싸움

이수갑의 건강이 급속히 악화된 것은 87살이 되던 2011년부터 일 년에 몇 번씩 제주도에 내려가 노숙 농성을 하면서였다.

제주도 남쪽 해안 마을인 강정에 해군 기지를 건설하기로 확정한 것은 민주당 노무현 정부였다. 태평양으로 나가는 길목인 국토 최남단에 해군 기지를 두어야 한다는 논리였다. 건설 작업은 극우 보수 정권인 이명박 정부가 들어서면서 본격화 되었다.

운동권 다수는 적극적인 반대 투쟁에 나섰다. 유엔에 의해 세계자연유산에 지정된 아름다운 제주도 해안에 군사 기지를 건설하는 데 반대하는 환경운동가들도 있지만 대개는 반미 차원의 반대였다. 한국 영토 안에 한국 돈으로 세우는 기지라지만, 미 해군이 중국을 견제할 전진 기지로 사용함으로써 동북아시아의 군사적 긴장이 고조된다고 본 것이다.

강정 마을 일대에는 전국에서 내려간 수백 명의 활동가들이 텐트를 치고 기숙하며 혼신을 다해 싸웠다. 매일 충돌이 벌어져 연행되고 구속되는 이가 속출했다.

미군의 동북아 진출이 확대되는 것을 경계하는 한 사람인 이수갑도 당연히 강정 기지 건설에 반대했다. 그러나 제주도 쪽으로는 발길이 떨어지지를 않았다. 제주라는 말만 나와도 4·3항쟁이 생각났다. 2, 3만 명이 끔찍하게 학살당한 생각만 해도 가슴이 바늘에 찔리는 듯한 통증이 왔다.

이수갑이 마음속의 상처를 간직한 채 제주에 가게 된 것은 AWC 일본연락회의 활동가들 때문이었다. 가족과 다름없는 일본 활동가들이 해군 기지 건설에 반대하여 농성에 동참하러 온다니 안 갈 수가 없었다. 제주도 현지 농성자들과 연결시켜 줄 사람이 필요했다.

본격적으로 강정 싸움에 합류하게 된 것은 딸과 함께 방한했다가 제주 공항에서 입국이 거부되어 강제 출국 당한 여성 활동가 나카무라 수가에를 비롯해 사코다 히데후미, 나가야 유키코 등 여러 일본인 활동가들이 제주공항에 억류되었다가 일본으로 추방되는 사태가 벌어진 2011년 5월부터였다. 그들에 대한 입국 금지 조치는 공사가 거의 마무리 되어 버린 3년 후, 박근혜 정부 때 풀리게 되는데, 그 전에는 제주공항뿐 아니라 한국의 모든 공항에서 입국이 거부된다. 2017년에는 반대로 일본이 이와쿠니 미군 기지 투쟁에 연대하러 간 허영구, 강진수 등 한국 활동가들의 입국을 거부한다.

이수갑은 일본 활동가들에 대한 미안함 때문에 더욱 자주 제주로 향했다. 입국하지 못하는 이들의 몫까지 투쟁해야 한다는 심정이었다. 강정과 연대하려는 시민들이 자발적으로 모여서 운행하는 희망 비행기를 탔고, 집회에 참석하고 밤샘 농성을 했다.

주최 측은 원로나 노약자를 위한 편한 숙소를 준비해 두고 있었다. 이수갑은 그러나 언제나처럼 주최 측의 권유를 거부하고 젊은 활동가들과 똑같이 텐트에서 자고 노숙농성을 고집했다.

"대우를 받고 싶었다면 애초에 오지도 않았을 겁니다."

투쟁이 한창 고양되던 2011년 12월 15일, AWC 일본연락회의 다가쓰기 다미에 앞으로 보낸 이수갑의 메일은 당시 상황을 단편적으로나마 보여준다.

안녕하십니까? 지난번 일본을 무사히 다녀온 후 기관지가 좋지 못해 약 4, 5일간 휴식을 취하면서 병원 신세를 졌습니다. 건강 관계로 제주도 방문이 늦었습니다. 12월 12일부터 3일간 제주도 강정마을에서 함께 활동을 하고 돌아왔습니다. 겨울 추운 날씨에도 불구하고 강정마을 주민들은 매일 농성투쟁과 촛불문화제를 이어가고 있습니다. 겨울의 추운 날씨에도 불구하고 모닥불을 피워 놓고 아름다운 제주 강정마을 반드시 지켜내겠다는 투쟁에 불타고 있습니다. 제가 평일에 방문하였기에 주민들이 깊은 관심을 가지고 계시므로 AWC 일본연락회의 반기지 활동에 대한 상세한 보고를 할 수 있는 시간을 가질 수 있었습니다. 지난번 일본연락회의가 두 차례나 강정마을을 방문한 사실과 일본연락회의 두 분이 입국 거부 당한 사실을 다시 부당하게 생각하며 한국 정부에 강력 항의하고 있으며 내년 1월에 AWC 국제회의를 서울에서 개최하여 제주 입국 거부 당한 두 분을 반드시 참가하게 하는 조치를 강구중이라는 보고를 하였으며 강정의 투쟁은 결코 고립된 투쟁이 아니라는 것을 강조하는 기회를 가졌습니다. 14일 오전 10시에는 관민 공동으로 유적, 문화재, 환경조사를 최종적으로 종합 조사를 시작하였습니다. 가능하면 평시에 겨울동안 제주를 방문하여 강정마을 주민들과 연대를 할 생각입니다. 강정마을 사거리 근처에 AWC 현수막이 나붙고 있어 국제연대를 알리고 있습니다.

하루 종일 바닷바람을 맞고 밤이슬에 젖는 것은 건강한 이들에게도 치명적일 수 있었다. 바닷바람이 문제였을까, 차가운 돌바닥 위에서 노숙한 게 문제였을까, 이수갑의 건강은 나빠지기 시작했다. 처음에는 가벼운 감기처럼 찾아오더니 회복의 기미는 없이 점점 온몸이 아파 오다가 나중에는 목이 잠기고 말도 하기 어려워졌다.

이수갑이 무슨 일이 있어도 꼭 참석하는 회의 중에는 철도노조 대의원대회가 있었다. 조합에서 발언 기회를 주면 몹시 기뻐서 열성을 다해 혁명적 전투성을 강조했고, 노조 사정 상 시간을 할애하지 못하면 몹시 아쉬워하던 그였다. 그러나 2013년 대의원대회는 참석할 수가 없었다. 건강 상태를 걱정한 이종열 등 조합 간부들이 집으로 모시러 가겠다고 전화를 하니 도저히 가지 못하겠다고 답해서 안타깝게 했다.

가을이 깊어지면서 미음조차 제대로 넘기지 못하는 상태에서 약만 먹었다. 운신도 점점 어려워져 집 앞 병원을 다녀오는 정도가 한계치였다. 걱정이 된 AWC 일본연락회의 활동가들과 일본의 진보단체인 '인민의 힘' 회원들이 문병을 왔다. 인민의 힘은 일본사회당 계열로 분류되는 단체로, AWC와 행보를 함께하고 있었다. 언제까지나 청년 혁명가 같던 이수갑이 급작스럽게 쇠약해진 모습에 다들 마음 아파 눈물을 글썽이는데 이수갑은 가쁜 숨을 몰아쉬면서도 기를 꺾지 않고 말했다.

"박근혜, 노동자에 대한 탄압이 너무 심해요. 70년 세월을 순식간에 돌려버렸어요. 어떻게 여기까지 왔는데. 분통이 터져서 죽을 것 같아요."

박근혜의 아버지인 박정희의 5·16 군사쿠데타 직후 부산역전에서 이를 비판하는 연설을 하다 잡혀가 모진 매를 맞으며 고생했던 그였다. 이후 18년 군부 독재와 싸우느라 30, 40대 인생의 황금기를 아낌없이 바친 그였다. 그 많은 열사들의 죽음을 밑거름으로 삼아 대통령 직선제를 만들어 놨더니 박정희의 딸을 뽑을 줄이야, 대한민국 국민들의 어리석음을 한탄했던 그였다. 예상대로 박근혜 정권은 노동운동의 밑뿌리부터 뽑으려 온갖 탄압을 가하고 있었다. 이런 상황에 쓰러져 누워 있는 자신이 미웠을까, 이수갑의 눈에도 눈물이 그렁거렸다.

"동지들, 시기가 이렇게 엄중한데 누워 있어서 정말 미안합니다."

일본 활동가들 앞에서 처음으로 보인 눈물이었다. 일본 활동가들은 빨리 회복하기는 어렵겠다 싶었지만 그래도 다시 만날 날이 있으리라 기대하며 뜨거운 작별 인사를 나누고 돌아갔다.

김대중, 노무현 정권에 대해 이수갑은 매우 비판적으로 보았음에도 두 대통령의 10년은 남한 사회에 보편적 민주주의란 무엇인가를 널리 보급한 의미 있는 기간이었다. 뒤따라 들어선 이명박, 박근혜의 보수 정부는 모든 것을 원점으로 되돌리려고 구석구석까지 칼질을 해댔다. 민주정부에 호응했거나 그 시절에 특채된 사람은 최하위 준공무원까지 모조리 해고시켰고, 이명박 초기에 벌어졌던 광우병 반대 촛불시위에 동조하던 단체나 중소기업은 고소고발이나 세무조사로 고사시켜 버렸다. 이명박의 집요하고도 야비한 탄압은 끝내 노무현 전 대통령의 자살까지 불러 왔다. 그럼에도 국민은 박근혜를 뽑았고, 그에 대한 분노는 이수갑의 병세를 더욱 악화시켰다.

보수 세력의 역공은 인사관리에만 국한되지 않았다. 그들은 철도, 가스, 전력, 수도, 의료 등 주요 국가 기간산업을 민영화함으로써 자본에게 국가 운영을 넘기려 했다. 세계화라는 이름으로 자본의 자유로운 이동을 보장받은 보수 세력은 보다 직접적으로 국가 운영을 좌우하기를 원했다. 그것이 보수 세력의 집권 목표였고, 그 대상이 되는 첫 번째 사업장이 철도였다.

철도민영화 시도는 이명박 정권 시절, 한국의 철도 전체를 관장하는 공공기업인 코레일이 수서발 KTX의 운영을 민영화하겠다고 발표하면서 시작되었다. 코레일은 수익 악화와 적자 문제를 이유로 수서발 KTX를 분할, 별도의 회사를 세워 자회사끼리 경쟁시켜 더 높은 수준의 서비스를 제공하겠다고 했다. 공공 부문의 서비스를 민영화하겠다는 방침이었다.

다행히 이명박의 민영화 시도는 여론의 반발로 실패했으나 박근혜가 대통령이 되면서 다시 추진되었다. 후보 시절 국민의 뜻에 반하는 민영화는 하지 않겠노라 공약했던 박근혜는 "철도 파업은 국민 경제에 피해를 주는 전혀 명분 없는 일"이라며 철도노조와 협상을 하지 않겠다고 공언함으로써 분노를 부추겼다.

투쟁은 2013년 겨울에 그 정점을 찍었다. 민영화 저지를 목표로 한 철도의 총파업이 12월 9일부터 시작된 것이다.

연말을 앞둔 날씨는 낮에도 영하에 머물렀지만 서울시청 광장은 투쟁의 열기로 끓어올랐다. 철도가 민영화 되어서는 안 된다는 생각은 철도 노동자만의 것이 아니었다. 일반 시민과 정치권 다수도 국민생활에 꼭 필요한 기간산업만큼은 국가 차원에서 운영하거나 최소한 공사 체제를 유지해야 한다고 보았다. 매 주말마다 열리는 시청 앞 집회에는 수만 명의 노동자와 시민, 학생들이 촛불을 들고 모여들었다.

"철도 민영화 중단하라!"

"끝내자 민영화! 힘내라 철도!"

"철도를 지켜주세요!"

파업을 지지하는 구호와 크고 작은 색색의 깃발이 드넓은 광장에 물결쳤다. 민주노총 산하 단위노동조합의 깃발뿐 아니었다. 비정규직 노조와 알바노조, 좌파노동자회, 전국의 대학생들이 들고 나온 깃발들은 차갑게 얼어붙은 겨울 하늘을 수놓았고 커다란 함성은 빌딩 숲에 부딪혀 메아리가 되어 돌아왔다.

이전의 철도 파업이 노동자들의 것이었다면, 이번 파업은 국민적인 지지를 받고 있었다. 파업이 길어질수록 참가하는 사람들의 층은 다양해졌다. 철도노조가 철밥통이며 귀족노조라는 보수언론의 비난도 더 이상 먹혀들지 않았다. 파업 이튿날 고려대학교 학생이 붙인 '안녕들 하십니까?'라는 제목의 대자보는 철도 파업이 대중의 지지를 받는 이유를 잘 보여주고 있었다.

'철도 민영화에 반대한다는 이유로 수천 명이 직위 해제되고, 불법 대선 개입, 밀양 주민이 음독자살하는 하 수상한 시절에 어찌 모두들 안녕하신지 모르겠습니다.'

이렇게 시작하는 대자보는 SNS와 온라인 커뮤니티의 게시판을 통해 전국으로 빠르게 퍼져나갔다. 아이들을 데리고 나온 젊은 세대부터 교복을 입은 중 고등학생, 중년과 노년층의 일반 시민들도 단상의 파업 지도부와 함께 손을 치켜 올려 구호를 외치고 박수를 보냈다.

철도 파업이 대중들에게 공감을 얻을 수 있었던 것은 대중이 공감하는 명분을 가지고 끝까지 싸웠기 때문이었다. 명분은 투쟁의 전제 조건이었다. 그러나 투쟁력이 따르지 못하거나 중도에 포기해 버리면 오히려 지지 대중의 외면과 비난을 받게 될 것이었다. 민주노총을 비롯하여 한국 노동운동이 당면하고 있는 과제는 크게 보면 신자유주의 반대이고 구체적으로는 비정규직 철폐, 청년실업 문제 해결 등 온갖 현안이 산적해 있었다. 그러나 문제에 대한 진단만 무성했지 행동으로 보여주지는 못하고 있었다. 이번 철도 파업은 목표와 실천이 일치한 드문 경우였다.

철도노조 고문으로서, 이수갑은 기회 있을 때마다 말했다.

"요구 사항을 내세웠으면 그것이 관철될 때까지 싸워야 합니다. 단순하지만 이것을 뛰어넘는 원칙은 있을 수 없어요. 그동안의 노동운동이 대중의 지지를 폭넓게 얻지 못했다면 그건 제대로 싸우지 못했기 때문이라는 걸 알아야 합니다."

이번 파업에 대한 일반 대중의 지지는 89세 노혁명가의 지혜를 입증하고 있었다. 당사자인 이수갑은 그러나 집안에 누운 채 텔레비전을 통해 집회를 보고 있었다.

마음 같아서는 당장이라도 뛰쳐나가 시위대에 목소리를 보태고 싶었다. 불과 1년 전인 88세까지만 해도 주요 시위에 한 번도 빠진 적이 없었다. 그만큼 건강에 자신이 있었다. 그러나 이제는 건강이 허락하지 않았다. 밥은 물론이고 미음도 넘기지 못하고 간신히 약만 한 움큼씩 먹으며 누워 있는 게 몇 달 째였다. 안타깝고 답답해 얼음물만 찾았다.

상황은 녹록치 않았다. 국민의 철도를 사익을 추구하는 자본가 집단에게 넘겨주지 않겠다며 투쟁에 나선 노동조합과 우리의 철도를 우리의 힘으로 지키겠다며 노조를 지지하고 나선 국민들의 의지를 꺾기 위해 박근혜 정부는 과감한 탄압을 가했다.

경찰은 김명환 철도노조 위원장 등 지도부 26명에 대해 체포영장을 청구했고 코레일은 12월 20일 자로 철도노조에 77억 원의 손해배상 소송을 제기했다. 법원은 12월 22일 이른 오전, 철도노조 지도부에 대한 체포영장을 발부했다.

이날 이른 아침부터 서울 중구 정동에 있는 경향신문사 건물은 경찰 66개 중대 3,960명으로 포위가 되었다. 경찰은 경향신문사 14층에 세 들어 있는 민주노총 본부에 수배자 중 김명환 위원장 등 6명이 은신해 있다는 정보를 입수하고 있었다. 건물 주위는 진압용 차벽으로 봉쇄되고, 바닥에는 투신이나 추락에 대비해 노란색 에어매트들이 깔렸다.

소식을 들은 민주노총 조합원들과 시민단체 운동가들도 경향신문사로 모여들었다. 수십 명의 조합원들이 1층 입구를 지키며 항의 구호를 외치는 가운데 정동 일대에서는 거친 승강이가 벌어졌고 일부 시민들은 경찰의 저지를 뚫고 신문사 건물 안으로 진입해 경찰과 대치했다.

경찰은 10시 경부터 본격적으로 진입 작전을 시작했다. 경향신문이라는 이름이 새겨져 있는 1층 정문의 유리창을 깨부수고 밀려들어 가는 한편, 옥상으로도 병력을 들여보냈다. 민주노총에 대한 침탈일 뿐 아니라 진보 성향을 띤 언론사에 대한 탄압이기도 했다.

건물 안의 조합원들이 완강히 저항하면서 진압 작전은 몇 시간이나 계속되었다. 그러나 14층에 도달한 경찰 앞에 수배자는 한 명도 없었다. 허위 정보에 의거해 무리한 작전을 감행한 경찰에 대해 여야 할 것 없이 비난을 쏟아냈다.

1995년 민주노총 설립 이후 19년 만에 처음 벌어진 본부 사무실에 대한 공권력 투입 장면은 텔레비전을 통해 실황 중계되었다. 이수갑도 집에 누워 방송을 보고 있었다. 철모와 방패, 갑옷까지 완전무장한 전투경찰이 신문사 현관문을 부수고 난입하는 광경을 보던 이수갑은 벌떡 일어나 고함쳤다.

"저저! 망치, 망치 가져 와라! 이 노무 텔레비전을 깨부숴야겠다!"

텔레비전이 무슨 잘못인가. 그는 망연자실해서 어깨를 축 늘어뜨리며 중얼거렸다.

"이 나라가 망했구나! 망했어!"

다음날 그는 여의도 성모병원 응급실로 실려 갔다. 신장 기능이 급격히 떨어지고 혈압이 불안정했다. 신장 투석이 시급했다. 그러나 투석기의 압력을 견디지 못하면 바로 사망할 수 있다고 의사는 경고했다.

십 년 전, 그는 대정맥 혈관을 잇는 7시간의 대수술을 받았는데 수술 직후 중환자실 침상에서도 운동을 해서 병원 간호사들을 놀라게 했었다. 그처럼 강인한 정신력 덕분에 그때는 수술 후 회복이 몹시 빨랐다.

가족들은 이번에도 그의 남다른 정신력을 믿고 의사에게 수술을 의뢰했다. 수술은 세 시간 만에 끝났고, 역시 그는 잘 견뎌냈다. 그날 저녁, 막내 아들 이민걸이 마취에서 깨어난 이수갑에게 다정한 목소리로 말을 걸었다.

"아버지, 잘 견디셨어요. 이제 다 괜찮아요."

이수갑은 가늘게 눈을 뜨고 아들을 바라보았다.

"어디 불편한 데는 없으세요?"

이수갑은 괜찮다며 천천히 고개를 저었다. 희미하게 미소를 띤 것처럼 보이기도 했다. 그리고 잠시 후 간신히 입술을 달싹거렸다. 집에 누워 있는 동안 성대 한쪽이 마비된 이수갑은 목소리가 제대로 나오지 않았었다. 이민걸은 아버지의 입에 귀를 바싹 갖다 대었다.

"춥다."

이민걸은 이불을 목까지 끌어올려서 덮어주고, 양 옆으로도 바람이 스며들지 않도록 꼭꼭 여몄다. 그리고 아버지 얼굴을 조심스럽게 쓰다듬었다. 난생처음 만져 보는 아버지 얼굴이었다. 엄격하고 무섭게만 느껴지던 아버지가 힘없이 누워 있는 모습에 가슴이 미어졌다.

다음 날 새벽, 이수갑의 혈압이 급작스럽게 떨어졌다. 수술이 무사히 잘 끝났다는 말을 듣고 집에 돌아갔던 가족들이 면회를 오고 있던 아침 9시, 그는 유언도 남기지 못한 채 끝내 숨을 놓아 버렸다. 2013년 12월 24일, 향년 89세였다.

뒷이야기

이수갑 선생의 장례는 철도노동조합장으로 치러졌다. 26명의 조합 간부가 수배 중인데다 이틀 전 경찰의 민주노총 침탈로 조합원 수십 명이 연행된 상황에서도 철도노조는 대선배를 보내는 예의를 갖추었다.

수배 중인 조합 간부들은 충청도의 산속으로 들어가 산개 파업을 이어가고 있었다. 선생을 명예 조합원으로 추천했던 이철의와 고문으로 추천했던 엄길용도 수배 중이었다. 엄길용은 파업 당시 철도노조 서울본부장이었다. 두 사람은 경찰의 추적을 따돌리며 이수갑 선생의 운명 소식을 사방에 전파했다.

이틀 전까지도 정신이 온전한 가운데 집에 누워 있었고, 수술도 잘 끝난 줄 알았던 가족 입장에서는 경황없이 치룬 장례식이었다. 선생이 자신의 대외 활동을 자세히 말한 적이 없어 누구에게 연락을 해야 할 지도 몰랐다.

막내아들 이민걸이 몇 명 알고 있던 연락처로 부고를 한 게 전부였다. 더구나 상주나 다름없는 철도노조 간부들 다수가 경찰에 수배되어 쫓기는 몸이었다. 이러다가 썰렁한 장례식이 될까 걱정이 되었다. 그러나 뜻밖에도 많은 사람들이 문상을 왔다. 이철의와 엄길용만 아니라 김갑수 등 수배 중인 노조 간부들도 체포의 위험을 무릅쓰고 문상을 왔다. 이수갑에 대한 후배들의 애정과 존경이 얼마나 깊은가를 알게 된 시간이었다.

가족들이 더욱 놀란 것은 그 뒤였다. 장례가 끝난 후에도 많은 문상객이 집으로 찾아오는 것이었다. 특히 AWC 일본연락회의 회원들이 많았다. 그들의 슬픔은 가족 이상이었다. 이렇게 일찍 돌아가실 줄 몰랐다고, 좀 더 세심하게 챙겨드리지 못한 걸 미안해했고, 자기들 책임이라며 가슴 아파했다. 그들에게 이수갑 선생은 명색뿐인 원로가 아니었다. 당당한 현재형의 스승으로, 아직도 가르침을 받을 게 많았다며 아쉬워했다.

철도노조 김갑수, 이종렬, 엄길용, AWC 한국위원회 허영구, 평등노동자회 김재광, 전해투 이호동, 봉혜영, 봉혜경, 구속노동자후원회 배미영, 배소영, 이일재선생추모사업회 이영덕, 백형근, 유가족 이민걸 등 생전에 선생을 존경하고 따르던 후배들은 2014년 4월 2일 '영원한 철도 노동자 이수갑 선생 정신계승사업회' 준비위를 결성했고 이듬해 12월 20일 1주기 추모제에서 정식으로 창립했다. 선생이 평생 실천한 계급투쟁의 정신을 계승하여 노동자 민중의 입장에서 세상을 바꿔 나가기 위함이었다. 계승사업회의 연락 사무실은 철도노동조합에 두고, 초대회장은 허영구와 김갑수, 사무국장은 이종렬이 맡고 있다. 정신계승사업회는 1주기 때 선생의 유고집을 발간했고, 매년 추모제 개최, 노동운동 관련 토론회, 학습, 강연, 현장 견학 등을 실시하고 있다.

선생의 정신은 많은 사람들의 가슴에 새겨져 있지만, 특히 인생을 바꾼 것은 막내아들 이민걸이었다. 장례식과 이후의 문상객을 접대하면서 아버지의 동지들과 친해진 그는 생업을 제쳐두고 아버지가 해 오던 일을 맡아 나갔다.

아버지의 산소에 갈 때면, 이민걸은 아버지가 꼭 살아계신 것만 같았다. 동그란 눈을 부릅뜨고 세상을 노려보는 것만 같았다. 호통 치는 소리도 들리는 것 같았다.

"너희들 지금 뭘 하고 있느냐?"

그러면 이민걸은 산소에 머리를 맞대고 아버지에게 말한다.

"아버지, 지난주에는 유성기업에 다녀왔습니다. 유성기업 한광호 동지가 정권과 자본의 노동 탄압에 저항해 자결을 했어요. 박근혜가 추진하고 있는 성과급제가 노동자들을 벼랑 끝으로 몰고 있습니다. 문상을 갔는데, 경찰들은 분향소까지 탈취하려고 하더군요. 그거 저지하려다가 깃발도 뺏기고 저도 경찰들한테 밟혔습니다. 그리고 오토텍 아시죠? 특전사들을 데려다가 제2의 어용 노조를 만든 기업 말입니다. 제1노조 조합원들은 절대로 폭력 행사 안 하려고 하는데 어용 노조들은 흉기 들고 싸우면서 노조파괴 공작 벌이고 있습니다. 결국 그 대표가 구속됐는데 감방 안에서 직장폐쇄 결정을 내렸답니다. 아버지, 이렇게 사악한 놈들을 이기려면 어떻게 해야 됩니까? 노동자들은 그저 땡볕에서 시위만 하고 있습니다. 우리에게 무기는 인내심밖에 없는 건가요? 어쨌든 아버지, 열심히 쫓아다니고 있습니다. 다음에 올 때는 좀 더 좋은 소식 전해드리도록 노력하겠습니다."

이민걸은 2018년 현재 평등노동자회, 전해투, 구노회에 소속되어 있으며 2017년 봄부터는 AWC 한국위원회 사무국장직을 맡아 활동 중이다. 훌쩍 큰 키와 동그란 눈이 아버지를 꼭 빼닮은 이민걸이 동참하자, 활동가들은 이수갑이 살아 돌아온 듯 반가워했다.

이수갑 선생 약력

1925년 3월 25일생 경남 양산 웅상면 출생. 아버지는 삼대 째 머슴으로 아들 수호, 수택, 수갑, 수건, 수석 중 셋째로 태어남

1929년 아버지가 중풍으로 쓰러진 후 부산 초량으로 이주해 어머니가 구걸로 극빈 생활을 함

1940년 신문 배달을 하며 부산 진수학술강습회 졸업, 검정고시로 보통학교 졸업 자격 취득

1941년 경산자동차주식회사에 입사하고 2년제 야간상업학교에서 수학

1943년 진해 해군 시설부에 강제 징용 당함. 해방되기까지 트럭 운전과 차량 수리를 함

1945년 8월 18일 조선공산청년동맹 가입

1945년 9월 부산 철도국 용품 사무소 수송계 취직

1945년 10월 2일 철도노조 부산지부 용품 사무소 분회장

1945년 10월 5일 철도노조 간부 자격으로 전평 창립식에 참가

1945년 11월 조선공산당 가입

1946년 9월 23일 철도노조 분회장으로 부산 철도 파업 주동, 북부산경찰서에 구속 되면서 철도국에서 해고됨

1946년 11월 23일 남조선노동당에 가입 부산 북구 조직책으로 임명됨

1947년 4월 부산 영도구에서 6개월간 제주도당 조직책으로 활동

1947년 5월 남부산경찰서에 구속당함

1947년 7월 남로당 부산시당 노책으로 철도노조 조직 담당

1947년 11월 손일식과 결혼, 아들 은걸, 승걸, 민걸과 딸 순임, 영옥을 낳음

1948년 3월 철도노조 경남지부장으로 선출됨

1954년 7월 부산 철도경찰에 구속

1956년 진보당 발기위원 및 경남도당 조직차장, 나중에 중앙위원으로 선출

1960년 7월 29일 사회대중당 후보로 울산에서 국회의원 총선에 출마했다가 낙선

1960년 사회당 경남도당 당무위원 겸 울산지부장

1961년 민족자주통일협의회 결성해 활동

1961년 5월 부산역전에서 박정희의 쿠데타 비난 연설하다 체포, 육군형무소에 수감

1973년 통일사회당 비밀 당원으로 가입해 1980년까지 활동

1978년 명동 가톨릭노동문제상담소에 반상근자로 활동 시작, 10여 년을 일함

1987년 8월 민족정기수호협의회를 결성하여 상임대표로 활동

1990년부터 범민련 실행위원으로 통일운동에 가담

1995년 문익환 목사와 함께 자주통일민족회의 공동의장 맡음

1995년 AWC 한국위원회 의장으로 피선됨

1990년대 후반 국보법철폐투쟁위원회 공동대표, 민중연대 공동대표

2000년 1월 29일 민주노동당 고문으로 위촉

2005년 11월 철도노조 명예 조합원으로 위촉

2007년 철도노조 고문으로 위촉

2007년 구속노동자후원회 고문으로 위촉

2008년 운수산별노조 고문으로 위촉

2009년 전국해고자복직투쟁위원회 지도위원으로 위촉

2013년 12월 24일 운명. 향년 89세